21世纪广告智能运作书系

书系主编　高凯征　　副主编　宋玉书

广告通论

高凯征　宋玉书　主编

GUANGGAO

中南大学出版社

图书在版编目(CIP)数据

广告通论 / 高凯征,宋玉书主编. —长沙:中南大学出版社,
2007.8(2020.8 重印)

ISBN 978 - 7 - 81105 - 594 - 8

Ⅰ. 广… Ⅱ. ①高…②宋… Ⅲ. 广告学 Ⅳ. F713.80

中国版本图书馆 CIP 数据核字(2007)第 127979 号

广告通论

主编 高凯征 宋玉书

□ **责任编辑** 彭亚非
□ **责任印制** 易红卫
□ **出版发行** 中南大学出版社
         社址:长沙市麓山南路   邮编:410083
         发行科电话:0731 - 88876770   传真:0731 - 88710482
□ **印   装** 长沙鸿和印务有限公司

□ **开   本** 730 mm×960 mm 1/16 □**印张** 17.5 □**字数** 320 千字
□ **版   次** 2007 年 8 月第 1 版 □**印次** 2020 年 8 月第 7 次印刷
□ **书   号** ISBN 978 - 7 - 81105 - 594 - 8
□ **定   价** 40.00 元

总序

广告业的繁荣在中国也就是十几年的时间。十几年间，中国大体上完成了计划经济向市场经济转型，广告业伴随着市场经济的发展而发展起来。同时，它也是市场经济的有机构成，广告业在市场经济中发展，市场经济在广告业中展示。

不过，广告作为传播商品或商品生产信息的形象手段，却由来已久，大约有两千多年了。声音广告、实物广告、标志广告、色彩广告、语言广告等等，先秦至汉就不断地普遍起来。历史是文化的构成与展现形态，又是文化的过滤器。在漫长的历史过程中，很多存在过甚至繁荣过的东西消失了，很多先前没有的东西产生了并且繁荣了，更有一些东西消失了复又产生，产生了又再消失，几起几落，这就是历史的文化过滤作用。历史过滤有历史根据历史标准，合于这根据的东西就保留和繁荣起来，不合于这根据的东西就被滤除或者淘汰。这历史的根据或标准又不断地变化，此一时彼一时，这就有了此时被淘汰而彼时又生出的情况。再有，这历史的过滤作用又有空间地域的差异，在此一地产生的东西在彼一地未必产生，在此一地被淘汰的东西在彼一地未必淘汰。比如中国的京剧在西方就没有，而西方规模宏大的教堂群在中国也没有。时间与空间是历史的基本形态也是历史过滤作用的基本形态。不过，不管历史怎样发挥着过滤作用，怎样使不少东西被滤除使不少东西消而又生或生而又消，也不管历史怎样地体现为空间或地域差异，广告却在历史中长存并长盛不衰。这样，广告及广告业就成为一种普遍的历史现象。当然，广告业作为业而产生并繁荣这是社会分工的结果。社会分工有社会分工的条件，当广告业作为业而独立并繁荣时，相应的历史条件便是商品经济的一定程度的发展与发达。据史记载，唐宋两代是中国广告业相当繁荣的两个时期，专门有一批技艺高超的手艺人在专门的场所从事着花样繁多的精美的广告制作，当时，车船、房架、院墙、廊柱、铺面、门脸、摊亭等都作为广告媒体被开发出来。唐宋时期，正是中国商品经济空前发展的时期。有人说，盛世广告多。这话不假，不仅唐宋，历史上凡值盛世，便都有广告的繁荣。从这一意义说，广告是建立在商品经济基础上的社会繁荣的晴雨表。

广告及广告业与商品经济的内在联系则在于广告乃是商品经济的表象，商品及商品经济经由广告及广告业创造的表象而自我表征、而传播信息、而营造市场并赢得市场。"酒好不怕巷子深"是因为好酒借助于人们的口碑广告而走出深巷，广为人知，进入市场。有些人认为商品好没有广告照样不愁买主，这种看法的迂腐处在于它不知道一传十十传百的好口碑本身就是广告，同时它也不知道大家所以乐于传乐于使自己成为那"好酒"的活广告，乃是因为那好酒需要广告，需要广告才有一传十十传百的广告效应，也才有那酒的更好；此外，这迂腐还在于，迂腐者没有想到，如果那好酒有了更多的广告宣传形式，它会获得更大的市场，它将由深巷进入闹市，再由闹市走向全国乃至世界。

这就涉及到广告与商品与厂家与市场与消费者与媒体的关系。这是一个复杂的关系群。构成关系群的每一方都在不停地变化，而任何一方的任何一点变化都会经由这复杂的关系引起其他各方的变化。问题是所有这些方面又都在不断地变、同时地变，这就是变幻莫测了。不少商品，不少厂家，不少广告部门，不少广告媒体，就是因为没有很好地顾及各方之变，顺应各方之变，进而以应万变而寻求自身发展的不变，而终于每况愈下甚至淘汰出局。商品经济愈发达，广告业愈繁荣，由上述诸关系方面组成的关系群也就愈千变万化，充满玄机，愈要求眼观六路耳听八方，随机而起应时而动。这样一来，专门研究广告的广告学就成为综合各方的、动态的、机智的、富于创造性的学问，从广告业的经营与发展角度说，这几乎成为一门事关存亡的学问。

当下，中国的市场经济进入繁荣期，很多专家学者认同这样的说法，即随着市场经济的更加繁荣，中国的社会发展已呈现出众多的历史盛世特征。这样一来，就盛世广告多的历史一般性而言，中国广告业的更加繁盛正成为不争的事实。广告业的繁盛自然要集聚一大批广告从业人员，即所谓广告人；而广告学的事关经营与发展之存亡的严重性，又使得这门学问成为广告人及有志于广告的人无可回避必须精修的学问。由此，广告便有了相当普遍而且强烈的求教与施教的社会需求。一些专门从事广告学教学的院校或专业陆续被催生与发展，一批专事广告教学及研究的教师先后进入角色，更多急欲求知的学生也带着广告人的梦想走进课堂。20世纪90年代初，极少数率先开设广告专业的教学者还被业内人士讥笑为投市场经济之机巧，曾几何时，大家又都惟恐不先地挤入这块专业教学领域。这又一次证明任何选择都无从离开发展变化的现实，发展才是硬道理。

真正有成效的广告教学离不开适宜于广告发展现实的教材。然而现实发展太快，广告学问的社会需求也来得太猛烈，而任何一门知识的教材又需要一个积累沉淀的过程。虽然可以借鉴，借鉴邻近学科的教材，借鉴先行的他国同类学科教材，但这毕竟是借鉴而且也只能是借鉴。中国的广告教材如果不适宜中国广告的发展规律，那就只能是花拳绣腿误人子弟。

适宜于中国广告业实际、适宜于中国广告发展、适宜于中国广告人才需要的广告教材，成为急切的时代呼唤。

摆在读者面前的这套"21世纪广告智能运作书系"正是应时代呼唤而生，应时代的广告教学需要而生。它承载着历史的广告业的坎坷起落而来，积聚着广告的经验积累而来，负载着广告人的热切期待而来，承担着广告学及广告业繁荣的压力而来。它是一个风尘仆仆的赶路者，带着喧嚣的市场风尘进行冷静的思索。

广告这门学问是一个综合性很强的学问，它须直面充满活力并变动不居的现实复杂的广告场景，须对解答实践着的广告及广告业难题提供富于实践意义的启发与引导，它还必须提供广告开发与创造广告精品、更充分地发挥广告效应的方略。这就是广告学的现实具体性特征。在所有的学问中，具体性的而非抽象性的学问是极具知识综合性的学问，没有众多知识的融会贯通就没有现实具体性的学问性及实践性的实现。广告策划、广告创意、广告经营、广告媒体开发、广告制作等，都直接面临具体的实施效果问题，而每一个效果的获取又都涉及众多方面知识。广告策划的总体方略，怎样既合于商家又合于市场更合于消费者的关注？这就既要知晓商家的经营之道及经营状况，又要了解市场的变化规律变化现实，还要了解消费者的消费期待、消费水平、消费习惯。这里的每一个方面都靠相关知识的支撑着：工商管理学的知识、经济学的知识、市场学的知识、消费学的知识、心理学的知识、美学的知识、文化学的知识、民俗学的知识、传播学的知识、媒体学的知识、设计学的知识、写作学的知识，等等。这众多知识如血液贯体般地流转于广告学问及其应用中，任何一方面知识的不足都会给施教与应用带来窘迫与尴尬。有人说广告的学问在广告之外，这话当然是有道理的。当广告人不是很难，也就是个谋业与敬业问题，但要成为广告界精英成为呼风唤雨的广告大师，那就大不容易了。其中的难就难在这需要大量的知识积累，需要从业于广告的人是一个真正意义的通才。按照这样的标准来编写广告学教材，要通过这样的教材去培养广告人，去为广告业精英、广告大师打下坚实的广告学基础，不突出广告学的知识综合性特点，显然不行。

　　此外，广告学问既非知的学问亦非技的学问，但它又离不开知与技，它界于知与技之间，是知的具体运用是技的经验向着知识的升华。中国古人称这类学问为"术"，古希腊的亚里斯多德则称之为"艺"。广告学的教材如果按照纯然的知识类教材去编写，对定义范畴特点功能等，条分缕析，成识成体，不能说这类教材没用，这也只是专业知识的入门之用。而且，不管这类教材如何追求知识的体系性，理论的精深性，它也比不上那些理论性很强的专业。眼下不少这类关于"术"或"艺"的教材，特别在知识性理论性上下功夫，整个体例建立在原理、特点、功能等的知识性阐述的基础上。使用这样的教材，学生知道了是这么回事甚至知道了为什么是这么回事，但却不会动手动脑去做这事，这就是问题了，这显然有违教学的初衷。像这样的以知为重的教材，在广告学的各类学问中，在总类或重要分类中有一本两本概论性的东西也就够了。至于少数人要进一步深造，要在广告学领域做大学问，如攻读硕士或博士学位，进而成为这一领域的理论家，那当然须有更富于理论性的教材，但那又绝不是概论性的东西，而只能是专题研究的专著性教材。像现在不少教材那样，应用而不能用，专题研究却既非专题又不得专题之究，就不伦不类了。

　　当然，走另一种极端，把广告学问做成技术性教学，只是在动手、动口能力上下功夫，使学生所学仅止于如何市场调查，如何谈判，如何做灯箱广告路牌广告等，这也不合于广告的学问规定。这些具体动手或上手的技术性的学习或训练确实应该有，应该学与练，但不能仅止于此，还要进一步向知识学问的高度提升，即不仅使学生会动手去做，更要使学生知道为什么应这样去做，知道何以这样做行而那样做就不行。一则电视广告，从形象到言辞到场景和音乐，做出来播出来了，看上去似乎原本就应该如此，其实从制作者角度说，他着手制作时是面临着众多种选择的，每一个局部或细部都有众多选择，对每一个选择他都要进行大量比较，而最终所以这样来做而不那样去做他都必须有所根据。这里是容不得盲目性的，也非随意之举。为什么有些电视广告，从模特表演到场景，音乐、言辞、摄制技术都很不错，受众也乐于观看，但十几遍播过去了，就是记不清所宣传的商品叫什么名称？为什么一些报纸广告整版地做，不断地做，受众应合率却远不如预期那么高？为什么一些优秀的现场广告可以技压群雄，从其他现场广告中脱颖而出一下便抓住受众的注意，而其他广告反倒成了陪衬？为什么一个广告策划可以救活一个企业、创出一个品牌，而更多的广告策划却无助于企业走出打不开市场的困境？为什么有些广告语美则美矣却乏力于促销，而另一些看似平常的广告语却产生出强而有力的关注效应，甚至一语定乾坤？这类问题主要并不是技术或技艺水平问题，这里有众多学问的灵活运用。仅从心理学角度说它就涉及感觉强化问题、知觉注意问题、同构问题、认知问题、想像问题、记忆问题、情感问题、共鸣问题，等等。对于制作者来说，桃李不言可以，心中无数则绝然不行。这心中的数就是学问。这学问的体现及获得这学问之方法的重要习得处所就是教材及使用教材进行教学的课堂。

广告学的"术"或"艺"的学问，在亚里斯多德的识、智、艺的三元划分中属于"智"。"智"，即智能，这是开启、运用、展示聪明才智的能力。它不同于观念的知，也不同于技术技艺的技，智能是知与技的汇聚场所。无知则无智，同样，无技也无智，专门的知汇成专门的智，专门的技受导专门的智。而广告学问的综合性又决定了广告之智乃是综合的智，它由众多知识支撑又向广告所需的众多技艺敞开。广告学问做成知的学问或做成技的传授都未见其本分，惟基于广告知识的广告智能开发，才是这门学问的起点与归宿。概括地说，就是如何进行广告学的智能传授与训练。这套"21世纪广告智能运作书系"就是奠基于广告学智能的传授与训练，并以此组合知识、转用知识、综合知识、再以此为根据形成思路和体例，建构以智能实训为特征的学问体系。

广告学的智能实训，须以教为引导以训为主元。教，主要讲授待训之智能的性质、结构、心理特征、训练根据、训练方法根据、训练要求、训练目的等等；训，则分导训、助训与自训，引导学生成为智能开发的主体。这类教与训再与相应的广告学知识关联起来，以相应的广告专业知识为专业智能实训的知识提领并据此营造相应的知识场景与应用场景，专业知识由此被讲授。在这样的学问系统中，专业知识铺设进去了，专业知识向专业智能实训的转化展开了，提升专业智能的目的也现实化了，学生学成后用于专业开发的业绩也就随之而来。就这样的知识——实训——智能提高——专业应用四位一体的教材学问构架及学问体系而言，这是一套应广告及广告业现实发展的实际需要，实现知识智能转化的富于创新性的教材。这套教材的构架与体系，决定着旨在开发智能的案例分析，旨在进行智能实训的专业场景式、专业课题式、专业情境式训练题目的设立，以及学生的实训参与、实训参与过程设计，实训成果检验这三个方面，它们在教材中占据重要位置。这里的难点及特点并不在于案例分析及训练题目的设立形式，这类形式在其他教材中也都不同程度地引起关注并设立，而在于把这类形式的根基设立于智能开发的基点。显然，让人知道一件事与教人做好这件事并不是一回事。出于知识的基点与出于实训的基点，两者即便用到同一个案例与设立同样的习题，其要求其侧重其具体分析与展开过程也大不相同。其中的差别，与告诉人南极旅游的知识和亲自组织旅游团到南极旅游是完全不同的两回事一样。

这套教材中的半数以上内容在此前三年中已在辽宁广告职业学院及部分从业人员培训中不同程度地试用，并在试用中不同程度地修改与完善，收到的教学效果是令人振奋的。一些综合性大学的广告专业也已引入或正在引入这样的教学思路及这套教材此前已然成形的部分。

广告业的繁荣与发展催生着与之适应的广告学教学，卓有成效的广告学教学通过源源不断地为广告业输送开发了专业智能的人才而促进广告业的更加繁荣与发展。这个过程中，作为广告业及广告人才的答谢式馈赠，以智能实训为基点的广告学教材也在实践中如根基于沃土的苗木，饱受阳光雨露的滋养，正长成繁茂的森林。

现在，这套教材向读者们交付了，它需要在读者的批评中不断完善。

以此为序。

高凯征

目 录

第一章　广告导论

压题图片 ━━━━━━━━━━━━━━━━━━━━━━━━━━━━

图 1-1

学习要求：本章从广告定义开始，探讨了广告与传播、广告与营销的关系，阐述了广告的分类和广告的经济功能、文化功能，简要地描述了广告发展的轨迹。学习本章内容，要了解广告的定义和广告的分类，理解广告传播的基本特征和商业广告在市场营销中的地位、作用，明确商业广告的营销传播性质，掌握广告的经济功能、文化功能对社会物质文明建设和精神文明建设的意义，从广告业的发展轨迹中探寻广告发展的基本规律。

关键词：广告；传播；营销；经济观念；文化功能

　　"广告是一个国家国民经济发展的'晴雨表'，精神文明程度的'风向标'，市场经济体制完善程度的'度量计'。"①在第39届世界广告大会上，国家工商行政管理总局副局长刘凡如此阐述了现代广告与社会政治、经济、文化的关系，高度概括了现代广告在国家物质文明、精神文明建设中的重要作用，社会充分肯定了广告的社会价值和社会贡献。作为一种传播方式、传播活动，广告是以其经济功能和文化功能参与国家经济建设，影响社会文化的

────────────────

　　① 《中国广告的规范与创新——刘凡副局长广告监管对谈录》，《现代广告》2005年第12期，第14页。

建构与变革，从而成为推动社会进步的重要力量。

第一节　广告的定义与性质

一、广告的定义

1. 关于广告的认知

经验总是先于理论，虽然人们很早就能够自觉地利用广告发布信息，但直到 19 世纪末才开始研究广告活动，从学理的角度认识广告，为广告定义，把握广告的特征、功能，以便更好地应用广告。

考量广告的视点、方法不同，决定了认知结果的不同和定义的差异，国内外一些较有影响的广告定义反映了广告认知的渐进过程和渐进深入、全面的认知结果。

1890 年以前国外公认的广告定义：News about product or service，即广告是有关商品或服务的新闻。

1894 年，美国广告人的定义：Salesmanship in print，即广告是印刷的推销术。

1932 年，美国《广告时代》杂志公开征求广告定义，入选的是：由广告主支付费用，通过印刷、书写、口述或图画等，公开表现有关个人、商品、劳务或运动等信息，用以达到影响并促进销售、使用、投票或赞同等目的。

美国市场营销协会定义委员会的定义：广告是由明确的发起者以公开支付费用的做法，以非人员的任何形式，对产品、劳务或某项行动的意见和想法的介绍。

1952 年，国际商会发行的《市场营销术语词典》中的定义：对市场商品、服务或商业上的观念，做非亲身的多次陈述，由一位可确认的广告客户付款给为其传达信息的运送者。与宣传报道之区别，在于后者并不付款给媒介，也不必确认广告客户。

1961 年，美国广告主协会所编发的《制订广告目标以测定广告效果》一书中的定义：广告是付费的大众传播，其最终目的为传递信息，变化人们对广告产品之态度，诱发其广告主得其利益。

日本早稻田大学小林太郎教授的《新广告》一书中的定义：所谓广告是广告主—选定的大众为对象，为了达到满足消费者或使用者，及扩大社会福祉的广告目的，透过其可能管理的媒介，所实施有关商品、服务、创意的信息传达活动。①

　　美国《当代广告学》(第七版)的广告定义：广告是游客识别的出资人通过各种媒介进行的有关产品(商品、服务和观点)的、有偿的、有组织的、综合的、劝服性的非人员的信息传播活动。②

　　中国较早涉及广告的著述有徐宝璜的《新闻学》、戈公振的《中国报学史》。徐宝璜在《新闻学》中阐述了"新闻纸之广告"，戈公振在《中国报学史》称："广告为商业发展之史乘，亦即文化进步之纪录。""不仅为工商界推销出品之一种手段，实负有宣传文化与教育群众之使命。"戈公振之言不是广告定义，但在肯定广告的文化功能和价值的同时，指出了广告"为工商界推销出品之一种手段"，清楚地说明了广告的本质。

　　当下的广告学人、业界人士也在各种著述中为广告定义，这里援引国内几位知名学者的广告定义：

　　广告是把由广告主付出某种代价的信息，经过艺术加工通过不同媒介向大众传播，达到改变或强化人们观念和行为的目的。

——陈培爱《广告学原理》

　　广告是付费的信息传播形式，其目的在于推销商品和服务，影响消费者的态度和行为，以取得广告主预期的目的。

——丁俊杰《当代广告学》

　　现代广告是包括整体广告运动在内的扩大了的广告概念。它是一种通过商品信息的有效传播服务于营销，来实现商品的有效销售的营销传播活动。

——张金海、姚曦《广告学教程》

　　从上述各种定义可以发现，随着广告业的发展，广告活动广泛应用于社会的经济、政治、文化活动中乃至个人生活中，广告的作用由单纯的传达信息到转变人们的态度与行动，广告媒介由印刷媒介为主到多种媒介的同时选用，研究者对广告的学理性认识呈现渐进的态势，关于广告的本质特征、客观规律的研究越来越深入，对广告的认知也越来越全面，从而使广告的定义

---

　　① 《关于广告的一些影响比较大的定义》，国家工商行政管理总局广告监管司编《广告专业技术岗位基础知识》，第19页，中国统计出版社，1996年6月。

　　② [美]威廉·阿伦斯著《当代广告学》，丁俊杰，程坪，苑菲，张溪译. 华夏出版社，2000年1月第1版。

更为科学、准确。

　　2. 广告的定义与特性

　　考量广告的本质特征、活动规律、传播内容以及社会对广告的应用等因素，我们这样定义广告：广告是工商企业、政府机构、社会团体及公民个人付出费用，利用某种媒介或形式，向公众传递信息或传达观念、意见而进行的一种传播活动。

　　广告的定义反映了广告的基本特性：

　　首先，广告活动是广告活动主体的自愿行为。在广告活动中，广告主、广告代理和发布者都有自主权利。广告主根据自己的信息传播需要决定自行或委托他人设计、制作、发布广告，决定以何种方式实施营销传播，表达意见、主张等。广告经营者和发布者也有权决定是否承接广告业务、为广告主提供设计制作和发布的服务。任何组织和个人都不能以任何形式干预他们的自主权利，不能强制他们做或者不做广告。开展公益广告活动也是如此，政府部门、社会团体和公民可以通过一定的方式动员、鼓励工商企业、广告公司和大众传媒机构积极参与公益性的广告活动，但是否参与还要由他们自己决定。

　　其次，广告是一种付费的信息传播活动。广告主委托代理和发布广告必须给予广告代理公司酬报，支付媒介购买费或租用费，因为广告代理和媒介机构为广告主提供了传播服务和传播资源，满足了广告主的发布广告传播信息的需求。即使是广告主自行设计制作广告或利用自由媒体发布广告，也需要人力和财力的投入。所以，广告活动也是一种经济行为，付费成为广告经济性质的主要标志之一。

　　再次，广告通过一定的媒介和形式实现传播目的。广告是一种"广而告之"的传播活动，需要借助覆盖面广、传播迅速的媒介或一定的形式才能达到广而告之的目标，取得广传速达的效果。即使在当今受众群体呈现"碎片化"特征的时代，大众传播或小众传播同样需要借助一定的媒体和活动形式，才能将信息准确地送达到受众。

　　由于广告所要传递的信息主要通过广告作品的形式传达，受众将报刊、广播、电视、网络、路牌等传媒上的广告作品直称为广告，因而广告不仅是"广而告之"的传播活动（advertising）的指称，也是广告作品的称谓（advertisement）。

　　广告中商业广告数量多、影响大，因此受众接触的多是商业广告，并将商业广告简称为广告，因而广告有了广义和狭义之分。广义的广告包括传播有关商品、服务、观念、主张、意见等各种信息的各类广告,狭义的广告即为商业广告。

二、广告与传播

1. 传播活动的要素和模式

广告作为一种传播活动,首先具有传播活动的一般特征。"所谓传播,即社会信息的传递或社会信息系统的运行。"①它是一种信息共享活动,在一定的社会关系中进行,又体现着一定的社会关系,传授双方有着共通的意义空间,信息传递就在授受和反馈的互动过程中完成。

一个基本的传播过程,要具备基本的要素。1948 年,美国学者 H·拉斯韦尔在《传播在社会中的结构与功能》一文中,首次提出了传播的 5 个基本要素,并按照一定的结构为它们排列了顺序,形成了"五 W 模式"。5 个基本要素是:传播者、受传者、信息、媒介、反馈。传播者又称信源,是传播活动的发起者;受传者又称信宿,即信息的接受者和反应者;信息是能够表达某种完整意义的信息,是传播者和受传者之间社会互动的介质;媒介是信息的载体,是传播过程中将各种因素连接起来的纽带;反馈则是受传者接收到信息后的反应或回应。它们之间的顺序是:Who、Says what、In which channel、To whom、With what effect,英国传播学家 D·麦奎尔用图式说明了 5 个要素之间的关系和传播的过程见图 1 - 2:②

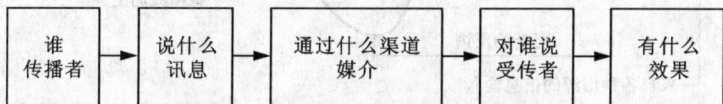

誰　传播者 → 说什么　讯息 → 通过什么渠道　媒介 → 对谁说　受传者 → 有什么　效果

图 1 - 2　拉斯韦尔的传播过程模式

这虽然是一个单向直线模式,没有阐述人类传播的双向和互动性质,但在传播学上具有重要的意义。后来一些传播学者又提出了其他类型的传播过程模式,如施拉姆先后提出的"循环模式"和"大众传播过程模式",德弗勒的

---

① 郭庆光《传播学教程》,第 5 页,中国人民大学出版社,1999 年 11 月第 1 版,2002 年 7 月第 4 次印刷。

② 郭庆光《传播学教程》,第 60 页,中国人民大学出版社,1999 年 11 月第 1 版,2002 年 7 月第 4 次印刷。

互动传播模式等，以补充说明传播过程中的互动和反馈，提示传播过程中影响信息传播的噪音，见图1－3，图1－4。①

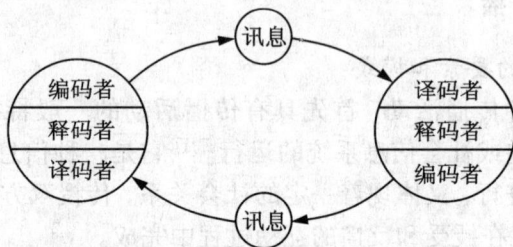

图1－3 奥斯古德与施拉姆的循环模式

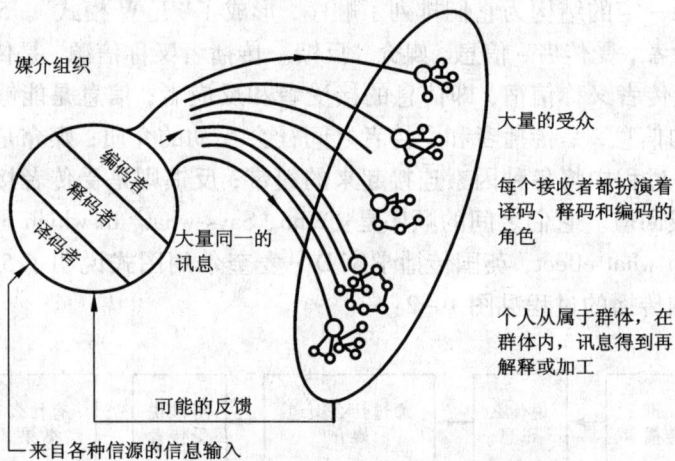

图1－4 施拉姆的大众传播过程模式

中国传播学者郭庆光从上述传播要素和传播模式中注意到传播过程具有动态性、序列性和结构性等特征，指出：传播在形式上体现为有意义的符号组合（信息）在特定渠道中的流动，实质上则是传播者和受传者的意义或精神内容的双向互动，即作用与反作用。传播过程中各个环节和因素的作用各有先后次序，按照信息的流向一次执行功能，体现出一环扣一环的链式连结。

---

① 郭庆光《传播学教程》，第62－63页，中国人民大学出版社，1999年11月第1版，2002年7月第4次印刷。

而时间上的先后次序、形态上的链式连结体现了传播过程的结构总体特点，此外各环节或要素本身还有各自的深层结构见图1-5。[①]

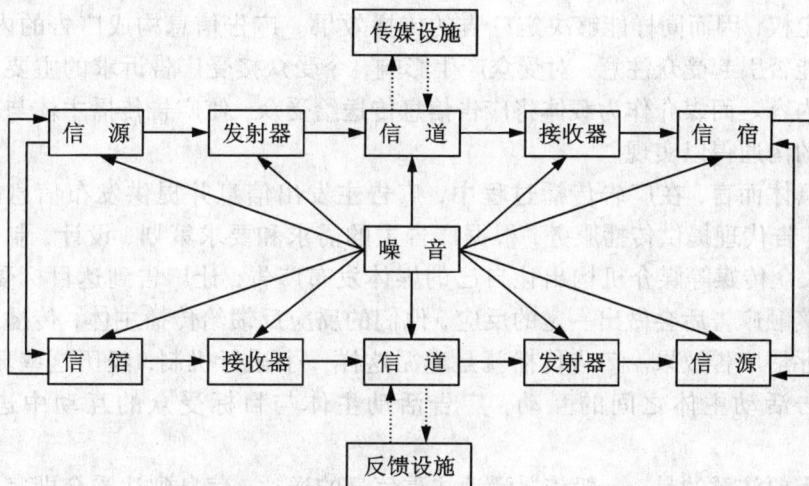

图1-5 德弗勒的互动过程模式

传播学家关于传播要素、模式和特征的学理阐述，以及关于传播功能与作用的研究，拨开了各种传播活动纷繁复杂的表象，廓清了传播活动的基本因素、特点，揭示了传播的规律。无论社会上各种各样的传播活动的形式、时间、规模、效果等怎样不同，无论这些传播活动是简单还是复杂，我们知道它们的基本要素、特征和机制是相同的，都遵从着传播的规律。了解传播活动的基本因素和特征，掌握传播的知识、理论和方法，有利于传播活动的开展，争取良好的传播效果。

2. 广告传播的要素和运行机制

广告即是一种传播活动，那么无论哪类广告传播，都是由传播者、信息、媒介和受众几个要素构成的，都要按照信息传播活动的机制运行。广告的传播者由提供广告信息和广告费用的广告主、提供广告传播服务的广告代理和提供媒介资源的广告发布者构成，他们也被称作广告活动主体。其中广告主的广告需求、信息提供和资金投入是开展广告活动的最基本条件，广告代理

---

① 郭庆光《传播学教程》，第64页，中国人民大学出版社，1999年11月第1版，2002年7月第4次印刷。

的服务质量和广告媒介的传播力、影响力是决定广告传播力度、质量、方式以及效果的重要因素。广告的受众是广告活动主体要告知、说服、争取的对象，虽然处于传播活动终端受传者，却掌控着信息接受的主动权和商品消费的决定权，因而同样能够决定广告的传播效果。广告信息构成广告的内容，广告能否引起受众注意，对受众产生影响，令受众接受广告诉求的主要是广告的内容。而媒介作为载体将广告信息传送给受众，使广告传播主体与受众之间的沟通得以实现。

具体而言，在广告传播过程中，广告主发出信息并提供发布信息的资金；广告代理提供传播服务，根据广告主的需求和要求策划、设计、制作广告；大众传媒等媒介机构出让自己的媒体发布广告，让广告到达目标受众；受众接触广告后会做出一定的反应，他们的反应反馈给传播主体，传播主体据此评估广告效果。广告传播就是遵循这样一个运行机制，经历这些环节，在广告活动主体之间的互动，广告活动主体与目标受众的互动中进行、完成。

需要注意的是，一般传播活动注重信息的送达，信息到达受众即完成了传播任务，但广告传播，特别是现代广告传播，不会将信息送达给受众视为传播的完成，也不会仅将"告知"作为传播目标。作为一种付费的功利性很强的传播活动，广告不仅追求认知效果、态度效果，而且追求行动效果；不仅要收获社会效益，而且要收获经济效益；不仅要将信息传达给受众，而且要想办法"说服"受众，让受众接受广告的主张；不仅注重广告的信息价值，而且注重广告的文化意义和审美价值。因此，广告不仅被称为"说服的艺术"，而且具有文化的功能与艺术价值，形成了"广告文化"、"广告艺术"。

广告传播之所以成为"说服的艺术"，是因为受众并非"魔弹论"所描述的那样一击即倒，不会乖乖地由广告信息的受传者成为广告商品的消费者或广告主张的践行者。也就是说，虽然有着信息需求的受众不能掌握信息传播的主动权，但他们掌握着信息接受的主动权和选择权，会自觉地行使自己的主动权和选择权去处理蜂拥而至的广告信息，使自己虽处传播终端的被动地位却决定着传播效果。诚如美国消费心理学家威廉·威尔穆说的："受众是决定交流活动能否成功的人。"而且受众越来越理性，虽被广告围追堵截却不会对广告言听计从。广告传播要达到预期的效果，不能仅仅传递商品和服务的一般性信息或者政治、文化等活动的一般性信息，必须在提供基本信息的基础上，寻求能够打动他们的最有价值的信息和信息传播形式去引发他们的兴趣，叩开他们的心扉，唤起他们的共鸣，争取他们的认同，通过一番"说服"让他们接受广告的诉求。所以，可口可乐的广告代理公司麦肯广告公司认为：广告就是巧传真实。广告主及其广告代理公司要同心协力，运用最好而又富有创意的方法将自己的故事真实地告诉人们。① 美国托马斯·C·奥吉恩等则直言："广告是经过精心设计的、劝服某人采取某种行动的传播活动。"②

广告之所以成为"广告文化"，是因为广告具有鲜明的意识形态性和文化传播功能，不仅传播商品信息，而且传递知识、理念、生活方式、审美规范、时尚潮流等文化观念，对受众的价值取向和行为方式产生影响，构成社会文化的组成部分。当广告内容已经超越了一般商品信息的传达，文化含量、文化价值以及对社会文化的影响越来越大时，广告就不仅是一种文化传播载体了，而且成为一种文化形态——广告文化。

广告之所以成为"广告艺术"，是为了让受众能够注意广告，记忆广告，喜爱广告而不是厌烦广告、拒绝广告，将广告设计、制作得赏心悦目，赋予广告娱乐因子、艺术魅力与审美价值，这样受众在接受信息的同时能够获得娱乐和审美的愉悦，得到实用功利性体验与娱乐、审美心理体验多种体验。与艺术结盟和美学牵手的广告，因为具有鲜明的艺术性和较高审美价值自然"脱颖而出"成为具有娱乐性、欣赏性的广告艺术。

广告传播中注重"说服"，为广告注入文化内涵，对广告进行艺术加工和审美处理，这些使得广告传播的运行过程和运作实践具有鲜明的特色，从而显现出与一般信息传播的不同。

三、广告与营销

1. 市场营销的 4P 组合

就商业广告而言，广告是市场营销的工具、手段，广告传播属于营销传播。运用市场营销学的理论，分析市场营销（marketing）的 4P 组合，可以清楚广告与营销的关系。

4P 即产品（product）、价格（price）、分销地点（place）和促销（promotion）。企业的营销活动由这四个可控的基本因素构成，企业根据目标

① ［美国］威廉·阿伦斯《当代广告学》（第7版），丁俊杰，程坪，苑菲，张溪译. 华夏出版社2000年1月第1版，第8页。
② ［美国］托马斯·C·奥吉恩，克里斯·T·艾伦，理查德·J·塞梅尼克著《广告学》（第2版），程坪，张树庭译. 北京，机械工业出版社，2002年5月第1版，第8页。

市场的需求生产产品或提供服务，制订出相应的价格，然后通过各种渠道将产品或服务推向市场，并借助各种方式和手段促进销售，以便能更快更多地推广产品和服务，从而在满足市场需求的同时获得市场的回报，达到获取利润、谋求发展的目的。至于生产什么样的产品，提供什么样的服务，制订什么样的价格，以及怎样建立渠道向市场铺货，又如何在竞争的环境中促进销售等，企业需要根据市场的消费需求和竞争、企业的现实状况和发展目标，以及社会环境等因素，制订相应的营销战略以及具体的产品策略、价格策略、渠道策略和促销策略，形成企业的营销战略与策略体系。

2. 广告在市场营销中的地位

市场营销中的促销有人员促销、活动促销、广告促销等形式。广告是市场营销中的一种促销方式，以促销的功能和作用而成为市场营销的次级要素，与其他促销形式配合，共同推动产品或服务的销售。广告在市场营销中的地位与作用，决定了广告与营销的关系：广告目标和广告策略决定于营销目标、营销战略和营销策略，广告目标要和营销目标保持一致，广告策略要服从营销策略，服务于营销策略。这种服从和服务体现在广告活动中，就是广告策划要依据企业的营销目标和营销策略制订广告目标和广告策略，不能不顾营销目标和营销策略而自行其事。

但是，广告虽是市场营销组合要素中次级要素，却有着举足轻重而不容忽视的作用。特别是在竞争激烈的市场上，在注重传播与沟通的现代营销活动中，广告这一促销手段发挥了非常重要的作用。无论是新产品进入市场还是成熟产品维护既有的市场份额，无论是提升品牌的市场地位还是坚守品牌的领袖位置，无论是追求近期的销售业绩还是追求长远的企业利益，广告都发挥了非常重要的作用。所以现代企业非常重视广告，将广告宣传作为营销战役中最重要的战斗。无数成功的广告案例很好地诠释了广告在现代营销中的突出地位和重要作用，给企业利用广告实施营销战略提供了经验。

3. 广告促销的保障与支持

广告在营销中发挥着重要的作用，但与人员促销、促销活动等促销形式不同，并不直接推销产品或服务，而是通过传播产品或服务的信息来推动销售，通过提升产品或服务的知名度、美誉度来提升产品或服务的市场地位，也就是说，广告是通过信息的有效传播来实现促销功能，完成营销的任务。因此，广告的实质是营销传播。

广告用信息传播在生产和消费之间构筑起了沟通的桥梁，让消费者了解企业所提供的产品，促动消费者做出消费选择，让企业的营销目标在消费者的积极选择中实现。但广告的作用又是有限度的，不能代替其他促销形式而独自承担起促销任务。就像销售不是营销要素的全部一样，广告不是促销要素的全部。营销目标的实现，不仅需要诸种促销方式的配合与整合，更需要产品、价格、分销渠道等其他营销要素的保障和支持。产品、价格能够被市场认同，分销渠道畅通，生产与消费的关系和谐，广告传播有了这些保障和支持，才能产生良好的传播效果。所以，我们既要清楚认识广告的功能，充分肯定广告的作用，又要理性地认识广告的特点和效果，准确地把握广告在营销组合中的地位和作用，这样才能在营销活动中积极而科学地利用广告。

第二节　广告的分类与功能

一、广告的分类

为广告分类，认识和把握各类广告的共性与特征，是科学、经济、有效地利用广告，充分发挥其宣传工具作用的前提条件。现代广告内容纷杂繁多，表现形式千姿百态，传播方式和承载的媒介也多种多样。按照一定的方式将具有相同特征的广告归为一类，可将广告分为若干类别。

1. **按照广告的目的、内容分类**

按照广告的目的、内容分类，可将广告分为商业广告和非商业广告两大类。

（1）商业广告。商业广告以促销、盈利为目的，以商品、服务、企业等方面的信息为主要内容，具有鲜明的商业功利性。按照广告的具体内容，商业广告又分为商品广告、品牌广告、企业形象广告等多种。

商品广告以商品销售为目的，主要介绍有关商品的特性、功能、款式、质量、价格、售后服务等特点，强调商品自身的特点或商品销售的特点及其提供给消费者的实际利益。品牌广告以建立品牌形象、提高品牌知名度和美誉度、推动品牌营销为目标，注重描述品牌个性，突出品牌价值，以品牌形象和品牌价值吸引消费者。企业广告又称企业形象广告，通过传播企业文化理念、提高企业知名度以树立企业良好的社会形象。商品广告和品牌广告、企业形象广告反映了企业不同的营销策略和营销层级，具有不同的传播效果和市场效果。

（2）非商业广告。非商业广告没有商业功利目的，不传播商业信息，不谋取经济利益，主要用来表达某种意见、主张，是宣传群众、教育群众的一种形式,包括为达到某种政治目的而做的政治广告、为表达意见或主张而做的意见广告、为维护社会公益或开展社会公益活动而做的公益广告,以及为征婚、招聘、出租、转让、祝贺等做的分类广告。

2. 按照广告媒介分类

(1)按照广告媒介的性质、特点,可将广告分为大众传播媒介广告和非大众传播媒介广告。

发布于大众传播媒介上的广告即是大众媒介广告,包括报纸广告、杂志广告、广播广告、电视广告、电影广告、网络广告,以及不断出现的新型大众媒介广告如手机广告等。利用其他媒介发布的广告为非大众媒介广告,包括各种户外广告、POP 广告、礼品广告等。

(2)按照广告媒介的介质、类型,可将广告分为印刷媒介广告或纸质媒介广告、电子媒介广告、其他媒介广告。

(3)按照媒介所使用的传播符号分类,可将广告分为文字广告、声音广告、图像广告、音像广告、多媒体广告(指多种传播符号并用的广告)、活动型广告等。

3. 按照广告的范围分类

按照广告的范围分类,可将广告分为国际广告、全国广告、区域广告。

国际广告是指广告主为实现跨国销售的目标,通过国际性传播媒介或国外媒介,在国外进行的广告传播。此类广告是开拓国际市场必不可少的营销手段。全国广告是指利用覆盖全国的媒介在全国范围内发布的广告。区域性广告是指在一个地区或几个地区而非全国范围内所做的广告。

4. 按照广告对象分类

按照广告对象分类,可将广告分为消费者广告、经销商广告和工商广告。

消费者广告是指以广大的消费者为诉求对象,针对消费者的物质需求和心理需求发布信息的广告,经销商广告是指以零售商和批发商为诉求对象的广告,工商广告是对工商企业发布的推介生产资料的广告。

二、广告的经济功能和文化功能

1. 广告的经济功能

广告以其强大的经济功能在社会经济发展中发挥了重要作用,人们正是根据其经济功能和社会贡献对广告的价值给予了充分的肯定。经济发达的西方国家认为广告在其经济发展中的助推作用功不可没,广告传播的大量商业信息培养了人们对商品的需求。我国改革开放以来，广告同样为国民经济发展、社会财富增长以及进入世界经济大市场作出了贡献。

广告的经济功能主要在于传递商业信息，沟通产销关系，刺激消费需求，促进商品流通，活跃市场经济，从而推动社会生产的增长。这也就是说，广告作为一种信息传播形式、一种营销传播，是通过提供信息传播服务，为工商企业和消费群体搭建沟通的桥梁，满足供求双方的信息需求，促进商品销售和消费来为经济建设服务。尽管信息传播的形式和市场营销的方式有多种，但广告所提供的信息传播服务是其他传播形式所不能替代的，广告的经济功能是其他信息传播所难以企及的。我国政府充分肯定了广告的这一经济功能，在《关于加快广告业发展的规划纲要》中强调指出："在市场经济运行中，广告作为沟通生产与消费的中介，具有辅助企业开拓市场和引导消费的特殊功能，是国内国际市场信息交换的有效渠道，也是参与国际经济循环的重要条件。发达的广告业可以促进经济资源的合理配置，取得更加丰富的物质产品和精神产品"，[①]因此，为促进我国社会主义市场经济的发展，并使我国商品在国际市场竞争中后来居上，国家要大力发展广告业。

广告的经济功能还体现于广告业自身为国家经济所作的贡献。广告属于第三产业中的信息服务产业，是知识密集、人才密集、技术密集的高新技术产业，通过为工商企业和其他社会组织提供高智力的信息传播服务而创收。虽说广告业作为服务性产业，其发展高度依赖于其他产业的发展，其走势紧随着国民经济发展的波动而变化，其业态与国家经济景气同律动，但同其他产业一样能够以自己所创造的财富为社会经济发展做贡献。只要国家宏观经济健康、稳定地发展，广告业就会伴随着广告投入的增加为国家做出更多的贡献。我国广告业从 1978 年恢复以来，在改革开放的大背景下，广告市场生机勃勃，广告产业持续、快速成长，广告经营额大幅度增长，成为令人瞩目的朝阳产业。1981年我国的广告经营额是 11800.0 万元，[②]至 2006 年底广告经营额已经达到 1573 亿元人民币，广告公司经营额 631.3 亿元人民币，广告公司的经营额占广告经营额的 40.1%。[③] 广告经营额的数字不仅反映了广告费的投入，而且反映了国家经济形势、市场活跃程度和广告费的投入。同样，广告公司经营额不仅反映了广告产业的状态，而且反映了广告产业的贡献。

---

① 国家工商行政管理局、国家计划委员会《关于加快广告业发展的规划纲要》。
② 刘林清主编《广告监管与自律》，第 57 页，中南大学出版社，2003 年版。
③ 《2006 年中国广告业统计数据报告》，《现代广告》，2007 年第 4 期。

2. 广告的文化功能

广告中包蕴着丰富的文化内涵，广告向人们传递的经济、科技、文化诸多方面的信息本来就是人类所创造的物质文化和精神文明的反映，而广告活动主体采取的"文化攻心"策略，利用文化的力量引导受众，拉动消费，又为广告注入文化含量，为广告商品增加了文化附加值，因而广告成为一种社会文化现象，呈现出商业功利与社会文化双重色彩，具有经济和文化两方面的功能。

在文化成为消费的主导力量的今天，在商品经济发达、商品同质化突出的市场竞争中，广告的文化影响力常常大于商品自身的竞争力，广告中价值观念、生活方式等内容，无论是传统的还是现代的、积极的还是消极的，不仅会直接引导消费，还会渗透到社会生活中，对公众的思想、行为产生影响。一位学者指出：广告"对公众具有特殊强烈的导向作用，在构建现代社会成员'共生'与'共识'关系方面，发挥决定性作用，功不可没"。他认为："20多年来，中国广告已经成为型塑现代社会规范、共识、标准的重要力量，为中国社会的消费、时尚、审美，以及人生态度和梦想等等，提供了一系列参照系和标准。现代社会的消费，不再是温饱线上简单的'补充给养'，而是一种社会文化'活动'，交织着无处不在的文化脉络……广告恰恰是这样一个结合点——以'文化'的形式，带动起注入品牌、形象、质量、档次、诚信等现代文化消费概念，事实上是在搭建一种市场秩序基础上的全新的现代社会伦理框架，它有助于现代社会成员在异质化、个体化、片面化、陌生化的同时，得益重新组合成新的命运共同体。"①这一看法，实际上说明了广告的文化功能和广告在社会文化变迁中所起的作用。

广告的文化功能主要表现在：①影响受众的文化心理，改变人们的文化观念、价值取向。广告所传播的科学知识、文化理念、价值观念等，无论直接诉求还是借助形象间接表达，被受众解读后，都可能对他们原有的观念形成冲击，不仅会影响他们的消费文化观念，还会影响社会整个价值观念体系，包括人生价值观、道德价值观、经济价值观、知识价值观、审美价值观、自然价值观等。②提供现代生活信息，引导生活方式的变革。广告送来改变物质生活的信息，生动描述现代生活方式，在引导人们改变固有的落后的生活的同时提供建立新生活方式的参照和示范，不仅充当了产品的推销员，而且扮演起生活导师的角色，面对令人眼花缭乱的商品，告诉人们应该怎样生活。虽然受众讨厌广告的喋喋不休，但还是会在广告的引导下，不断地改变

① 于长江《广告，中国现代化社会变迁的写照》，《现代广告》，2005 年第 12 期。

自己的生活。③传播文化、促进文化的交流与融合。广告在实施文化攻心策略时，一方面根据受众的传统文化、民族文化的情结弘扬传统文化和民族文化，促进传统文化和民族文化的增值，一方面宣传西方文化，为多元文化的交流融合推波助澜，从而使广告成为现代文化传播的一个载体，成为文化传承和文化变迁的一股推动力。

诚然，广告所蕴含的文化信息是零碎而分散的，犹如一块块文化碎片，似乎产生不了多大的力量，难以带动社会的变革。单一的广告文化影响力的确有限，但"广告发表的频率极大地弥补了形式的分量，在人们记忆中，广告所占有的文化份额并不亚于其他文化类别"。① 广告总量极大，传播速度快，覆盖面宽广，而且大多数重复发布，充斥于生活时空，将一张覆盖生活各个角落的大网，形成一股强势力量，获得话语霸权，在公共领域扮演重要角色，支配着人们对现实生活的文化思考和行为抉择。所以，尽管广告的文化功能不是广告的主导功能，不能夸大广告的文化功能，但也不能忽视广告的文化功能。

第三节 中国广告发展轨迹

中国广告业的发展走过了漫长而又曲折的路程，其间大体可分为三个阶段，即古代广告活动时期，从原始社会广告活动的出现到1840年鸦片战争以前；近现代广告活动时期，从鸦片战争时期我国沦为半殖民地半封建社会到1949年中华人民共和国建立以前；当代广告活动时期，即新中国成立至今，其中1979年中国广告元年之后，新中国的广告事业进入了飞速发展时期。

一、中国古代广告的演进

中国古代是自给自足的自然经济占统治地位的社会，商品经济在夹缝中生存。与此相伴，中国广告也在这种脆弱的环境中产生并发展。中国古代广告自原始社会末期产生起到鸦片战争以前经过了一个缓慢的发展过程，宋代造纸术、印刷术的发明，又使得中国古代广告经历了历史性的变革。

原始社会末期，中国古代商品交换活动开始成熟，特别是随着农业、手工业和商业三次社会大分工的逐渐完成，商品交换的数量、市场区域和范围不断扩大，商品交换的形式也不断发生变化，商业活动逐渐频繁和活跃，而广告活

---

① 南帆《双重视阈》，第207页，江苏人民出版社，2001年。

动作为古代商品经济交换过程中不可或缺的宣传手段和促销工具也逐步产生
和发展起来。这一时期主要的广告传播形式是实物陈列广告、口头叫卖广告，
以及在此基础上发展起来的招幌广告与音响广告，见图 1－6，1－7，1－8。

图 1－6　原始社会剩余产品交换　　　　图 1－7　百姓交易图陈列实物商品
　　　就带有实物陈列广告的特点

图 1－8　行商与至今仍沿用的"音响广告"

　　进入封建社会以后，招幌广告无论从形制上还是内容上都运用得更加成
熟完善，也更具有民间文化特色。招牌作为指示店铺的名称和记号，有竖
招、横招、坐招和墙招几种。两宋时期，招牌广告遍及城乡，都市商店几乎
每家都有自己的招牌名称。从北宋张择端所作的《清明上河图》中就可以看
到，仅汴梁东门附近十字路口，各家设置的招牌、横匾、竖标等就有 30 余
块。到了明清时期，招牌广告从内容到形制以及设置方式都更趋成熟。招牌
广告不仅在文字运用上变化多端，还利用我国传统的对联形式制作招牌。由
于中国古代商人对招牌字号愈加重视，所以很多的招牌内容都被赋予特殊的
内涵，显示出经营者的品牌意识。此外，商家还不惜重金聘请名家来书写招
牌广告，这些不仅是书法艺术的珍品，在当时也称得上是最上乘的广告。招

牌的制作装潢多采用楠木材料和髹漆工艺。装饰上一般以黑色作底面，四周镶以花边纹饰，正中字体多配上耀眼的金子或朱红赤字，显得古朴大方，凝重平稳，体现出中华民族独特的广告艺术和风格气派，见图1-9。

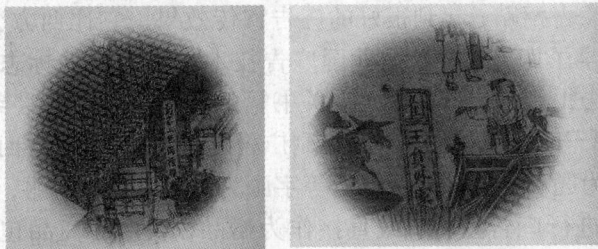

图1-9　《清明上河图》中的招牌

幌子作为行业标记，有形象幌、标志幌与文字幌几种。为了能够更好地经营商铺，进行有效的广告宣传，商家常常将招牌和幌子合用，或一招一幌，或二招二幌，对称悬挂，有的还成套联用。招幌的造型、色泽、纹样、字体以及悬挂方式和位置等都很讲究，显示了浓厚的民间特色，见图1-10。

图1-10　我国古代具有民间特色的幌子广告

造纸术和印刷术的发明与使用，为印刷广告的出现和发展奠定了基础，也提供了技术和载体。我国现存最早的印刷广告实物，是收藏在中国历史博物馆的北宋时期"济南刘家功夫针铺"的一块广告铜版。铜版约四寸见方，中间是白兔抱杵捣药的图案，分列左右两边的是"认门前白兔儿为记"，上方雕刻商家名称"济南刘家功夫针铺",下方从左往右竖版雕刻商品的质地和销售方法等广告文字:"收买上等钢条,造功夫细针,不偷工,民便用,若被兴贩,别有加饶,请记白。"由图1-11可见整个广告版面图文并茂,简洁生动,已具备了广告的几个基本要素。用此广告铜版印刷的广告既可以做针铺的包装纸,也可以做广告招贴,起到很好的广告宣传效果。它比西方公认的第一张英文印刷广告早了四五百年,是我国广告技术重大发展的标志。元、明、清时期,印刷广告得到进一步拓展,有关书籍的印刷广告和包装纸广告不断增加。特别是流行于清代的木版年画印刷广告更为深入人心。年画多以民间故事、戏剧人物为题材,还有福禄寿禧等字画为内容,色彩艳丽,生动逼真,负载着商品信息进行广告宣传,或直接作为赠品,或作为商品包装加以传播,逢年节时尤甚。直至民国时期到新中国建立,年画在宣传商品信息、进行广告经营等方面仍产生着重要影响。

图1-11　现存于中国历史博物馆的北宋《济南刘家功夫针铺》印刷铜版及拓印版

封建社会时期,我国除了在广告传播形式上不断丰富发展之外,在广告的传播技巧与方法上也出现诸多变化。如名人效应的广告运用、体验式广告的出现、消费者心理战术的应用等。商业竞争的日趋激烈,迫使商人们在生意经营上都更注重"智巧",更讲究"生意经"了,针对消费者的心理进行广告宣传,投其所好,使广告传播更为有效。这些广告宣传的技巧和方法充分体现了中国古代商人们的聪明智慧,也显现出一些现代广告传播意识的端倪。

总体来说,中国古代广告的发展由于伴随着封建自然经济的荣衰,所以即使有所发展和进步,但始终是处于一种原始的、缓慢的、落后的状态。鸦片战争爆发以后,随着西方列强经济文化以及媒介技术东渐的深入,中国近现代广告活动开始逐步发展起来,中国的广告事业进入一个新的阶段。

二、中国近现代广告的勃兴

这一时期主要指从 1840 年鸦片战争爆发到中华人民共和国成立前为止。中国社会的性质在西方列强的入侵下发生了变化,闭关自守的封建社会开始解体,逐渐沦为半封建半殖民地社会。资本主义在中国倾销商品的同时也使外国的资本和商人大量涌入,很多新的广告媒介形式和广告理论也随之进入中国,这在客观上促进了中国工商业的发展。而本土民族工商业与外商资本间相互激烈的竞争,也刺激了中国近现代广告的发展与勃兴,中国广告业呈现出新的景象。

1. 广告媒体新形式的引入与发展

中国近现代广告与古代广告的一个根本性的区别就是广告媒介技术水平和传播形式的更新。各种具有近现代特征的广告媒体在此时得以产生和发展。

我国近现代广告发展最显著的标志是报刊广告的出现。尽管我国在世界上可以算是最早创办报纸的国家之一,但我国古代的报纸并没有真正意义上的广告。鸦片战争后,外国商人开始尝试在中国创办商业报纸,为其推销商品,沟通中外信息服务。先是在香港兴办起英文商业报纸,用于刊载商业行情、航运信息以及其他广告内容。继而中文商业报纸也纷纷出现,创刊于 1853 年的香港第一份中文报刊《遐迩贯珍》除经营广告业务外,还率先宣传广告对商业的作用。其他报纸也开辟"各行告白"、"各货行情"等栏目,刊登商业广告。虽然广告形式十分拘谨,方法也较幼稚,但这是中国报人的努力尝试,也是广告史上不可忽略的一笔。19 世纪 60 年代以后,上海成为中国商业报纸的出版中心。其中著名的商业报纸《上海新报》、《申报》、《新闻报》等都注重广告经营。《上海新报》创办伊始就发表启事诱导读者做广告,而《申报》在上海崛起后仅用半年的时间就凭借其强大的新闻传播优势和经营策略挤垮了《上海新报》,开始独占鳌头。《申报》的广告版面所占比例逐年上升,一般都达到 50% 以上。民国初年,由于第一次世界大战使帝国主义列强忙于欧洲战场而无暇东顾,中国民族工商业获得进一步发展的机会,对国货广告的需求也进一步扩大,广告在社会经济活动中的作用日益突显,国人更加认识到广告的存在和价值。这段时期,报刊广告的内容和范围拓展到更多领域,百货、银行、电影、戏院、卷烟、医药、书籍等方面的广告经常见诸报刊版面;广告的版面安排、套色、绘图文字等艺术表现水平也提高很快,广告专版和分类广告开始出现。1912 年 3 月 21 日《申报》第八版就整版都刊登了广告,《大公报》1918 年 5 月 1 日登载日本博利安电灯泡的广告,是我国首次运用的报纸系列广告,文案简洁实在,商标醒目突出,给人印象深刻。此时,民营报业发展也相当迅猛,一些外国人办的中文商业报刊,陆续转为中国人主办,我国很多著名的报人在此时大展拳脚,如史量才、张竹平、汪汉溪等,他们都十分重视报业管理,善于经营报业广告,因此广告量大幅度增加。各种宣传介绍先进思想的报刊也纷纷创立,也曾经刊载过大量民族工商业的商品广告或宣传进步书刊的书籍广告,比如《每周评论》、《湘江评论》等都刊载过广告,发挥了积极的作用。

　　2. 其他广告媒体新形式的陆续出现

　　在中国近现代的广告活动中,除了报刊广告发展迅猛之外,其他一些形式的广告也陆续出现。这些广告媒体形式在国外也才问世不久,就很快被移植到中国来。

　　(1)广播广告。中国境内第一座广播电台"奥斯邦电台"是美国商人奥斯邦的中国无线电公司于 1923 年 1 月 23 日在上海创立的,三个月就停播了。其后,美商新孚洋行和开洛电话材料公司所创办的广播电台在上海相继开播,新孚洋行的广播电台因经济拮据很快停办,而开洛公司的广播电台一直延续了五年之久,其广告主要是推销洋货的外商广告。中国人自己创办的私营广播电台出现在 1927 年的上海,每天播音 6 个多小时,同年底北京也出现了一家民办的燕声广播电台。这些私营的广播电台主要靠广告收入维持,因此各种形式的广播广告节目不断涌现,以招徕更多客户在广播电台做广告。广播广告的出现是中国近现代广告史上又一个里程碑,标志着中国广告传播进入了"电子传媒"的新阶段。

　　(2)路牌广告。早在辛亥革命以前,我国就出现了路牌广告,用木架支撑、铅皮装置、油漆绘制,一般竖立在交通要道口、屋顶、铁路沿线和风景区等地。至 20 世纪 20 年代,路牌广告已发展得相当兴盛,在整个广告业务中占有很大份额,广告内容也很丰富,主要涉及香烟、药品、影剧信息、日用百货等领域。广告公司将制作路牌广告当作公司的重要业务,为此培养出一批专做路牌广告的技术人员。

　　(3)橱窗广告。橱窗广告随着百货公司的诞生而出现。设有橱窗的商店利用橱窗里陈列展示各种商品,采取各种艺术手法和现代科技突出商品优势和特色,以吸引顾客进店购买。我国最早运用现代橱窗广告的是开设在上海南京路一带的四大百货公司:先施(1917 年)、永安(1918 年)、新新(1926

年)和大新(1936 年)。这四大百货公司开业后，都不惜重金从香港、澳门等地聘请专业人士前来负责橱窗设计和商品陈列，同时将部分橱窗租给厂商陈列商品。一些中、小型商店纷纷效仿，改装门面，扩大橱窗。这一潮流逐渐由沿海向内地发展，后来几乎稍具规模的商店，都设置有橱窗广告。

(4)霓虹灯广告。我国首次出现的霓虹灯广告是 1926 年由上海南京东路"伊文斯"图书公司在橱窗内设置的宣传"皇家牌(ROYAL)"打字机的英文广告。1927 年上海湖北路旧中央大旅社门前安装了第一个露天霓虹灯招牌"中央大旅社"。30 年代的上海，除了闹市区大小商店都装有不同的霓虹灯招牌和广告外，室内或橱窗也设置霓虹挂灯，屋内外装饰边管也逐渐普及，广告传播因霓虹灯的出现而拓展了时空。

(5)月份牌广告。月份牌广告可以说是我国最早出现的商品海报形式，也是一种推销商品服务的商品艺术形式。月份牌广告大量出现是在 20 世纪二三十年代，商家企业利用国人喜爱传统年画的心态，将年画用传统国画技法或结合西洋绘画技巧画成，再用彩色石印技术印制，附上商品信息和年历日期，在年终岁尾之时随商品赠送给客户，完成广告信息的传播。由于它既实用又美观，传播效果也好，故而印制量很大，见图 1 – 12。

图 1 – 12　"南洋手表眼镜公司"和"英美烟公司"的月份牌广告

这一时期，交通广告、样品广告、电影广告等形式也出现了。中国古代传统广告媒体如招牌和幌子等在近现代也获得了更广阔的发展空间。

　　3. 广告业的发展

　　广告事业形成和发展的条件是有了专门从事广告行业的人员并建立起相关的行业组织机构。在中国近现代阶段，特别是 20 世纪 20 年代，随着旧中国商品经济的发展繁荣，广告活动也日趋专业化和自成规模。

　　报刊广告蓬勃发展以后，广告主和广告经营者逐渐分离，从而促使广告代理商在我国出现。他们最早是以报馆广告代理人和版面买卖人的身份出现的，以个人名义为报社承揽广告或者为外商承办广告。随着业务的增多和扩大，个人代理的形式逐渐演变为较有规模的各类广告社和广告公司。

　　20 世纪 20 年代前后，外商在上海设立的广告公司日渐增多，英美烟草公司下设的广告部也承揽广告业务。中国人创办的广告公司中规模较大的要数成立于 1926 年的华商广告公司和成立于 1930 年的联合广告公司。华商广告公司的创办人林振彬把美国的广告经营方式引进中国，被誉为"中国广告之父"。联合广告公司是由当时人称"广告界四巨头"的陆梅僧、陆守伦、郑耀南和姚君伟在《申报》总经理张竹平的支持下创办的，经营范围广阔，业务多元。20 世纪 30 年代以后，我国广告代理业务发展很快，上海 30 年代时有 30 家广告社和广告公司，抗日战争胜利后增加到近 100 家。北京、天津、重庆等地的广告公司加到一起也达到了上百家。这些广告代理公司、代理社一般以经营报刊广告和路牌广告为主，同时也兼带制作霓虹灯广告、设计橱窗广告等。

　　随着广告代理业的发展，广告行业组织应运而生。1919 年我国最早的广告同业组织"中国广告公会"在上海成立，该会曾开展多次活动，组织公会成员、机构开会交流经验，探讨广告学术，商讨参与世界广告组织的事宜等。1927 年，上海六家广告代理组织发起成立了"中华广告公会"，目的是为维护和争取业界共同利益，解决同业纠纷，共谋发展。1946 年改称为"上海市广告商业同业公会"，有会员 90 多个，是当时规模较大、持续时间较长、具有一定影响的广告行业组织。

　　当外商企业在中国推销商品时，发现满足中国人心态与情感、将中国传统文化融入广告之中尤为重要，于是不惜重金聘请具有娴熟高超技艺的中国画家来给他们制作广告画，这为中国近代广告设计家提供了发展的契机。他们接受的是中国式的传统文化和道德观教育，了解中国普通民众的喜好和欣赏口味，将中国传统绘画工艺同西洋先进技法结合，设计创作出中国人喜欢的广告作品。由此，形成了中国近代专业广告设计家队伍。后来，很多为外商公司服务的广告设计家离开外商企业，自己开画室或者公司，同时为外商和中国企业服务，这使得他们有了更多独创机会和能力发挥的空间。很多优秀的广告设计家都在这个时候显示出独特的设计风格，如周慕桥的年历广告，徐永清的水彩风景广告，郑曼陀的擦笔人物广告，都可算得上是开广告画设计的先河之作。他们称得上是近代中国广告画家的一代宗师。此外还有杭稚英、谢之光、金雪尘、李慕白、金梅生、何逸梅等人，他们所创作的广告设计作品至今仍为人们所称道。与广告业发展和广告人才成长需求相适应的是，一些大学开设了广告课程，北京大学新闻系、上海圣约翰大学、复旦大学、北京平民大学、厦门大学等开设了广告方面的课程，但在当时仅限于对报刊广告的研究。

与广告业的发展相适应，这一时期我国广告管理、广告研究与教学也获得相应发展，20 世纪 20 年代的《民律法案》对广告的解释、效力、撤销、悬赏等作了 16 条款项规定，这是我国最早的广告管理法规条款。到了 30 年代，国民党政府的社会部和各省市的社会局都负有管理广告活动的权利和责任，制订了一系列广告管理法规。广告行业的自律性行为也渐成规范，全国报界联合会通过了《劝告禁载有恶影响于社会之广告案》，有些报馆做出了不刊发有碍社会风化的广告的规定。

总的来看，中国近现代广告发展已经取得一定的进步，比之古代广告，无论在广告的形式还是广告技艺水平都更趋成熟。只不过由于旧中国半封建、半殖民地的经济特征以及长期政治经济的不稳定，广告虽有发展，但步履缓慢，伴随着畸形和不健康的因素。国人经商意识总体淡漠，民族工商业竞争力弱，地区发展不平衡致使广告发展环境较为恶劣；广告专门人才也极端匮乏，企业注重广告不够，报刊等媒体的发行销售也受到交通、科技等多种因素的制约，因而在一定程度上阻碍了广告信息与消费者的沟通，导致广告经营不均衡，水平低下。可见，中国广告的发展历程是与中国社会各个历史时期经济政治的发展相适应的，人类生产关系的变革和社会制度的更替，是广告活动成长变化的催化剂。

三、20 世纪 80 年代后中国广告的快速发展

新中国成立以后，中国的广告业发展又经历了一个长期曲折的过程。建国初期，广告业有了一定程度的发展恢复，各种广告形式初具规模，广告管理得到加强，中国广告业曾出现一个短时期的良好局面。但是十年的"文化

大革命"使刚刚恢复的中国广告业饱受摧残，广告业发展基本停顿。一直到党的十一届三中全会召开后，中国广告业才随着商品经济的发展和国民经济的活跃而有了迅猛的发展。20世纪80年代以后，中国的广告市场不断扩大，广告行业及广告公司发展更具规模，更有规范，广告管理、研究和教学日益受到应有的重视，广告业呈现出繁荣发展景象。

1. 广告业的新起点

广告业的恢复和发展始于1979年，故这一年也称为中国广告元年。媒体首先开始了刊播商业广告的尝试，1979年1月4日《天津日报》在第三版刊登蓝天牙膏等广告，揭开报纸广告的序幕，见图1-13；1月28日由上海电视台播出我国大陆电视史上第一条商业广告——参桂补酒广告；3月15日上海人民广播电台播发了"春蕾药性发乳"的商业广告。随着对外贸易的发展，外商广告也开始出现，3月15日，中央电视台首次播出"西铁城手表"的外商广告，3月18日，上海电视台播出时长1分钟的"瑞士雷达表"广告。与媒体相呼应，广告代理业也开始复苏，上海广告公司在《文汇报》上刊登承办进出口广告业务的广告，从此广告业紧随着中国的现代化建设开始了新的征程。

图1-13 1979年1月4日《天津日报》刊登的第一条商业广告

值得一提的是，1979年1月14日，《文汇报》上发表了丁允鹏撰写的一篇文章《为广告正名》，为广告业的复兴作舆论准备。同年11月，中共中央宣传部发出了《关于报刊、广播、电视台刊登和播放外国商业广告的通知》，明确提出报刊、广播、电视"在刊播国内广告的同时，可开展外国广告业务"，同时提出广告宣传要着重介绍四化建设中可借鉴参考的生产资料的有关信息，消费品除烟酒外，也可以刊登。这一文件对于中国广告业的发展具有非常重要的指导意义，成为中国广告发展史上的里程碑。

2. 广告业的快步发展

20世纪80年代开始，中国的广告业开始驶入持续发展的快车道，展现出蓬勃兴旺的喜人局面。

广告费投入呈持续上升态势，广告费投入的多少往往是衡量一个国家或地区广告业是否发达的重要指标之一。我国当代广告业刚刚恢复的时候，广告收入1979年仅有1500万元，到了1989年，我国广告收入已达到19.99亿元，10年间增长了100倍以上，年均递增率达到42.99%。进入20世纪90年代以后，广告费递增速度降到25%~30%，但仍远远高于同一时期国民生产总值的增长幅度，广告费增长速度相对平稳。广告费在国民生产总值中的比例也是衡量国家或地区广告业发达与否的关键要素。20世纪80年代末，我国广告费在国民生产中的比例仅为0.01%，以后逐年上升，1990年为0.13%，1998年时达到0.68%。我国2002年广告收入为903多亿元，比上一年增长13.62%，占国民生产总值的0.89%；2003年，我国广告收入达到1078.68亿元，占整个国民生产总值的比例为0.92%，再创历史新高。与广告业发达的国家相比，年人均广告费用美国约为707美元，日本约为265美元，而我国不到70元人民币(约合8.5美元)，可见我国人均广告费用还相当低，但我国庞大的人群也意味着我国具有相当大的市场潜力和发挥空间。因此，在今后一段时间内，我国广告费投入仍能保持在10%~20%的较高增长势头。

广告媒体空前繁荣，20世纪80年代以来，各类广告媒体不断被开发利用，从而极大地满足了不同广告主、广告公司和广告受众对信息传播的需求，也使广告信息实现最有效传播成为可能。从广告的投资效果来看，报纸、杂志、广播和电视仍被誉为四大最佳广告媒体，其发展状况可以反映出中国广告媒体的发展水平。1985年，我国报纸广告营业额已占到全国广告营业额的36.3%，位居首位。到了2006年，报纸广告营业额达312.6亿元，占广告经营单位总额的19.9%。在控制规模提高质量的前提下，我国报业通过整合资源，挖掘潜力，使报纸品种增加，版面增多，内容覆盖面广，信息含量加大，进一步适应了各类读者的阅读需要，也使得广告投放的选择余地更大。杂志广告以其受众稳定、保存时间长、印刷质量好等优势受到广告界和企业界的青睐。据不完全统计，全国拥有各类杂志达到8000多种。广播广告在改革开放初期曾经历了一段繁荣时期，但随着电视的崛起和报业的活跃，广播广告的市场份额缩小。进入90年代以后，各广播电台不断谋求新发展，中央和地方广播台全面推进频率专业化改革，各具特色的专业台纷纷建立起来，广播广告作为传递广告信息的载体，又越来越受到人们的重视。电视广告自1983年以来，一直呈快速稳定增长之势。2006年广告经营额达404亿元，占广告经营总额的25.7%。目前，我国内地30多个省市级电视台都已全部拥有卫星频道节目，仅中央电视台就有14套节目，其中有两套面向海外。各地的有线电视网也已基本普及，这使得广告信息流通更加便捷，区域更加广泛。其他类型的广告媒体发展变化也较大，新型广告媒体的开发和高新技术在广告媒体中的运用已日益广泛和成熟。网络广告收入的比重也呈上升趋势，广告经营呈跳跃式发展。1998年我国网络广告总收入大致为1700万元，2006年网络广告(不含搜索引擎在内)收入已达49.8亿元。路牌广告、霓虹灯广告、灯箱广告、邮寄广告、现场POP广告等同样得到充分的开发利用，各类交通广告如车体广告、地铁广告、车站码头等公共场所的广告也花样翻新，新的媒体广告式样如移动电视广告、楼宇电视广告、短信广告等也渐次登场，尽显广告媒体的繁荣景象。

广告公司发展壮大。1979年之前，我国经营广告业务的专业公司不到10家，主要以户外广告为主，且业务范围多限于广告美术设计和广告装潢之类。1979年8月，北京成立了第一家专业广告公司——北京市广告艺术公司，以此为开端，我国广告公司出现的数量不断增加。1981年，我国已有各类广告公司达1000多家；到了1989年，我国广告公司达11142家，增加了10倍，递增率为34%。20世纪90年代，广告公司在竞争中出现分化和调整，力量开始相对集中，结构整合和资源整合使广告公司发展更加专业化、规范化。广告经营单位的增速减慢，但仍有两位数的增长率，且广告公司个体的经营能力不断提升。此间广告公司的业务能力有了明显增强，业务领域有了很大拓展。20世纪80年代中期，占主导地位的有关专业广告公司提出"以创意为中心，以策划为主导，为客户提供全面服务"的经营理念，经营业务开始向以提供广告策划、市场调查、咨询服务为重点的全面代理服务型的方向转变。20世纪90年代，广告代理制在我国开始逐步推广，一批具有综合实力的广告公司脱颖而出，如中国广告联合总公司、上海广告公司、广东省广告公司等，这些广告公司都在努力尝试实行广告代理制，积极建立与国际惯例接轨的广告活动体制和运营机制，并在发展中逐渐形成了自身的经营特色，能够承揽全面的综合性的广告代理业务，在广告市场中形成了很强的竞争能力。1986年，日本电通、美国扬·罗必凯公司与中国国际广告公司合

资兴办了我国第一家合资广告公司——"电扬广告公司",从此以后,国际上
的大跨国广告公司或企业都纷纷来我国成立合资公司或办事处,如上海奥美
广告公司、精信广告公司、盛世长城国际广告公司、麦肯光明广告公司等。
到目前为止,设立于各省市的合资合作广告公司有几百家。这些公司由于资
金雄厚、经验丰富,具有较高的作业水平和先进的运作管理模式,故而给我
国本土专业广告机构的建设发展提供诸多经验借鉴和管理示范,但同时也加
剧了广告行业间的竞争态势。

广告管理日趋完善。20 世纪 80 年代以后,我国广告管理工作随着广告
业的飞速发展而进一步完善。1980 年,国务院决定由国家工商行政管理局管
理全国广告,我国的广告管理由此从过去的分散管理时期进入到统一管理时
期。1982 年 2 月 6 日,国务院颁布了我国第一部全国性、综合性的广告管理
法规——《广告管理暂行条例》,1987 年 12 月 1 日,颁布了《广告管理条例》,
1995 年 2 月 1 日,我国专门的广告法规《中华人民共和国广告法》正式实施。
目前,我国已出台的广告专门法规和相关法规近 60 个,各种行政规章条例近
百个,已基本形成以《广告法》为核心、以《广告管理条例》和一系列单项规章
为支撑的整套比较系统、完备的广告监督管理制度体系。广告行业自律作为
我国广告管理的有益补充,也不断向纵深发展。20 世纪 80 年代以来,全国
及地方各级广告协会相继建立。这些广告行业组织都分别制订自律规则、自
律守则进行自我约束,在一定程度上规范了广告市场的正常秩序,为广告运
作提供了良性竞争的环境。

广告研究和广告教育更加进步。尽管早在 20 世纪初,我国的一些高等学
府就开设了广告方面的课程,并获得一些研究成果,但广告真正作为一门独
立的学科被进行深入探讨、系统研究和正规建设,并取得丰硕成果,还是在
改革开放之后。广告研究最初是建立在引进国外先进研究成果的基础上的。
自 20 世纪 80 年代初开始,我国先后翻译了许多日本和美国的广告著述,还
将台湾大批广告学的论著介绍到中国大陆上来。后来对国外、境外先进广告
研究成果的引进和推广逐步向系统化和精深化的方向发展,于是一批质量较
高的丛书、译著出现在国人面前。80 年代的广告研究偏重于概论类的普及
性研究,定性分析较多。90 年代以后,广告研究向深度和广度拓展,注重广
告学与经济学、市场学、传播学等学科的有机融合,分析其内在关联和逻辑,
同时更注重研究结果与广告实践的结合,这在一定程度上满足了我国广告人
对广告知识的渴求和增强广告业务能力的愿望。为顺应广告业发展的需要,
我国的高等院校纷纷开设了广告学系或广告专业。1983 年 6 月,我国第一个

广告学专业在厦门大学新闻传播系创办，随后北京广播学院、深圳大学、北京商学院、青岛大学、暨南大学、武汉大学、复旦大学、北京大学等院校都相继开设了广告学专业或广告学系。目前，据不完全统计，我国高等院校广告专业教学点已达200多个，广告学研究方向列入传播学二级学科。1993 年和1995 年秋季，北京广播学院新闻系广告专业和厦门大学新闻传播系分别开始招收广告研究方向的研究生，广告教育被推上一个更高阶段。

　　总之，当今世界，广告业已成为社会经济体系中的一个参照物，它可以反映出一个国家或地区的经济发展水平，尤其可以透视出国民生活水平的高低和国民购买力的强弱。我国广告业在改革开放 20 余年来取得了长足进步，但与世界先进水平相比还有很大差距，为此我们不能固步自封，盲目乐观，要认清现状，找出问题根源，继续不懈努力。只有保证我国的广告业健康有序地发展，才能为我国的经济建设和社会进步做出更大贡献，也才能在世界的广告市场上有更大的发挥空间，更广阔的发展领域。

案例分析

"绝对"牌伏特加酒平面广告的成功

　　在人们的印象中，只有俄国制造的伏特加酒才是正宗的伏特加酒，因而美国市场上许多本地生产的伏特加也冠上俄国的名称。1978 年，美国 Carilon 公司为代理销售瑞典的"绝对"牌（ABSOLUT）伏特加做了一次市场调查，市场分析家根据调查结果得出这样的结论：因为瑞典制造的伏特加品牌在美国缺乏可信度而注定失败，建议放弃这种产品。但Carilon 公司总裁认为，这种产品与消费者印象中的伏特加形象是如此的不同，以致市场调研无法完全了解它，我们需要用强劲的广告赋予品牌个性。

　　为 Carilon 公司做代理的 TBWA 广告公司创意总监提出，品牌要成功，广告不能随波逐流，必须冲破一般酒广告的传统模式；只渲染产品本身的质量是远远不够的，必须创造它的附加价值，把"绝对"牌塑造成时新的——人人都想喝的形象。为什么不考虑用名字和酒瓶形状来表现质量和时尚呢？广告制作小组决定避开"瑞典"而力攻"ABSOLUT"这个具有双重意义的字眼。瑞典语的"绝对"是品牌，英语的"绝对"是绝对的、十足的、全然的意思。TBWA 广告公司提出的广告概念是揭示"绝对"牌与市场上其他品牌的差异点，旨在将"绝对"牌捧为人们热衷的品牌，使之成为成功和高级的象征。平面广告创意都以怪状瓶子的特写为中心，下方加一行两个词的英文，第一个词是"ABSOLUT"，第二个是表示品质的词如"完美"、"澄清"。产品的独特性由广告的独特性准确传达出来，不仅瓶子充当主角吸引了受众注意，而且与视觉传达关联的广告语及其引发的奇想赋予了广告无穷的魅力。

Carilon 公司和 TBWA 广告公司制作了数百张平面广告,一直坚持这种瓶子加两个词的"标准格式",但表现却是千变万化的,"总是相同,却又总是不同"。广告将要传达的产品意念,与受众心目中具有重要地位的"名物"融为一体,散发着历史和文化的永恒魅力。杰出又持久的一致性创意,由创意塑造的品牌形象,由形象带来的品牌附加值,这种连锁反应,自然会带来销售成果。1980 年,"绝对"牌在美国还是一个微不足道的品牌,每年销售不过 1.2 万箱,15 年后已增至 300 万箱。目前它在美国市场的占有率为 65%,名列第一,成为进口伏特加的领导品牌。①

"绝对"牌伏特加在美国的成功说明了广告的巨大力量和创意的巨大力量。如今"绝对"牌伏特加酒的平面广告和"绝对"牌伏特加酒一样知名,成为广告的经典之作和广告创意的范本。当然,这只是成功广告案例中的一个。每天都有难以计数的广告将各种产品、服务、观念、主张传向社会,传给受众。广告在帮助企业创造财富,推动社会经济、社会文化的发展的过程中显示了它的功能和价值。

本章小结

广告是工商企业、政府机构、社会团体及公民个人付出费用,利用某种媒介或形式,向公众传递信息或传达观念、意见而进行的一种传播活动。广告既有一般传播活动的共性,又有独特的个性特征和传播规律。广告的经济功能主要表现于传播商业信息、引导社会消费、促进产品销售,广告的文化功能则通过传播价值观念、生活理念和道德准则而体现。广告作为一种付费的功利性很强的传播活动,不仅追求认知效果、态度效果,而且追求行动效果;不仅要收获社会效益,而且更要收获经济效益;不仅要将信息传达给受众,而且要想办法"说服"受众,让受众接受广告的主张;不仅注重广告的信息价值,而且注重广告的文化意义和审美价值,所以,广告被称为"说服的艺术",也被称为广告文化、广告艺术。广告伴随着商品交易而出现,古代广告的内容和形式都比较简单,近代以来随着商品生产的发展和市场渐趋成熟,广告业得到了迅速发展,广告在经济建设和社会文化的建构中发挥了很大的作用,成为推动社会进步的重要力量。

思考和练习

1. 根据广告的定义分析广告的特点。

---

① 案例来源:何佳讯编著《广告案例教程》,复旦大学出版社,2002 年 10 月第 1 版,第 156 页。

2. 分析"广告是国民经济发展的晴雨表,精神文明程度的风向标、市场经济体制完善程度的度量计,和谐社会的助推器"这句话所包含的深刻意义。

3. 理解"广告为商业发展之史乘,亦即文化进步之记录"这句话的涵义。

4. 走上街头,看看传统的招幌广告有哪些变化?

5. 大众传媒的出现对于广告业的发展有何重要意义?

6. 查寻近几年中国广告业统计数据报告,分析中国广告业的发展状况,了解中国广告业的成就和需要解决的主要问题。

7. 考察当下的营销传播,看看广告活动有哪些创新形式。

第二章 广告产业和广告市场

压题图片 ▬▬▬▬▬▬▬▬▬▬▬▬▬▬▬▬▬▬▬▬

图 2-1　上海奥美广告公司①

学习要求：本章从产业经营角度对广告业进行分析，学习本章内容，要求掌握广告产业的性质和特点、广告市场构成和广告市场的运作机制，了解广告主、广告公司和媒介组织之间的关系，广告主和媒介广告组织的职能、内部机构设置，以及广告公司的类型及其各个部门的职能。

关键词：广告产业；广告主；广告公司；广告媒体；广告代理制

广告最初出现的时候，仅仅是作为商品经济的辅助手段，起着告知、劝服等传播功能。随着社会的进步、经济活动的繁荣，广告不仅成为拉动经济的必不可少的助动器，而且本身就发展成为国民经济中最富有活力的产业之一。

第一节　广告产业

广告产业有狭义和广义之分，狭义的广告产业就是指以向广告客户提供广告服务为盈利手段的专门性行业，也就是我们通常所说的广告公司。广义的广告产业是由广告主、广告公司和广告媒体等多种机构共同参与的一种庞大的专业化社会分工组织。本书中所提到的广告产业就是广义上的广告产业。

---

① 来源：www.cnad.com；作者：www.cnad.com；题目：走近上海奥美广告公司；下载日期：2007-02-25；http://www.cnad.com/html/Article/2004/0513/20040513100111611955_2.shtml

一、广告的产业性质及构成

广告与社会的各个领域都有广泛的联系,因此,一旦社会结构中的某一方面发生变化,都会对广告产生影响。这一点可以在广告产业性质的变化中得到印证。以中国改革开放以来的广告业为例,在"文化大革命"结束之后,广告复苏的初期,整个行业的力量极为薄弱,很难构成规模,到1978年末,全国经营广告业务的专业公司不到10家,报社、广播电台、电视台基本不经营广告业务。广告业仅仅在支持媒体发展、降低分销成本、扩大就业机会等方面发挥作用,在整个国民经济中只是作为一种处于附属地位的服务产业。随着改革开放和社会主义市场经济的发展,中国的广告业迅速恢复并壮大起来,1981年至1992年的11年间,全国广告营业额从1.18亿元增加到67.86亿元,平均每年递增41%;广告经营单位从2200家发展到16683家,平均每年递增20%;广告从业人员从1.6万人增加到18.5万人,平均每年递增26%。由于广告行业的迅猛发展势头,广告本身的独立性逐渐为人们所认知,因而广告的产业属性也随之发生变化。20世纪80年代末,广告被界定为第三产业,是仅次于旅游业的第二无烟产业。1992年12月,在北京全国工商局会议上,原国家计委和国家工商行政管理局联合发出了《关于广告业发展的规划纲要》,对广告产业的性质和地位进行了重新界定,广告产业属于"知识密集、技术密集、人才密集的高新技术产业"。

近年来,由于受到科技进步的冲击和经济改革的影响,人们开始对原有的产业结构进行了调整和重组,提出"创意产业"(Creative Industry也可译为"创造性产业")的概念。中华人民共和国国家统计局从政策层面上认为广告应该属于文化创意产业,这样广告行业的产业性质又发生了第三次变化。那么,究竟什么是创意产业,广告行业为什么可以归入其中?要回答这一问题首先要从创意产业的概念和特点着手介绍。

所谓创意产业是指那些从个人的创造力、技能和天分中获取发动力的企业,以及那些通过对知识产权的开发可创造潜在财富和就业机会的活动"。①从概念中,我们可以归纳出创意产业的两个主要标志:一是创意在行业中处于核心地位,是行业生存发展的基础;二是创意产业的产品形式是设计、理念、精神、心理享受、增值服务,而不是传统产品。

---

① 厉无畏,王如忠,缪勇.《积极培育和扶持创意产业发展,提高上海市城市综合竞争力》.社会科学,2005(1)

对于广告产业而言，创意是其生命和灵魂。一方面，广告产业的经营和运作离不开创意。对于广告公司来说，它所依赖的主要资源并非是办公场所、机器设备，而是旗下人才的脑力资源。无论是广告策划、广告创作、还是媒体的选择组合都离不开创意。另一方面，广告产业所提供的广告作品，更是众多创作人员智慧的结晶。广告作品的创作过程，就是广告人根据宣传产品和企业的特点进行构思、想象、加工，使其显现的或潜在的优势凝结在一定的符号形式中。可以说，创意既是衡量广告作品优劣的最重要的标准，也是广告产业生存与发展的生命线，从这个角度讲，广告产业应该如同时尚设计、电影、音乐、表演艺术、出版业、电视和广播等，被划入创意产业的范畴。

二、中国广告产业的性质与发展前景

1. 中国广告产业的特殊性质

广告从产生之日起，就是以信息传播影响大众的消费行为来服务于整个社会经济系统的。虽然经过长期的进化发展，直至成为一种现代产业，广告的这种性质一直未曾改变。而且这一性质也不受社会制度的影响，成为资本主义的广告产业和社会主义的广告产业的共性。但是，这并不意味着任何社会制度下的广告产业在性质上毫无区别。毕竟我国是以生产资料公有制为基础的社会主义国家，广告产业要服从社会主义市场经济和价值规律的制约，要遵守社会主义政治法制，要服务于社会主义文化建设的大局。因此，有中国特色的社会主义国家的广告产业必然会形成自己的特色。

从政治角度分析，中国的社会主义广告产业是社会主义建设事业中的一个组成部分。中国的广告产业要在中国共产党的领导下，为社会主义经济建设服务，为人民的生活服务。在任何时候都不能背离四项基本原则，不能与党的政治纲领相冲突。

从经济角度分析，社会主义广告产业并不是以获取高额利润为唯一目的。在资本主义社会，广告产业中的主体在于进行广告活动，主要是为了追逐高额利润。而在实行社会主义制度的中国，广告产业运行主要是为了保障整个社会经济活动的畅通，维护国民经济的健康发展，造福于全体人民。这绝不等同于资本主义广告产业服务于资本家狭隘的一己私利。

从文化生活的角度分析，广告产业是社会文化建设的一支重要力量。在中国，广告传播与新闻传播一样并非是单纯的经济活动，它们还担负着建设精神文明的重任。因此，在我们的广告宣传活动中，除了要保证遵守法律，遵守伦理道德的基本要求之外，还要做到积极宣传社会主义精神文明，用社会主义文化、艺术、道德和情操来陶冶人们的思想感情，使人们从广告中得到教育，引导人们成为有理想、有文化、有道德、有纪律的合格的社会主义公民。

2. 中国广告产业的发展前景

(1)中国广告产业的总体趋势是向前的。中国广告产业的总体趋势是向前的结论，主要是通过对两个趋势的判断得来。首先是中国的经济发展是向前的，这就为各种现代产业的发展提供了发展的机遇。自改革开放以来，中国的经济一直保持着令世界惊奇的增长速度。特别是 1992 年实行市场经济之后，中国的经济不断创造了一个又一个奇迹，中国的 GDP 保持着很高的增长率。有的专家预测中国 GDP 将在 2040 年超过美国。需求决定供给。既然中国的各大产业都在以很快的速度向前发展，那么它们的广告需求也必然随之增长，这就为中国的广告产业提供了广阔的市场。其次是广告业本身的发展一直是向前的。自 1979 年广告业复苏以来，中国广告业是国内发展最快的产业之一。20 世纪 80 年代以来，中国广告业的年增长速度平均保持在30% 以上，远远超过 GDP 的增长速度，中国也因此成为全球广告业增长最快的国家之一。1979 年我国广告经营额仅为 1000 万元，广告经营单位不过几十家；10 年后的 1989 年，广告经营额达 20 亿元，广告经营单位超过 1 万家；20 年后的 1999 年，广告经营额达 622 亿元。进入 2003 年，全国广告总量首次突破 1000 亿元的大关，达到 1078.68 亿元；2004 年广告总额达到 1264.6 亿元的水平。根据尼尔森媒介研究的最新数据：中国已经成为全球广告市场发展速度最快的国家之一。一些调查机构预测，如果中国以每年 7% 的速度发展，到 2020 年，中国将会超过美国而成为世界上最大的广告市场。

(2)发展过程中尚须解决的问题。中国广告业 1979 年恢复前几乎是空白，起点无疑很低。虽然 20 世纪 80 年代和 90 年代发展速度很快，但市场竞争力还是较差。2000 年统计表明，在中国前 10 大广告公司中，前 7 位均为跨国广告巨头在中国的分支机构，其支撑是跨国公司的品牌扩张战略。2004 年中国广告经营额约占中国 GDP 的 0.93%，而世界上先进国家的平均水平是广告经营额占该国 GDP 的 2%。这种状况决定着我国的广告行业还处于不成熟的阶段，在未来的发展过程中必然要面对很多问题，只有成功地加以解决，才能够迎来全面的进步。中国广告产业在未来发展过程中要面对的问题主要有以下几方面：

①规模小、效益差、专业水平低。目前我国广告经营单位的数量不少，

但绝大多数广告公司仍处于"小而全"、"小而散"、"小而差"的低水平操作阶段,即经营规模小、效益差、专业水平低,不仅无法满足国际广告主的需求,就连国内的一些大的企业集团的要求都很难满足。

②发展状况极不平衡,主要集中在北京、上海、广州三地。受经济发展不平衡的影响,中国的广告业也存在着地区发展不平衡的状况。我国的大型广告公司主要集中在北京、上海、广州三地。随着中国经济发展战略的调整,中国的广告业必将改变这种状况,逐步向全国其他地区扩展。

③广告管理体系还不健全,广告管理主要依靠自律和他律。从自律的角度看,中国广告主行业自律能力不强,媒体受经济利益的驱动,在接受或者刊播广告时,往往缺乏职业道德。从他律的角度看,虽然《中华人民共和国广告法》颁布至今已有十几个年头了,但仍无细则、办法出台。这些都导致了广告业品质低下,竞争无序。在未来的发展过程中,如果广告法规与道德规范未有相应的完善,将会极大地阻碍中国广告产业的发展。

④广告人才的匮乏。据国家统计局统计数据显示:2004 年底,全国共有广告经营单位 113508 户,广告从业人员 913832 人,而真正广告业的专业人才却非常缺乏。我国现有广告从业人员中,受过正规专业教育训练的广告人员不足 1/5000,广告专业人才在广告公司中所占比例一般不超过 7%。要解决这一问题,今后必须做好两方面的工作,一是对广告从业人员进行在职培训,二是大力发展中国广告的高等教育。

(3)全球化带来的机遇和挑战。"全球化"是市场经济高度发展的必然结果。市场竞争和市场逐利行为打破了国家和地域限制,把世界各国的国民经济日益连接为一个整体的全球经济,营造了一个"无疆界的市场"。这对于中国广告产业将是一个机遇与挑战并存的局面。从积极的一面看,扩大的市场就意味着有更多的广告需求,将会带来供需两旺的局面。而且,经济交往范围的扩大,也会推动广告产业的国际交流与合作,这就加快了国外先进的广告经验、技术的引进,使中国的广告行业迎来飞跃式前进。但是,这种"无疆界市场"也有其消极的一面。中国广告行业无论实力还是规模都无法与国外的对手相提并论。2004 年整个中国广告总额仅为 1264.6 亿元(单位:人民币),对比一下国外广告公司的营业额,我们就会发现差距之大(参见表2-1)。在失去国家政策保护的前提下,面对电通、奥美、李奥贝纳这样强大的对手,中国广告业的压力是非常大的。因此,中国的广告公司要想在全球化浪潮中获得生存空间就必须在把握地域优势的同时,加快自身建设,提高竞争力。

表 2 - 1　2000 年世界广告公司收入排名①

（单位：百万美元；数据来源：经济日报）

排名	公司名称	总部所在地	营业收入	全球总营业额
1	电通	东京	2432.0	16507.0
2	麦肯·埃里克森	纽约	1824.9	17468.5
3	BBDO	纽约	1534.0	13611.5
4	智·威·汤逊	纽约	1489.1	10229.0
5	欧洲 RSCG	纽约	1430.1	10646.1
6	葛瑞	纽约	1369.8	9136.6
7	DDB	纽约	1176.9	9781.0
8	奥美	纽约	1109.4	10647.2
9	帕布利希斯	巴黎	1040.9	7904.5
10	李奥贝纳	芝加哥	1029.3	7757.8

第二节　广告市场主体

任何产业都包含产品的生产、流通和消费三个基本环节，而其中的流通和消费两个环节中各要素的总和，被称为市场。在现代经济领域中，市场的作用不仅仅体现在它是产业链条中的必要环节，更体现在市场决定着生产，产品的开发、设计和生产都取决于市场目标。因此，当我们考察广告产业运行规律时，必须要掌握有关广告市场的相关知识。

要明确广告市场的构成要素，首先要掌握广告市场的概念。所谓的广告市场，就是指具有广告传播需求和支付能力的广告主与从事广告经营活动的广告经营者、广告传播的广告发布者和作为广告信息接收者的广告受众组成的集合体。在这一特殊的集合体中涉及以下几个活动主体。

一、广告主

广告主是作为有广告宣传欲求的主体出现在广告市场中的。正是由于这些广告主无法独自完成广告宣传的任务，并愿意通过有偿的形式获得广告产

---

① 转引自：http://data.icxo.com/htmlnews/2004/10/22/418924.htm

品或广告服务，将相关信息传达给消费者，才有了广告市场出现的前提。

1. 广告主的分类

广告主，是指发布广告的主体，包括企业、个人或团体，是广告活动的委托人和直接受益者。

广告主多为企业，或者说企业是广告主的主体，因此，许多著述中所说的广告主是企业广告主。学术界主要依据两个标准将广告主划分为几种类型。

（1）根据广告活动的规模，将广告主分为以下三种类型：

地方性广告主，即在某一个地域经营的地方性企业，大致有经销多种品牌的零售商店如百货店、超级市场、便民店、杂货店等；为全国性企业经营某一主要产品或服务的连锁店、专卖店、地方分支机构等；专项企业或服务机构如修理店、装饰公司、旅行店、事务所、银行等。另外，一些政府机构、非营利机构如市政、艺术团体、街道办事处等也可能是广告主。地方性广告主多开展的是地方性广告活动，利用地方媒体发布如产品广告、机构广告、分类广告等类型的广告。同时，也会与总批发商、生产厂家等联合发布广告。一般来说，大部分消费品的销售，最终是在当地实现的，如果广告不得力，就有可能丧失销售的机会。由于地方性广告主的数量较大，总的广告投入也是可观的，据统计，美国一半左右的广告收入就来自地方性广告主。所以，决不可小觑地方性广告主和地方性广告活动。开展地方性广告活动，运用整合营销传播，更为有效和实用。

区域性和全国性广告主：针对某一地区组织生产和经销并仅在这一地区进行广告活动的企业，可称为区域性广告主，一般为区域性百货店、连锁店、大型企业的分支机构等；面向几个区域或全国市场的企业，就是全国性广告主，如娃哈哈、步步高、海尔等。全国性广告主和地方性广告主对广告运用的关注点是不同的。全国性广告主关心的是品牌的建立，知名度的扩大，消费者认知率的提高等；而地方性广告主更多的是希望提高销售量，关注的是广告能否吸引顾客光顾自己的店铺。因此，全国性的企业多从广告是一种长程的投资着眼，广告预算一般都是大手笔；地方性企业仅留意广告近期是否产生效果，做起广告来，也是精打细算的。

国际性广告主，面对不同国家和地区开展广告活动的企业。这些企业进入新的国际市场时，往往先向这个市场出口现有产品，然后再通过合资、独资等方式建立营销部门，采用集中管理的方式，使用标准生产线，统一营销方针和广告方针。但广告战略和策略的运用，则要取决于产品的属性和产品销售地区的特征，还需要本土化。

（2）根据广告主销售或服务的不同，以及他们自身在分销渠道中所处的位置的不同，把广告主分为以下三类：

①生产商和服务企业。一些消费品和服务生产企业通常是最大的广告主。这类企业使用广告为自己的品牌创造知名度，促使消费者偏爱选择自己的品牌。像我们通过电视广告熟悉的一些医药企业如哈尔滨制药六厂。生产商和服务企业，是我们关注的最普遍意义上的广告主。

②中间商。中间商包括零售商、批发商或经销商，是指在分销渠道中购买了产品再转卖给消费者的所有机构，如百货店、超市、某种专营产品供应公司。为了销售需要，他们也要对消费者或目标客户做大量的广告。通常，这类广告主不需借助电视这类大众媒介，往往会选择印刷广告形式，如海报、直邮册页。

③政府机构和社会团体。政府机构和社会团体也是广告投入不小的一类广告主。这类广告主做广告的目的通常是为了维护公众利益，引导或改变人们行为，比如我们在城市街头常常看到的工商部门宣传维护市场秩序的广告牌，全国艾滋病防治中心在电视上播放的公益广告片。从本质上讲，政府社团广告与企业广告的目的没有区别，都是为了向目标受众传播信息，劝服行为。

（3）广告主的广告组织。广告主在广告活动中处于决定性的地位。一方面，广告主根据自己的需要并综合考虑自身的情况，决定是否开展广告活动、广告活动的规模、广告活动的周期等具体问题。广告主是广告活动的发起者，广告主的资金投入是广告产业存在的源头活水。另一方面，广告活动的完成并非仅仅由广告公司独立完成，还涉及广告主、广告公司、媒体三方面的合作互动。广告主的素质和水平，直接影响着广告的质量和发布的最终效果。因此，为便于广告活动的开展、提高工作效率，一般来说，广告主都设立自己的广告组织，其主要职能包括：

参与企业的战略决策。在现代企业的营销活动中，广告的地位日渐突出，企业的广告部门应协同生产、销售等其他职能部门，共同参与制订企业的长期规划和发展方向。

确定广告活动的整体计划。在企业营销战略的整体部署下，广告管理部门应制订明确的广告战略目标，并据此确定广告活动的整体计划，包括广告战略的确立、广告预算的编制、委托广告代理公司的计划等，以有效地组织和控制整体广告活动。

具体实施广告以及与广告有关的各项活动。这些活动主要有市场调研、广告策划、创意制作、广告投播以及促销、公关活动等，这些活动可划分为策划、创意、执行三个环节。

选择委托广告代理公司。事实上，企业广告部门往往难以包揽整体广告活动的服务，所以就有必要选择和利用专业广告代理公司。企业广告部门一方面要将广告公司的业务范围、能力评估、媒体关系、收费情况等向企业领导层汇报；另一方面，也要将企业及产品的情况、广告活动的具体要求等传递给广告公司，做好企业与广告公司的沟通工作。

对整体广告活动进行监督和控制。为了保证广告活动的顺利进行，企业的广告部门要及时对广告计划实施中和实施后的结果进行检验和分析，并根据检验结果制订改进措施，及时调整广告计划和策略。这主要包括两个方面的工作：一是企业广告部门对自身进行控制，保证自己承担的广告业务的质量；另一方面还要对广告代理公司的代理情况及时跟踪了解，根据前期广告效果以及市场的变化情况，随时与广告代理公司协商，并作必要的调整，保证企业的广告活动获取最大的收益。

协调企业各职能部门之间的关系。企业广告部门作为企业管理系统中的重要一环，应注意协调好与企业内部各职能机构的关系：一方面，应协调好与销售、公关、市场等营销系统各部门的关系；另一方面，也应注意协调与生产、财务、人事等职能部门的关系，促进企业生产经营系统的高效运转。

二、广告公司

广告公司（广告代理公司）是专门为广告主提供广告产品制作和代理服务的商业性组织。广告公司作为广告主与媒介的中介，广告主与消费者的联系纽带，在广告市场活动中处于核心地位。

1. 广告公司的类型

根据广告公司所提供的服务范围以及所承揽的业务类型进行分类，可以将其分为全面服务型广告公司、专业服务广告公司。

全面服务型广告公司，又称为综合型广告公司。这类广告公司能够为广告主提供全方位的广告和非广告服务，所以广告主与其合作后，一般不再去寻找其他代理商。全面服务型广告公司为它所代表的广告主提供至少四项服务：广告调研服务、广告创作服务、媒体服务和广告项目管理等。除了这些服务之外，一些全面服务型广告公司通过提供直接市场营销、公共关系，甚至是促销活动等服务来扩展自己的服务范围，以形成一个整合营销传播机构。由于综合型广告代理公司服务的多元化，可以满足广告客户整合营销的需要，同时在具体的操作过程中，又免除了广告客户分散寻找广告代理的麻烦，有效提高了工作效率，因此，在市场竞争中占有很大的优势。

相对于全面代理广告公司，专业服务型的代理公司服务比较单一，只做某一类广告，或只提供某一类广告服务，或只经营广告活动的某一部分。根据广告公司承担业务内容的不同，此类公司大体可以划分为四种类别：

（1）广告创意公司。广告创意公司一般只提供广告创意概念的开发、广告作品的艺术表现技巧等方面的服务。因为从业人员的创意，也就是平常所说的点子在此类公司中起着举足轻重的作用，所以，又被称为"点子公司"。

（2）媒介购买公司。媒介购买公司是专门为广告主提供购买媒介时间或空间服务的专业服务型广告公司。由于媒体市场的细分，很多媒介购买公司往往不能够提供所有类型媒介的购买服务，因此，又出现了电视传媒广告公司，报纸传媒广告公司等只负责某一类媒介购买服务的广告公司。

（3）特定行业广告公司。这类公司是指提供某一特定产业广告代理的专业服务型广告公司。比如汽车代理广告公司，就只面向生产经营汽车的广告客户，而不及其余。由于这些公司在客户源、运作经验、各类资源等方面有着独特的优势，因此具有相当大的竞争力和生存空间。

（4）互动广告公司。随着新媒体的出现，并逐渐成为广告主青睐的新的信息发布平台，互动广告公司应运而生。所谓互动广告公司，就是协助广告主开展新媒体（如网络、手机等）广告传播的专业服务型广告公司。

一家广告代理公司可能由两个人主持，也可能是一个雇佣了上千人的跨国大公司。一旦代理超出一两个人独立工作的阶段，发展到一定规模，就必须履行其他任何公司都具备的功能，它将聘请会计、秘书、前台和职员，还会拥有董事会。这与其他性质的公司没有任何区别。真正将广告代理公司同其他性质的公司区分开来的是，广告代理公司至少需具备三个专业核心部门，分别为客户部、创意部、媒介部。另外还有市场调查部、策划部、沟通制作部、影视部等。

2. 广告公司的机构设置

不同类型的广告公司，有不同的组织形式和机构设置形式。同类型的广告公司，也有不同的机构组织类型。以下重点介绍全面服务型广告代理公司的机构设置以及各个机构的职能划分。

（1）按基本职能设置部门。任何一个公司的基本职能，都要包括生产、销售、财务以及人事等方面，因此，很多公司就按照这些基本的职能进行机构设置。广告公司同样也可以采用这种方式。采用这种部门设置形式有利于公司的系统化运作，调动各职能部门主管的积极性和能动性，各负其责；有利于充分发挥公司人力资源优势，提高工作效率。当然，这种部门设置形式的弊端也很明显，主要表现在有时难以满足客户的特殊要求；员工只重视本部门的工作与利益而缺乏大局观念。

（2）按客户设置部门。按客户设置部门也称为小组制度，是指广告公司以个别客户或者一组客户为服务对象，分成若干专业小组，每一个小组都是一个功能齐全的独立的服务单位。因为小组中的主要负责人客户主管又称AE（英语 Account Executive 一词的缩写），所以，也被称为 AE 制。

AE 制的结构设置能够更好地满足客户的特殊要求；人员之间沟通更加便利；能够节约大量的人员培训成本。但其缺点也很明显，首先，小组与公司其他部门沟通联络困难，协调不够；其次，人员的利用率不高，造成资源浪费；最后，一旦出现跳槽的情况，往往会给公司业务带来问题。

（3）按地区设置部门。按地区设置部门主要适用于一些地理上比较分散的全国性以及全球性的广告公司。对于一些规模大的广告公司，通常按地理设置和按职能设置结合起来。用这种方法设置组织机构，有利于提高办事效率，能与客户共同感受地区人文特征，易于沟通，方便联络，能够达到较好的交流效果；能够节约运营成本。但这种设置也带来一些不利的影响，如公司管理增加了难度，业务小组难以快速商讨有关课题，对各地区的业务主管素质要求也要更高一些。

（4）按公司自身状况设置部门。按公司自身状况设置部门即不按职能或地区，也不按客户，而是根据本公司的实际情况进行组合，按照经营定位来设置部门。如有的公司仅设立经营中心和创作中心，彼此分工不是很细，互相配合，机动灵活，效率较高。这种方式不多见，但对于规模较小的广告公司来说却是一种很好的选择。

3. 广告公司的业务部门及其职能

（1）客户服务部门。客户服务部门又称为业务部门，是广告公司中最重要的部门。在整个广告活动执行过程中，客户部扮演着双重角色，对外代表公司，负责与客户的联络、协调、保持和发展公司与客户的良好关系，是公司与广告主联系的纽带；对内代表广告主的利益，负责协调公司内各部门的工作，对广告计划的执行，从广告的设计、制作、发布，到具体活动的展开，进行全面监督。具体职能包括：

①充当客户和广告公司之间的联络人；

②敦促广告业务部门工作人员在保证质量的同时，按时完成任务；

③保证广告账款及时收回，维护公司利益。

（2）创作部。创作部是公司广告活动的生产中心，其工作流程是：首先由创作部从客户和客户服务部获取相关资料，在充分占有信息的基础上，进行广告创意，并将创意形成完整的广告作品。其职能可以具体划分为：

①形成创意理念；

②文案写作；

③作品设计；

④审查广告作品。

创作部在人员的安排方面也基本上围绕这三个职能进行，一般来说，包括创作总监、文案、美工和编导等。

（3）媒体部。媒体部主要负责制订媒体计划，购买媒体时间或者空间，并与媒体机构进行联系、签约等工作。要求本部门的工作人员具有丰富的媒介知识，熟悉各种媒介的特征，掌握各种相关媒介的情况，并同各相关媒介机构保持良好的密切的关系。由媒介策划人、媒介购买人以及擅长数据处理的人员组成。该部门的具体职能如下：

广告媒体策略的制订。包括广告媒体的合理选择、组合，以及广告媒体费用的分配等；

①签订广告版面、时段等媒介发布契约；

②将广告信息通过既定的媒介计划传送给媒介发布；

③对媒体广告发布进行监督。

④代媒体收取广告费用。

（4）市场调研部。在现代广告活动中，市场调研工作具有十分重要的作用。市场调研的数据和信息不仅是广告策划和创作的依据，而且还是评定广告效果的标准。因此，规范的广告公司大都设置市场调研部。这一部门的具体职能包括以下几个方面：

①市场环境调查、产品调查和消费者调查；

②媒介情况调查；

③广告发布效果调查。

另外，为了适应整合营销传播的需要，很多新的广告业务部门营运而生。主要有公关部和促销部。促销部的职能主要是为广告客户提供销售推广服务和赞助活动营销服务。包括为客户设计竞赛、抽奖、奖金或特别赠送活动以及为商品开发预备资料等。至于公关部的工作主要是帮助客户协调组织内部、组织与社会各界关系，树立良好形象。

三、广告媒体

任何广告都必须通过一定的媒介或载体送达广告对象的视听感觉。由于广告公司并不占有媒介资源，无法将广告信息传达给消费者，因此，必须借助于广告媒体。而广告媒体的经营者则通过提供广告发布的时间或者空间，获得利润，进一步壮大自己。

1. 广告媒体的类别

广告媒体是随着社会的发展、随着科学技术的进步而日益丰富的。近百年来的发展，尤其是近几十年来，随着科学技术的飞速发展，广告媒体不断地推陈出新。目前，广告媒体有数百种，常用的也有几十种。例如：

(1)印刷媒体：主要包括报纸、杂志、传单、明信片、挂历、商品目录、火车时刻表、黄页、宣传小册子。

(2)电子媒体：主要包括电视、广播、电话、电影等。

(3)新媒体：主要包括网络、手机等。

(4)户外媒体：主要包括广告牌、车厢、霓虹灯、旗帜广告、灯箱广告、气球广告、飞艇、飞机、烟雾广告等。

(5)其他媒体：包装盒、购物袋、礼品、服饰等。

2. 媒体广告组织的意义和职能

现代广告业是从现代媒介的发展过程中，逐步形成、发展成熟而分离独立出来的。媒介最初的广告经营，是集承揽、发布多种职能于一身。随着现代广告业的独立发展，广告经营机制的确立，媒介的广告经营经历过职能与角色的转换过程，即由集承揽、发布多种职能于一身，转向专司广告发布的职能。这一职能通过专门设置的广告部门来实现。

设置媒体广告组织的意义在于：首先有利于媒体自身发展。广告是现代传媒赖以生存的血液，媒体设置专门的广告部门统一管理广告业务，能够保证广告发布工作顺利进行，能够提高广告服务的质量，更好地满足客户的需求，从而获得大量的广告收入。而大量资金的流入，又为媒体物质生产条件的改善提供了必要保障。其次，有利于广告业自身的发展。对广告业来说，由于媒体有专门的机构代表单位与专业广告公司联系洽谈业务，与广告客户接触，就有可能使广告运作水准提高，使广告代理制落到实处，进而带动整个广告业进入较高层次。同时，媒体广告部门也是广告业的重要组成部分，媒体广告活动专业、规范，对整体广告业发展也是一个推动。再次，有利于广告的社会效益。就目前而言，承载广告信息的载体主要还是大众传播媒体，其职能以发布新闻等为主，同时还借助于舆论的力量对社会进行广泛的监督。不论是新闻报道，还是舆论监督，都需要免受外界因素干扰，以客观公正为保障。在市场经济浪潮中，如果新闻从业人员同时从事广告业务，就容易受到商业行为的影响，降低职业道德，忽视社会效益。而在媒体中设置专门的广告部门，是新闻活动与广告活动相分离，这在很大程度上降低了上述不良现象的发生。从而更好地维护公众利益，做到社会效益与经济效益兼顾。

媒体广告部的职能是以下五个方面：

（1）承接广告业务。把广告版面或时间售卖出去，是媒介广告部的业务重点。拥有众多广告客户的专业广告公司就是最大最好的买主。因此，广告部门首先就要争取广告公司，积极谋求与其合作，保证媒体得到稳定的销售渠道。媒体广告部门应广泛宣传本单位在广告传播、与公众进行信息交流方面的优势和特点，如实显扬媒体在覆盖域、收视率、发行量、受众成分、广告价格等要素方面的独特之处，以便广告公司了解、选择以及向广告客户推荐等。

在得到众多广告公司支持的基础上，媒体广告组织也需要对广告公司慎重进行选择，这项工作应主要考虑以下几个条件：

第一，是否具有一定的代理能力，所拥有的广告客户经营状况如何。

第二，是否具有与本媒体相应的实力。

第三，是否具有良好的资质，代理信誉和业绩如何。

第四，是否拥有足够的资金，如能够预付代垫购买费用等。

（2）设计制作和发布广告。媒体广告主要来源于两个方面：一是广告公司或其他机构代理推荐；二是直接承揽的广告业务。前者的广告业务大都由广告公司完成，广告部门主要是协助安排广告发布日程，并根据媒体（节目）的传播特点，对广告作品的完善提出建议，进行好广告排期。对于后者，媒体广告部门则要负责策划、设计、制作广告作品。但从总体上看，直接承揽的广告业务量不是很大。报刊广告主要是小广告、分类广告等类型；广播电视广告主要是声像比较简单、时间较短，以及临时需要处理的广告内容。较复杂的广告制作，还应交由广告公司制作。

（3）审查广告内容。对广告内容加强审查把关，自觉抵制和杜绝违法广告和不良广告的传播，是广告业自律的重要内容。在国外，广告信息发布前的审查要由广告主、广告代理公司和媒体等方面共同完成，而在我国则主要由媒体组织的广告部完成。目前，我国广告审查法律依据，主要是以《中华人民共和国广告法》为核心的有关广告管理法规。审查主要包括4个方面：

第一，广告主的全体资格是否合法。

第二，广告内容是否真实客观，是否会产生误解。

第三，广告内容和表现形式是否合法。

第四，收取查看有关广告证明。

(4)做好广告经营的财务核算。对媒体的广告经营进行财务核算，这也是媒体组织广告部门的任务之一，其内容主要包括：确定广告活动收费范围；计算确定广告价格体系；确定费用结算方式。有些媒体的广告财务直接由财务部门主管，广告部门应予以积极协助。

(5)做好调研和信息咨询服务。媒体组织广告部门要向广告公司和广告主提供系统、详尽的媒体资料，就必须开展深入细致的调查研究工作；注意及时收集广告推出后的反应，向广告公司和广告客户反馈并送达有关部门。

3．媒体广告部的结构

媒体的广告机构是依据媒体在广告经营中所实现的具体职能来设置的。不同国家和地区的不同媒介广告职能，决定了他们广告机构设置的不同。

在实行完全广告代理制的国家和地区，其媒体在广告经营中一般只承担广告发布的职能。由于职能与业务内容的单一，这类媒体的广告部门的机构设置比较简单。而较大规模的媒体广告部门，一般下设营业部门、编排部门、行政财务部门等几大部门。营业部门负责对外的业务联络与接洽，向广告公司和广告主销售媒介广告版面和时间。编排部门负责广告刊播的编排、整理和校阅。行政财务部门负责行政财务方面的管理，督促广告费的及时回收。

第三节 广告代理制

在广告市场上，广告主委托广告公司实施广告宣传计划，广告媒介通过广告公司承揽广告业务，广告公司处于中心地位，是广告主和媒介中间的桥梁，为广告客户和广告媒介双向提供服务，成为广告主和媒介机构的代理。这就是广告市场通行的运行机制——广告代理制。

一、广告代理制的产生和演变过程

1．广告代理的起源和发展

在广告的发展史上，广告主—广告代理商—广告媒介这一核心链条是逐渐形成的。

在广告诞生之初，并不存在职业的广告人，也没有专门发布广告的媒介组织。因此，当时具有广告需求的商品生产者或者销售者只能自己解决广告制作和传播问题。像中国古代的旗帜广告、对联广告、悬物广告等大都出自经营者之手。这种广告运行机制下的广告活动，往往存在着广告作品简陋粗糙，信息传播范围有限的弊端。

随着近代报纸、杂志的出现，广告主找到了新的更为有效的广告信息发布渠道。广告活动由广告主自我制作广告、发布广告，演变为广告主自我制作广告稿件、媒介发布广告，广告主要向媒介支付一定的费用。尽管与前一时期相比，这种运作机制有了相当的进步，但依然存在着广告作品质量低劣、广告活动缺乏系统性、科学性，整个广告运作效率低下等问题。

1841年，美国人沃尔尼·B·帕尔默在宾夕法尼亚州的费城建立了一家脱离媒体的、独立的广告代办处，这是美国乃至世界上最早的广告代理店。帕尔默的广告代办处的经营方式就是从媒介廉价批发购买一定数量的广告版面，然后再零售给广告客户，从中获取一定的佣金。这种代理店实质上属于单纯的媒介代理。

1865年，美国人乔治·P·路威尔在波士顿成立了一家广告代理店。其运作方式相对于帕尔默的广告代办处有了很大的进步。路威尔首先与100家报社签订为期一年的版面合同，然后再把版面分割后，以零售的方式卖给广告主。这种零售价格高于路威尔的买进价，却低于广告主自行购买的价格。路威尔的代理方式保证了报社和广告主双方的利益，因此广受欢迎，业务发展很快。广告代理店从此正式摆脱了报社附庸的地位，开始走上自我发展的道路。

2. 广告代理制的确立

尽管路威尔的广告代理店已经有了很大的进步，但是其服务依然停留在报纸广告版面的推销，与现代意义上的广告代理模式还有很大的差距。

1869年，弗朗西斯·W·艾尔在美国创办了艾尔父子广告公司。与以往的广告代理店不同，这家广告代理公司除了继续经营报纸版面推广之外，还增加了许多面向广告主的专业化的服务项目。如为广告主制作媒介计划表、提供广告活动方案等。1900年，公司组建了文案部门，为客户提供广告文案的服务。重要的是，艾尔父子广告公司建立了影响深远的佣金收取标准——广告代理公司的佣金收取额度应为广告主广告费用支出的15%。这一标准一直沿用至今，并逐渐成为国际惯例。至此，现代广告代理制的服务范围和收费标准基本得到确立。

二、我国广告代理制的基本内容

　　广告代理制度的建立，是广告业自身发展的产物和内在要求。广告代理制度从西方初创至今，经过一个多世纪的发展，已成为国际通行的广告运作方式与经营机制。我国的广告代理制是从 20 世纪 90 年代发展起来的。而早在 20 世纪 80 年代中期，国内的北京广告公司、广东省广告公司就已尝试实行广告代理制，并已影响到当时国内广告界。1993 年 7 月，国家工商行政管理局公布了关于在部分城市进行广告代理和广告发布前审查试点工作的意见，确定了试行广告代理制的基本内容：

　　其一，广告客户必须委托有广告代理权的广告公司代理广告业务，不得直接通过报社、广播电台、电视台发布广告，但分类广告不在此列。即广告客户发布简短的礼仪信息、征婚启事、挂失、书讯、节目预告、开业公告等，可以直接委托报社、广播电台、电视台办理。

　　其二，兼营广告业务的报社、广播电台、电视台发布的广告，必须委托有相应经营资格的广告公司代理，媒介本身不允许直接承揽广告业务（分类广告除外）。

　　其三，代理广告业务的公司要为广告客户提供市场调查服务及广告活动的全面策划方案，提供、落实媒介计划。

　　其四，广告代理公司为媒介承揽广告业务，应有与媒介发布水平相适应的广告设计、制作能力，并能提供广告客户支付广告费能力的经济担保。

　　其五，广告代理费的收费标准为广告费的 15%。

　　其六，实行广告代理制后，广告客户和广告媒介可以自主选择服务质量好的广告公司为其代理广告业务。

三、广告代理制的意义

　　广告代理制之所以为世界广告市场所采纳，主要源于这种机制自身的优势。

　　（1）从广告主的角度看，实行广告代理制有利于广告主更好地利用有限的人力和财力，获得理想的经营效果。现代广告的运作需要大量的人才和专业技术，因此，企业和媒介单独设立专门的广告经营机构将会是一个非常大的负担，实行广告代理制有利于广告主减少开支，精简机构、人员，将更多的人力、物力和财力放在自己的主业上，使自己的主业更具市场竞争力。这样既做到了节约资源，又保证了专业服务的获得。

（2）从广告公司的角度看，实行广告代理制有利于突出广告公司的主导作用，提升广告公司的业务水平。在广告代理制下，广告公司通过为广告主和媒体提供双重服务，发挥主导作用。一方面，广告公司为广告主提供全方位、立体化的广告服务并配合公关、直销、促销等营销服务；另一方面，广告公司也为媒体承揽广告业务。这样，既有利于广告公司发挥其专业人才和设备齐全的优势，给广告代理公司带来直接的经济效益，又有利于提高广告公司的科学化、专业化水平。

（3）从广告媒体的角度，实行广告代理制有利于媒体提高信息传播的水平。

大众传播媒体的主要功能在于信息传播，广告业务并非其所长。如果涉足其中，几乎不能够为社会提供优质的广告服务，又牵扯大量精力，无法全力以赴打造优秀的信息发布平台。实行广告代理制，媒介单位通过广告代理公司承揽广告业务，不必直接面对极度分散的广告主，从而极大地减轻了媒介承揽广告业务、应付众多广告业务员的工作烦劳，也不必再承担广告设计、制作任务，减轻了媒介单位的人力、物力负担。另外，由于避免了媒体与广告客户的直接接触，这样就能够保障媒体免受商业化的腐蚀，更好地发挥监督社会、维护社会正义的功能。

四、广告代理收费制

广告公司接受委托，代理广告主的广告业务，要向其收取一定的费用，补偿自己的劳动付出，获取相应的利润，以保障公司的生存和发展。因此，广告代理的收费范围、收费标准与方式，是广告公司经营与管理的重要构成，对广告公司具有十分重要的意义。但是，在很长一段历史时期之内，广告代理费的具体收费方式都没有统一的规定，处于混乱的阶段。这种情况不仅使广告公司的利益难以得到保障，就是广告主和媒体也深受其害。随着时代的进步和广告业的发展，在国际广告界终于达成共识，有了具体的规范。下面主要介绍几种常见的广告代理的收费方式和标准。

1. 代理费制度

这是广告代理中最早形成和确立的一种收费方式，也是目前最流行的收费方式。采用代理费制度的广告公司，其收费主要源于两个方面：媒体代理费和加成费。

媒体代理费。就是将广告活动过程中购买媒体的实际费用乘以一定的系数，由媒体回付给广告公司的收费方式。用公式表示应为：媒介代理费 = 广告媒体费 × 系数。最初系数标准不一，后在美国确定为 15%，并逐渐为世界各国接受。目前，我国广告业也是采用 15% 的系数进行计费。

加成费。广告代理公司为广告主除提供媒介代理之外，还提供了许多其他服务，比如市场调研、广告制作等，以及诸多的杂项服务和特别服务。有时还要支付下游辅助机构一笔费用。这些耗费的总和再乘以一个系数，就是广告公司所得的加成费。加成系数为 17.65%。

但是，在收费系数固定的前提下，购买广告媒体的费用越高，广告公司获利就越多。这就造成很多广告公司为了自身的利益，极力鼓动广告主选择收费高昂的媒体，而不去考虑广告传播的整体效果。因此，20 世纪 60 年代开始出现了新的计费方式——协商制。由广告主与广告公司协商确定一个系数，一般低于 15%。按照协商的比率，广告代理公司把从媒介得到的佣金超过该比率的部分退回给广告主。

采用代理费制度有如下优点：能够稳定广告公司与广告主的关系，使两者的工作内容一致化；可以预测广告公司的营业额，广告主营业额的增加可以间接推动广告公司营业额的增加；广告主可以灵活应用广告公司的全部资源。

广告代理费的缺点也很明显：广告代理公司总试图提高广告预算，从而提高其代理收入；广告代理倾向于扩展他们的服务以提高收益，而不管他们的客户究竟是否需要这种额外的服务。

2. 服务费制

服务费制和协商佣金制的兴起同是 20 世纪 60 年代的事，由奥美广告公司总裁大卫·奥格威率先实行。

所谓服务费制，就是按照实际广告代理公司的劳务支出来支付广告代理费用的方式。这是一种按劳计酬的计费方式。按照服务费制，广告代理公司在整个广告代理过程中，一切外付成本，包括媒介费用、调查费用、广告制作费用、印刷费用、差旅费用等，均按实际付款凭证向广告主结算。而广告代理公司所付出的一切劳务，则按实际工时和拟定的工时单价向广告主收取酬金。所以，服务费制又是一种按时计酬的收费方式。

具体计算方式是将与广告业务工作直接相关的工作人员的费用总和（直接费用）加上广告公司支付给各种间接服务部门的工作费用（间接费用）再乘以一定的利润系数（美国为 20%）。

服务费制实行之初，曾受到广告代理公司之外的许多有识之士的赞许，称其是对传统收费制的一次重大突破，并总结出这种制度的优点，如用于广告主减少媒体投入，广告公司的盈利点开始显现的时候；适用于广告主的核心要求不是媒体购买，而是创意、制作等方面的时候。

但是不久人们便发现了这种形式也有不可避免的缺点：服务费制基本上是一种成本附加的系统，它孕育了效率低下的因素；会导致在广告代理之间引发一场价格战，因此很有可能忽略了一些本应提供给客户的服务，可能导致广告状况的恶化；对于管理者来说，服务费制很难管理，需要经常审查；服务费的设定可能导致在广告代理及其客户之间产生裂缝；在与广告代理公司打交道时，使用服务费制可能导致广告主陷入不必要的匆忙，因为实际耗费时间将直接计入服务费。

3. 成果回报制

在以往的广告代理中，广告代理公司只向广告主要求代理权力，一般不承担实际的代理责任。成果回报制，将代理的权利与责任联系起来，把代理的利益与销售效果联系在一起，要求广告代理公司承担代理的销售风险。广告公司从广告主所产生的实际销售中分取一定的利润，如不能实现实际的销售，则不能取得相应的利润。

成果回报制可采用这样的操作方式：广告主公司的部门管理者根据广告对销售的影响效果对广告代理公司进行分级管理，总共分为 A，B，C 三级。广告对销售营销效果达到"B"级的广告代理公司，基本佣金为 13.5%，效果达到"A"级的广告代理公司基本佣金为 16%，如果一家广告代理公司持续被评为"C"级则可能会导致合作关系的终结。

这种制度的优点是确定了广告代理公司的责任，从而降低了广告主的投资风险。但是，该制度却忽略了促销或者其他影响因素对销售量造成的正面或负面的冲击。广告并不是实现销售的唯一途径，销售应是多种推广形式共同努力的结果。因此，多数广告代理公司都表示难以接受。总之，这种收费制度还处于摸索阶段，尚待完善。

案例分析

扬·罗必凯公司（参见图 2-2）

1923 年春天，30 岁的雷蒙·罗必凯与 37 岁的好友约翰·奥尔·扬用 5000 美元资金，合伙开办了扬·罗必凯公司。尽管两个人已经是当时很有名气的广告人，但开办广告公司毕竟是第一次。可以说，困难重重，前途未卜。可是，令人震惊的是，仅仅过了四

图2-2　扬·罗必凯公司
创始人之一雷蒙·罗必凯

年时间,扬·罗必凯公司就发展成为全美第十三大广告公司。1944年雷蒙·罗必凯退休时,公司已经发展成为全美仅次于智威汤逊广告公司的第二大广告公司,年营业额达到5300万美元。1988年,扬·罗必凯公司的全球营业额为53亿多美元。从1993年到1999年,舒味思、达能、爱瑞生、福特汽车、新力、高露洁棕榈、花旗银行等国际品牌都成为扬·罗必凯的客户。1998年,扬·罗必凯更是连续获得6.6亿美元区域与全球广告业务,在各代理商系统中排名第一。2000年,扬·罗必凯公司被英国WPP集团并购,交易金额高达47亿美元,从此成为WPP的一个下属公司。纵观扬·罗必凯公司的成长历程,不仅让人为其不可阻挡的发展势头所震惊。那么,究竟是什么让这家创办之初,名不见经传的公司一跃成为广告界的龙头巨擘呢? 仔细分析,大概有以下几个方面:

首先,以服务客户为宗旨,时时刻刻为客户利益着想。通用食品(General Foods)是扬·罗必凯公司成立后的第一个大客户公司。当雷蒙·罗必凯率领公司员工出色完成通用食品所交给的第一个广告任务之后不久,通用食品把其他几个产品的广告业务也给了扬·罗必凯公司。这在一般经营者看来,是千载难逢的好机会,一定要牢牢把握住,绝不给竞争对手留下任何利润空间。可是,有一天,雷蒙·罗必凯却告诉通用食品的老板,通用这个客户成长太快,对任何广告公司来说都太大了,他应该继续聘用第二乃至第三家广告公司。不久,其他广告公司成为这个主要客户的另一个代理。尽管扬·罗必凯公司为此失去了眼前的部分利益,但是却赢得了很好的名声,不久很多知名品牌客户都慕名而来。

其次,注重调查研究和市场分析。罗必凯认为,应该尽可能比你的竞争对手更了解市场,文案和美术人员要把这些市场信息用想象力和人类洞察力融入广告之中。罗必凯把他的信念付诸实践,为此,他雇用了盖洛普博士(George Gallup),成立了由盖洛普博士领导的市场研究部,在受众选择、偏好、阅读、广播收听习惯等方面的研究一直处于领先地位。几年后,公司还雇用大卫·奥格威主持普林斯顿的受众研究。扬·罗必凯公司也因为是美国第一个建立市场、读者部门的广告公司而载入史册。

再次,激励机制激发员工的积极性与创造性。在扬·罗必凯公司,文案和创意受到充分的重视。对于下属的优于自己的观点,他都会采纳。任何人只要努力工作,用自己的智慧能够创作好的广告,帮助客户更好地销售产品并树立企业形象,都会被加薪并获得提升的机会。公司十分信任创意人员。罗必凯宁肯拒绝希尔公司300万美元的Pall Mall香烟业务,也不愿更换创意队伍。他认为创意是一种能量的转化,是广告的生命和灵魂。扬·罗必凯公司认为,员工之间的讨论更有利于问题的解决,员工经常在大厅或是走廊里就展开讨论。扬·罗必凯公司是第一个允许员工拥有股份的广告公司。52岁时，罗必凯退休，当时 38 个员工拥有 82% 的股票。同时，扬·罗必凯广告公司也是首先在 1942 年联邦法律下采用股份分红基金制度的公司之一。

本章小结

　　广告产业属于第三产业、创意产业，是当前最具活力的产业形式之一。广告市场主要由广告主、广告媒介、广告公司和广告受众构成，广告主、广告代理公司、广告媒介组织是广告市场的主体。广告主是广告市场的需求方，是广告产业存在的资本之源。广告媒介是广告信息发布平台，通过发布广告信息，满足了广告主和广告受众对信息的需求，促进了社会经济的发展，同时获得了充足的发展资金，进一步壮大自己。广告公司处于核心地位。一方面，广告公司从广告主的立场出发，按照广告主的要求制订广告计划、寻求广告媒介；另一个方面，广告公司又要站在广告媒介的角度，保障广告媒介在广告活动中的正当利益。在双方分别履行了自己的义务，并达成各自目的之后，广告公司才能够获取应得的报酬。但广告公司核心地位的获得需要一定的市场运营机制来维护。目前国际通行的广告代理制就是确保广告公司核心地位的运营机制。广告代理制度的产生源于西方发达国家的广告市场。广告代理制对于我国广告行业有特殊意义。广告代理制的实施，有利于加强广告行业科学化、专业化建设；有利于提高广告业整体水平；有利于规范广告市场，促进广告业健康发展。

思考和练习

　　1. 简述中国广告产业的特殊性质。
　　2. 中国广告产业在发展过程中存在哪些问题？
　　3. 广告市场的构成主体有哪些？
　　4. 什么是广告代理制？为什么要实行广告代理制？
　　5. 常见的广告代理的收费方式有哪些？
　　6. 广告主广告组织的职能是什么？
　　7. 广告公司如何进行机构设置？
　　8. 广告公司的业务部门有哪些，其各自的职能是什么？
　　9. 设置媒体广告组织的意义表现在哪几方面？

第三章 广告调查

压题图片

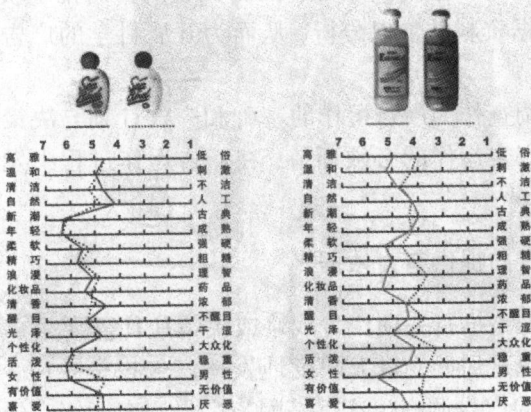

图 3-1 广告调查

学习要求：广告调查是广告运作活动的基础，也是贯穿于整个广告运作始终的关键性环节，广告调查为广告运作的各部分提供信息依据，指导广告活动方向。因此，广告调查的成功与否将关系到整个广告活动的成败。本章从分析广告调查与市场调查的区分入手，探讨了广告调查不同于市场调查的本质内涵和重要作用，详细论述了广告调查所包含的内容，阐释了广告调查活动所应遵循的原则、开展的基本程序以及使用的调查方法。学生在重点学习上述内容的时能够更深刻体会广告调查科学系统、客观准确以及可操作性强等特点。

关键词：广告调查；广告信息传播；原始资料；二手资料；定性调查；定量调查

由于我国广告业起步较晚，社会调查及商业调查的发展也较为迟缓，因而广告调查一直未能引起足够的重视。但广告主和广告代理都发现，不经过周密考察及精确测算就贸然进行的耗资巨大的广告投放会有极大的风险。因此，广告调查开始作为一个单独的研究领域应运而生，并且发展势头迅猛。大量以消费者调查、产业整体发展状况调查、企业营销环境调查及营销效果调查为主的市场调查（咨询）公司纷纷出现，配合原来已有的以收视率/阅读率调查、媒体受众情况调查、节目播出情况监测等为主的媒体调查公司一起发展更具服务功能和现代特色的广告调查业。

第一节　广告调查的涵义和作用

广告调查(advertising research)是围绕广告活动而组织展开的调查研究活动，它贯穿于现代广告运作的始终，是整个广告活动的开端和基础，几乎所有的广告运作程序都有相应的广告调查为其服务。广告调查的目的在于获取与广告活动有关的数据与非数据资料并加以分析，从而为开展科学的广告活动提供依据。

在现代广告运作中，广告调查作为广告运作的基础和广告计划与决策的依据，已成为发展一个成功的广告运作的必须环节，在广告运作过程中发挥着重要的作用。

一、为明确广告战略决策方向提供有力依据

在激烈的市场竞争中，广告主推行一项广告战略或决策往往需要很多财力且失败的代价会很高，为了规避风险，最大限度地发挥广告投资效应，广告主会要求广告公司进行详尽的广告调查。这正是因为广告调查能使广告运作的相关人员占有大量的信息和资料，对广告活动所处的竞争环境有全面而深入的了解，从而做到去伪存真，知己知彼，耳聪目明，并建立正确的广告目标，制订合理的广告战略，明确具体的广告定位，锁定准确的广告传播对象，确立广告的诉求重点并选择合适的广告投放方式的缘故。

例如，当年瑞士的雀巢速溶咖啡首次投放市场的时候，多数家庭主妇抱怨速溶咖啡味道不好，不是真正的咖啡。经过蒙眼试饮的试验之后，广告调查人员发现，其实这些家庭主妇并不能分辨出速溶咖啡和鲜咖啡的区别，而是消费心理使她们产生了对速溶咖啡的抵触。调查人员设计了两张内容几乎完全相同的购货单，请参加测试的人员分别推测购物单主人的社会特征和个人特征，得出的结论是有相当高比例的人认为购买速溶咖啡的人必然是一个"懒惰、浪费、安排不好家庭计划、蹩脚的妻子"；而买普通咖啡的人必然是一个"勤俭、有家庭观念和喜欢烹调的人"。显然测试者把自己对购买速溶咖啡的忧虑和不良印象通过虚构的形象反映出来。这项广告调查结果出来以后，速溶咖啡公司迅速开展一个有针对性的广告宣传活动来改变人们的不良印象。广告主题由原来的"又快又方便"转变为"质地醇厚"；广告画面的视

觉中心是一杯热气腾腾的美味咖啡,它的背景是一颗颗颗粒饱满的褐色咖啡豆,再配以"味道好极了!"的广告语。重新准确的市场定位,极富视觉冲击力的广告画面以及诱人的广告语,使产品迅速打开了新的饮品市场。由此可见,广告调查能够帮助广告公司和广告主迅速了解市场和消费者,找到产品准确的市场定位,进而改进广告的战略决策,争取更大的市场份额。

二、为广告的设计创作提供充分依据

在广告运作活动中,广告的创意、设计和制作环节也离不开广告调查的作用。广告的设计创作过程具有非独立性的特点,也就是说,设计创作广告时,既要艺术地表现广告内容,又不能脱离广告目标的要求,不能游离于产品和消费者之外。而要达到这一点,就要建立在对产品、消费者和市场状况充分了解的基础上。广告调查为广告设计和创作人员提供了大量准确和具有针对性的资料和信息,这可以帮助他们进行构思、设计,并有可能获得最新颖独特的创意,创作出优秀的广告作品与目标消费者进行有效的沟通。比如美国著名的快餐业"麦当劳"一直采用的是"用价格吸引消费者,用服务保持消费者"策略,并曾在 1998 年一年间就投入超过 6 亿美元的广告费用。可是,一项调研结果表明,只有 8% 的人是基于价格来选择快餐的,而便利的位置、食物的质量、菜单的选择和服务才是人们选择快餐时的重要影响因素。有了这一调研结果,麦当劳不断设计新产品、新口味和新式样,并辅助以积极的广告营销和市场推广,赢得了市场的持续增长和更大的份额,继续占领美国快餐业"巨无霸"的市场地位,见图 3 -2A 与 B。

图 3 -2A　麦当劳月历游戏册赠品广告　　　　图 3 -2B　麦当劳广告宣传单

三、为企业建构品牌及其可持续发展提供可靠保证

广告调查可以是针对某一项具体广告业务的专项调研,也可以成为培植和发育企业品牌、建构企业品牌知名度和美誉度的专业调研,同时在建构企业品牌之时,也为保证其可持续发展提供了方向。一般情况下,广告调查会关注整个市场的规模和细分市场的规模,分析企业建构产品品牌的可行性和市场竞争力,保证企业的有效运作;对已有企业品牌的可持续发展,广告调查也会关注相关品牌所占的市场份额、购买频率、品牌知名度和分销水平,以便充分利用各种有用的信息增强企业品牌的升值潜力和生命力,同时也可以选择最佳的有效传播设计方案。比如韩国三星公司在创立国际品牌的过程中,就是通过广泛的市场调查和客户调查,了解到国际市场的需求和产品的发展趋势,不断加大产品研发投入并取得了技术领先优势,并在90年代末投资了10亿美元进行品牌塑造和推广,终于在21世纪初成为拥有世界级品牌的企业,如今年销售额已达到330亿美元。

四、是企业提高经营管理水平、增强竞争力和生存能力的关键

在市场经济条件下,广告是企业经营的有机组成部分,进行广告调查,实际上也是为企业生产决策和信息决策提供信息,为企业提供最新的市场情报和技术生产情报,以便企业能够更好地学习和吸收同行业的先进经验和最新技术,改进自身的生产技术,提高企业人员的技术水平和企业的管理水平,增强竞争实力和适应竞争环境的能力。同时也提高产品的质量,加速产品的更新换代,保证企业的生存和发展。通过广告调查所获得的资料,除了可以了解目前的市场和广告运作情况之外,也可以对未来市场变化趋势进行预测,从而可以对企业的前景和应变做出计划和安排,充分利用市场变化来谋求企业利益。比如进行消费者和产品的相关广告调查,就能为企业捕捉到变动着的消费观念和消费行为,了解到产品开发和竞争的有关信息。这样,可以帮助企业掌握市场动态,并根据市场变化,及时调整或转换产品的品种、产量,从而改进经营管理,增强经济效益。

第二节　广告调查的内容与原则

一、广告调查的内容

广告调查内容是指在广告活动的全过程中,为确保广告活动达到最大的有

效性而开展的一系列工作。如果从营销传播角度对广告内容进行分析，主要要解决广告信息源分析、广告信息内容构成和提炼分析、广告传播渠道选择和推进力度分析、广告目标受众的价值观和媒介接触情况分析、广告信息传播的影响力和效果分析等。由此可将广告调查的内容划分为以下几个方面：

1. 广告信息调查

按照营销和传播角度划分，广告调查中的信息内容应该主要包括广告信息源即广告主的调查、广告主题信息的调查及广告表现信息的调查。

(1) 广告主调查。广告主是广告信息的发起者，因而广告信息源调查主要集中于对广告主的经营状况调查。广告主状况调查是利用定性分析和定量分析相结合的方法，通过对社会公众和企业内部职工的调查了解，掌握广告主企业的相关信息，包括经营现状、企业特点、优势以及差距与不足等，为以后广告策划或塑造成功的企业形象做好准备。关于广告主调查的具体内容大体应该包括广告主形象调查、广告主知名度和美誉度调查以及媒体受众对广告主期望值和关注度调查。

广告主形象调查通常采用定量分析的方法，设计出广告主形象要素评分调查问卷以随机抽样方式，邀请社会公众和企业内部职工对其进行评分，以了解广告主企业形象状况。一般设计问卷时，要考虑到的广告主形象要素包括经济效益、管理水平、人员素质、产品质量、新产品开发、服务质量、营销环境、公共关系等方面，这些要素都事先设定一定的分值范围，被测人员根据所给的分值进行判断给分。然后对调查问卷统计汇总，可以了解广告主在哪些方面是强项，哪些方面是弱项，分析广告主的总体公众形象和社会形象，以做到心中有数。

广告主的知名度和美誉度调查是调查广告主在媒体受众心目中地位的两个重要指标。广告主的知名度是指社会公众了解广告主的程度或比率。广告主的美誉度是社会公众对广告主的赞誉程度。一般来说，广告主企业要努力追求成为高知名度和高美誉度的"双高"企业，广告调查就是通过对广告主知名度和美誉度程度的高低的了解来帮助企业达到目标，也可以根据企业的现实情况做好相应的广告决策与运作。

要对广告主有进一步的了解，还要调查媒体受众对广告主的期望值和关注度，调查广告主企业目前在社会公众和不同类型媒体受众心目中被期望、被关注、被了解的程度如何，以便进行下一步的部署。通常可以采用个别访问、召开座谈会以及问卷调查等方法进行调查，这样不仅可以了解情况，还可以使广告主在广告活动中得到媒体受众的关注并获得支持和帮助。

（2）广告主题调查。广告信息的传递应让目标受众有一个明确的注意点，即信息的焦点，这是广告表现发展的核心。在广告创作中，文案、创意等都将以这个焦点为中心。广告主题确立的成功与否，将成为决定某一具体广告运作成败的关键。因此对广告主题信息的调查是必不可少的，通常要运用多种调查方法，如问卷调查、个别交谈、深层面谈和群体焦点访谈，也可以在此基础上运用头脑风暴（brain-storming）法提取集体分析判断的智慧结晶。

广告主题信息的确立一般要从两个方面去发现，一方面就是要全面了解企业的销售主张。这种销售主张实质上就是结合了 USP 即"独特的销售主张"的特征，强调企业的广告主题信息应该建立在科学的市场定位基础之上，发现竞争者没有或不能提供的独特销售卖点。比如宝洁公司同为洗发产品的不同子品牌就是各自有其独特的销售主张：有祛除头屑、给人自信的"海飞丝"；有飘逸自然、清新亮丽的"飘柔"；有改善发质、尽显优雅的"潘婷"；有专业美发、丝般质感的"沙宣"等。总之，市场定位在某种程度上是消费者心目中的一种品牌形象，在考察广告主题信息确立时，要针对企业销售主张，将产品或服务尽量"定位"在消费者心目中的特定部位。另一方面是要寻找消费者有意愿购买的利益点，并将这种利益点进行设计和转化。广告主题信息的确立就是要以消费者利益为基础，揣摩消费者心理。一旦使他们感到共鸣或震撼，那么广告传达的信息就非常准确和有效。所以，寻找消费者内心的需求也是广告主题信息调查的重要一环。

（3）广告表现信息调查。在广告主题信息确立以后，要对广告信息的诉求方式和表现手法进行调查研究，通过调查结果决定是否采纳这一诉求方式和表现手法。

关于广告诉求方式的调查和选择，大体上应该从是理性诉求还是感性诉求入手。理性诉求的广告侧重于满足消费者对产品或服务的实际的、功能的和物质的需求，强调消费者所获得的实际利益，强调消费者在使用或拥有某种产品或服务的好处，一般新技术性产品或具有高度参与性的产品或服务会采用这种方式，诉求点往往集中在新技术的优势功能、诱人的价格、强势的品牌或使用的广泛性等上，而究竟哪些事实性特点会打动消费者就需要调查和分析获得了。感性诉求方式与消费者是否会购买该产品与品牌的社会心理因素有着密切的关系。事实上，目前很多消费者在做出购买决策的时候，通常都是非理性的，往往都是凭借他们对该产品或品牌的感觉来触发其购买行为。在市场日益同质化的今天，很多产品或服务用理性诉求的方式很难分辨差异，而感性诉求却能起到较为满意的效果。感性诉求一般侧重于把企业产品实际功能虚化，强化感觉影响，通过触及人类自我心理状态和感觉，以及人类社会性定位的心态和感受来激发受众产生各种心理效果，或快乐、幸福、激动，或痛苦、辛酸、恐惧等等。至于到底选用何种手法才能恰当地把这种感性诉求激发到极致，并且确实为目标消费者所接受、认可，还是要投入精力去调查、发现和验证的。

当广告信息的主题、诉求点都确定之后，就要进入对广告表现手法的调查和选择阶段。即针对特定的产品、特定的主题、特定的对象、特定的诉求方式，采用何种手法达到最终目的。这依然要通过广告调查的研究方法去分析、判断和选择。要明确的是，任何一种广告信息都可以用多种表现方式加以表达，比如对比手法的运用、动画的演绎、剧情化的表演、幽默的表现等等。广告表现手法如此多样，如何选择，关键要看哪种方法更适用于该广告产品，需要通过广告调查来分析某种表现手法的效果、影响力和接受度等。

2. 广告产品调查

这是广告调查的重要内容。广告的目的一般都是为了促销产品，因此无论从哪一个角度做广告，都必须对该产品熟识和了解。只有这样才能准确向媒体受众介绍产品特征，打消受众疑虑，达到促进产品销售的目的。广告调查就是要全面掌握所宣传的产品的详细资料，如产品的外观、结构、功能、原理、材料、技术、质量、价格、使用方法以及制作工艺等，对一些产销历史较长的产品，还应了解该产品发展的历史状况，并知道该产品在同类产品中所占的市场份额，以便进行更好的市场定位和产品宣传。

（1）广告产品生命周期调查。了解产品的生命周期和市场需求量更迭变化的内在联系，就可以判断出产品的走势和发展趋向，也能够判断广告的着力点。因为不同的产品周期所采用的广告战略和策略是各不相同的。在导入期的广告产品在广告战略上突出的是一个"新"，全新意义的产品或服务，会给消费者带来全新的生活感觉和方式，一方面突出的是前所未有，一方面突出其创新特色。到了产品的成长期和成熟期，广告主要采用"差异化战略"和"产品多样化战略"，逐步占据和稳固市场份额；产品到了衰退期的广告战略就突出一个"转"字，在确保品牌形象的基础上开发新的产品，延长企业和产品的生命力，实现可持续发展。从这个意义上讲，在广告产品调查中，注重产品生命周期的变化实质上是提供了一个能追踪市场的多用途广告调查模型。

（2）广告产品价格调查。产品定价的问题一直以来都是市场竞争中最敏感的问题，价格往往会决定这一产品在市场中的位置。因此，广告产品的价格调查非常重要，一般必须在产品上市之前进行，目的是可以综合分析该产品在市场中的合理位置。如果产品定价特别高或者特别低的话，就必须要验证该产品的定价策略是否和广告的定位相吻合。比如产品的定价如果特别低，可能会与广告主所期望的目标消费人群的社会阶层地位不符合，那么产品的广告定位也就发生了偏差，必须及时予以调整和改变。因此要注重广告产品的价格调查，确立稳定的价格不仅是维护和保持品牌地位的有力杠杆，同时也会给企业带来稳定的利益保证。关于广告产品价格的调查方法也比较简单，对已有的市场产品，就根据其商店销售状况收集数据进行相关分析；如果是新产品，就可以选择不同的销售点作不同价格的销售比较，或者选取一些目标消费者进行交谈，听取他们对定价的建议。

（3）广告产品包装调查。广告产品的包装调查主要着眼点在于测试产品的包装是否能为销售提供一个亮点。产品的包装通常具有两层意义，一层是物理性能上的意义，包装可以对产品进行保护，防止流通过程中受到损害；另一层是产品附加值上的意义，好的包装设计可以吸引消费者注意，提升产品品牌价值，起到促销作用。广告产品包装调查就是大体上要研究某种广告产品的包装能否影响消费者作出最终购买决策；通过与同类产品进行比较分析这种包装形态是否更突出产品与品牌的个性，提升受众关注度；同时对单个产品的包装图案设计也要进行调研；也要考虑这种包装突出产品特征的鲜明程度、代言人形象的接受度、包装中背景被注意到的可能性和整体美学运用上对客户的吸引力。广告产品包装调查的最终目的，就是保留具有视觉效果的设计形式，对发现的问题及时修正和改造；了解与其他竞争产品在包装设计上的差距，进一步提升产品包装设计，突出品牌个性和显著度，见图3-3。

图3-3 "酒鬼"酒包装广告设计

（4）广告产品渠道调查。销售渠道的设置正确与否和产品的定位、企业的获利直接相关。因此对广告产品渠道的调查，研究和选择广告产品的销售终端至关重要。每种产品都有适合它的销售渠道，是在高级百货商店、大型超市、连锁专卖店还是在网上商店、普通小店要根据调查结果进行选择。一般来说，销售点也是具有不同定位和不同层次的，因此选择在哪种渠道和销售点进行销售会直接影响产品品牌的位置、产品的价格以及最终的消费人群走向。消费者通常会认为，能够进入高级百货商场的产品至少可以体现出该商品的品牌层次，换言之，广告产品也可以依据销售渠道的选择来提升产品的定位和消费者的信赖度。另外，产品在销售现场的布置摆放情况也是一个调查的内容，要研究比较同一商场内哪个位置更能迅速引起消费者注意，产品如何排列摆放才能引起受众兴趣，因为销售现场设计对于购物者来说也是增加产品品牌印象的环节。

（5）广告产品的竞争环境和竞争对手调查。广告产品在市场定位和营销过程中，要充分考虑到国家政治、经济、文化等的宏观环境和地区经济差异性特点，这对产品的定位和销售具有一定参考意义。而要使广告产品能成功推向市场，还要充分考虑其所处的微观环境，即某一具体市场范围内的相关情况和竞争环境。广告调查要帮助企业和产品在市场中寻找竞争对手，明确该产品在同类产品中的竞争品牌位置。一般确定是企业产品竞争对手的有这样几类：以相似的价格向相同的媒体受众推销同类或相似广告产品的企业；生产经营相同或同类产品的企业；生产经营相关（替代）产品的企业以及与该广告主进入同一目标市场的企业。面对这些竞争对手，广告调查的目的就是深入掌握这些企业产品生产的基本情况和产品更详尽的信息，诸如生产者的技术资源、人力资源和投资背景，产品的升级、包装、生产、定价等相关信息，尤其是要调查分析这些企业产品的消费人群的详细信息和产品的广告定位与投放信息等。然后从大量的信息数据和材料中，发现竞争对手的优点和弱点，优势和劣势，以对自身制订切实可行的广告宣传计划和产品定位，确保预期效果的实现。

可见，在广告调查的内容中，广告产品调查是非常复杂和丰富的，要得出科学的调查结论，还得把上述关于产品生命周期、价格、渠道和包装等诸多因素进行必要的专业化调查和测试之后，整合起来做一个相对科学专业的综合性分析，这样才能通过对广告产品的评估对下一步的市场细分和目标消费者调查研究做出一个大致的判断。需要注意的是，广告调查为广告产品所展现出的调研结果仅仅是为产品如何形成市场规模而提供资料参考，具体效果如何还需要市场的实践和验证。

3. 广告媒体调查

广告媒体调查是指调查分析各类刊载广告信息的媒体特征，以及消费者对这些媒体的接触情况。经过广告媒体调查所获得的数据和资料将成为制订广告媒体计划，推进广告媒体战略和决策实施的科学依据。广告媒体调查的最终目标，就是制订最科学的媒体组合计划，使广告主和营销商投入最低的成本，以最有效的方式把信息传递给最大量的目标消费者和潜在消费者。广告媒体调查的内容主要包括对广告媒体自身资质的调查、选择媒体的基本标准调查以及对媒体策略制订开展综合调查。

广告媒体资质调查就是考察和分析媒体自身的形态特点，通过研究媒体的发行量或收视收听率、媒体受众特征和有效广告频度的范围及影响变数等来显示媒体的优势和特长，进而确立广告媒体的选择类别和方向是否适合广告产品的定位，为媒体组合计划提供最基本的依据。接受度比较低的非主流信息广告媒体，但却指向特定的受众人群，目标明确集中，效果明显。

选择广告媒体的基本标准调查主要是指对受众标准和冲击力标准的调查，以这两点标准作为考查广告产品特点和广告媒体自身所具有的各种特性的关系。受众标准调查主要是对目标受众经常接触的媒体状况进行排序分析，再依据广告主所投放的广告费用对排序媒体加以选择。冲击力标准是指各广告媒体、广告单位(指媒体的形态、尺寸、时段和长度等)所具有的广告表现潜力。在媒体评价标准上，通常要考虑到质和量的关系，量是接触媒体的人数，质是媒体给每一个受众多大的冲击力和影响力。比如，在图3-4里两本同样是杂志媒体，一个选用跨版面双页广告单位登广告，另一个采用单个版面登广告，广告效果就是完全不同的，可以称之为是冲击力不同。

图3-4 富有冲击力的"松下液晶数字电视"产品的平面系列广告

在进行制订媒体策略的广告调查时，需要考虑的方面有很多，比如媒体的组合、目标市场的覆盖面、地理覆盖面、媒体投放时间的安排、到达率与接触频率的情况、计划的弹性空间以及广告预算等方面都要考虑在内。因此，进行媒体调查时，基于要制订媒体策略的要求，主要得考察如何选择最适当的媒体达到一定量的目标市场覆盖面，这里就包含了关于媒体选择、目标市场覆盖、地理覆盖和时间等方面的调查和研究。另外，媒体的到达率和接触频次也是制订媒体策略所要调查的重点。目前的状况是，媒体的策划者越来越重视有效到达率的问题，从业人员也很关注他们是否有能力确定有效到达率。总之，由于媒体刊播费用往往是广告运作过程中最大的花费所在，所以广告媒体调查是广告调查中运用最多也最广泛的调查项目，其作用不容忽视。

4. 广告受众调查

关于广告受众的调查，主要集中在对目标消费者和媒体受众的调查研究上。广告受众调查的内容主要包括受众消费行为调查、受众消费方式和价值观调查两个个方面。

受众消费行为调查主要侧重于受众在产生购买过程中每一个环节的调查，包括商品的购买者、购买的时间、地点、数量；对商品的价格、包装、分量、色彩以及品牌的选择；购买间隔的时间等。换言之，就是要明确消费形成产生的"5W2H"模式，这是一种采用西方消费研究的方法来分析消费者购买行为的模式，即对购买者（Who）、购买地点（Where）、购买时间（When）、购买动机（Why）、购买利益点（Who）以及购买渠道（How to）和购买价格（How much）等消费行为要素进行调查研究，以明确广告受众群体的大致消费行为特点，为广告产品找到准确的市场定位和目标消费群体。

广告受众消费方式和价值观的调查是属于研究人消费的社会的、文化的和主观的属性，是更为深透地追寻、探查和研究消费者更高目标的消费动机，是现今广告受众调查研究中不可或缺的一环。考察受众消费方式和价值观，有必要从社会的技术进步、文化发展、各个国家和地区的往来和交流以及人与人的相互影响等诸多角度作出调查和分析。科技和文化是人类欲望和行为的最基本决定因素，人类的消费需求是永远和社会的物质生产技术的发展紧密相连的，因此考察受众消费方式和价值观首先要注重国家、地区、民族、种族等的科技和文化的发展，这样才能比较透彻地把握消费者的内心需求变化。其次是在社会的不断演进和发展过程中考察受众群体所处的社会阶层、家庭地位和群体位置，以此来考察受众的消费方式和价值观。任何人都处于一定的社会阶层，担任一定的社会角色，不同的社会阶层对欲望的控制能力不同，因此也决定他们的消费需求、消费品位、消费选择以及消费方式和价值观的不同。家庭组织是社会上最为坚实的消费者购买组织，通过考察和分析不同时期家庭结构以及人们在不同时期所处的家庭、在家庭中的地位和扮演的角色，可以更为准确详细地把握消费者和广告受众的状貌，分析出其消费方式和价值观。此外，消费者在社会化的过程中，必然会与一定的社会群体相沟通和交往，与群体中的其他个体产生相互影响，因此要考察广告受众在群体中的地位，获取更为确切的调查信息。

从人的社会性内涵角度，也可以考察受众的消费方式和价值观，研究广告受众的消费习惯和消费行为和消费取向等方面。关于社会内涵的考察主要是指对消费者年龄、职业和经济收入的调查研究。这是因为购买者的最终购买决策在很大程度上要受到这些方面的影响。比如对食品和服饰的需求就和消费者年龄的关联比较大，不同年龄阶段的健康需求、社交需求和环境需求发生着改变，导致他们对食品和服饰等商品的选择也发生着阶段性的变化。职业上的白领和蓝领差别是很大的，其消费模式也会受到职业的影响而有所不同。另外，较为重要的就是经济收入的多少和稳定性也是决定消费者消费的重要调查指标，这些指标也要与经济环境联系起来考察，一旦经济大环境发生变化，消费信心指数下降，即使收入再多，消费行为也会发生改变。

5. 广告效果调查

关于广告效果的调查，可以理解为对广告信息是否达到有效传播与沟通的测试与调研，这是一项复杂且难于把握的工作，事实上，在广告活动的各个阶段都应该制订一个可以测定的目标，这样广告调研就可以科学地跟踪广告活动的全过程。广告效果的调查研究确立的就是对整个广告运作活动进行整体的评估和研究，探讨广告运作活动最终是否真正有效，在哪个环节获得了效果，获得了多大的效果等。所以，广告效果的调查和测定是十分必要的。调查广告信息是否实现了有效传播，具体从这样几个方面入手：

（1）是否对客户——目标消费者提供了"全方位"服务。这一点实质上是从客户满意度的角度探讨广告效果。现在越来越多的企业意识到必须要"以客户为中心"，把重心放在客户价值和客户满意之上，发展出能够回应客户的偏好和独特需求的通道，才能提供给客户更全方位的服务，也可以因此获取更多的利润。因此，对客户满意度的调查测试，成为广告效果调查的一个重点。大体集中在调查哪些是影响客户满意度的关键因素、广告活动推出之前和之后客户的满意水平，这样可以从中测量和分析客户满意度的变化，发现问题及时修正。长期跟踪调查客户的满意水平也是很重要的一个方面，这种调查主要是可以对客户的满意度作出一个趋势分析，有助于从整体上衡量广告信息的沟通效果，以便于更好地服务消费者和广告主。

（2）品牌建设的效果分析。目前，越来越多的企业和商家意识到品牌力量的强大和建设品牌的重要，但是这种品牌建设的效果究竟怎样，还需要通过调查的方法进行分析和判断。通常，调查通过广告手段建立的品牌效果，主要是考察广告传递的信息是否使人们联想到产品品牌的利益点；是否能够使人们看到此品牌与其他品牌间的鲜明个性差别；是否能够传递品牌使用者的社会地位和生活方式等信息；以及是否显示出品牌特有的文化价值和内涵。另外，顾客对品牌的认知和态度，也是研究品牌建设效果的范畴，各种品牌在市场上的力量和价值是有差别的，企业和商家都千方百计提高品牌价值，提高顾客对品牌的认知和态度，目的是从品牌的营销中获利。因此调查和分析顾客对品牌的态度是广告效果调查的一项重要工作。

（3）广告效果阶段性调查。广告信息传播有效性调查和研究大体有同步调查研究、追踪调查研究以及事前和事后调查研究几个阶段。同步调查是指在广告刊播时同步测定和评估消费者对广告信息的反应，这种方式对电视和广播媒体效果的测试特别有效，但所获得的信息比较简单，很难对消费者有更进一步的了解。追踪调查是指在广告活动进行过程中所开展的一系列调查，目的是随着广告活动的深入开展了解广告信息的传播状况及效果发生的程度。追踪调查一般都事先制订严密的计划，然后阶段性地执行和测量。事前与事后调查研究，在前面其实有所提及。在广告信息传播之前进行的调查，可以称之为"事前"调查，前面我们所论述的对广告主、广告产品、广告信息的调查以及关于广告媒体策略及投放的调查等，都属于"事前"调查的范畴，比如对广告产品或品牌价值的测试，调查产品的属性、用途以及给消费者的利益点；对平面广告的草图、广播广告的"毛带"、电视广告的"毛片"等在完成之前的调查，以确保广告信息传播形式的有效性等都是在传播之前要进行的充分的调查工作。"事后"调查是指在广告运作活动基本结束或者阶段性结束之后进行的广告活动评估，通常主要调查目标消费者对有关广告信息与效果的意见、态度和行为。将这些结果与最初的广告传播目的做比较和分析，以便确定是否使广告投资达到满意的效果，实现了广告主的预期。由此可见，"事前"调查实质上是要寻找到一个可以比较的基点，准确的定位和策略依据；而"事后"调查则是发现真正的结果，研究广告信息的传播最终是否有效。

二、广告调查的原则

广告运作所需的相关调查资料一般是由广告主向广告代理公司直接提供,如果广告主事先不具备相关调查资料,就由广告主委托广告公司通过调查研究获取,或者由广告主向专门的调查公司直接购得。不管采用哪一种方式,都是广告主的一项投资,会直接关系到整个广告运作方案的成败。因此,广告调查的设计及展开必须非常严谨,这就要求广告调查必须遵循以下几个基本原则:

1. 科学性原则

科学性主要指研究及研究结论的实证性和逻辑性,应用到广告调查之中,是指广告调查要在正确的方法指引下去展开资料搜集工作,并进行符合逻辑的资料分析,只有坚持了实证性和逻辑性,广告调查研究所得出的结论才具有参考价值。广告调查具有很强的操作性,是一种方法、手段和工具,要使其具有科学性,就需要把广告专门知识与哲学、社会学、心理学、统计学、逻辑学、经济学和市场学等多种学科知识综合加以运用,才能获取系统、科学、可靠的信息资料,在科学的实证性上打下坚实的基础。另外,广告调查是市场调查的典型化和纵深化,所以在实际操作时,也要充分利用在市场调查中已经获取的信息作为实证性资料加以分析,同时也要为寻求广告机会而延续和深入开展广告调查,这也是遵循科学性原则的表现。

2. 客观性原则

客观性原则是指广告调查过程及研究结论应独立于调查研究人员的主观因素和个人愿望之外,要在广告信息本身真实客观的基础之上展开和进行。广告调查的结论要科学准确,具有可参考性,就必须遵循客观性原则,广告调查人员要本着忠于事实的态度,如实地描述产品特征和市场信息,要客观设题、客观取证、如实科学地总结研究调查资料的结果。要目标明确、具有针对性地调查特定的企业和产品,不能为了自身利益的考虑或某些不良心态的影响而歪曲广告调查的结果,比如故意避重就轻,误导广告主和企业做出错误决定或故意夸大竞争事实要求广告主增加广告预算等,这些都是非常恶劣的行为,也违背了广告调查人员的职业道德。

3. 系统性原则

广告调查活动是一项系统性的工程,它是附着于广告运作各环节之上的局部会合而成的整体,是运用科学的方法、连续的过程和系统的内容、各种反馈的结果来完成的信息资料的汇集和具体广告运作正确与否的验证。所谓系统，是指具有特定功能的、相互之间具有有机联系的许多要素构成的整体，广告调查就是一个整体，各种具体广告调查活动所得出的数据信息就是它的要素。每一次的广告调查活动都不是一个孤立的单纯的个体，而是具有一个相互依存相互影响的调查系统。比如针对某项具体的广告活动开展了广告调查，要进行的是产品及生产情况的调查、消费者的调查、竞争者的调查以及广告信息传播媒介的调查等一系列的调查活动，这些调查研究都是为了共同的广告运作目标服务，同时形成相互依存和相互影响的关系。因此，广告调查要遵循系统性原则，要把考察的对象是为系统的对象，把调查所获得的资料视为有机整体，在整体和要素之间、整体与外部环境之间寻求相互联系，进行资料分析，从整体上把握住调查对象。

4. 道德原则

在现实生活中，有时候调查相关广告资料和数据是相当困难的，调查人员时常会遭遇到调查对象的拒绝，而无法进行下一步的调查工作；或者调查人员会选择一些非正常途径甚至是违规违法途径去获取调查资料，以满足广告运作的功利需要。这就要求广告调查也必须遵循一般社会调查所需遵守的道德原则。也就是说，广告调查人员在进行广告调查的过程中，要时刻把持相关的道德标准和要求，要保护被调查者的隐私权和名誉权，要尊重被调查者的人格和合法权益，不能为了短浅的利益而欺骗消费者甚至对消费者造成伤害，要力图同被调查对象的正当合理沟通交流达到自愿配合，协助完成调查工作。另外，广告调查受委托的企业或广告主往往都有很多的商业机密和其他需要保密的资源，因此广告调查也要加强保密性，调查人员必须对服务对象负责，所获得的调查资料要注意保密，不能随意泄露。通过调查得到的资料，只能为特定的对象服务，这是一种涉及道德原则的问题，也是涉及市场竞争的机密问题和行业自律问题。

第三节　广告调查的程序与方法

一、广告调查的基本程序

广告调查的基本程序和步骤主要有：调查准备、调查实施和调查分析总结三个阶段，见图3-5。

1. 调查准备阶段

调查准备阶段是广告调查工作的开端，这一阶段准备得是否充分到位，

调查准备阶段

调查实施阶段　分析总结阶段

```
        ┌─────────────────────┐
        │  界定问题、明确目标  │
        └──────────┬──────────┘
                   │
        ┌──────────▼──────────┐
        │    设计调查方案      │
        └──────────┬──────────┘
                   │
        ┌──────────┴──────────────────────┐
        │                                 │
┌───────▼────────┐              ┌─────────▼────────┐
│    问卷设计     │              │    人员选拔       │
└────────────────┘              └─────────┬────────┘
                                          │
                              ┌───────────▼────────┐
                              │     实施调查        │
                              └───────────┬────────┘
                                          │
                              ┌───────────▼────────┐
                              │   资料整理与分析    │
                              └───────────┬────────┘
                                          │
                              ┌───────────▼────────┐
                              │   撰写调查报告      │
                              └────────────────────┘
```

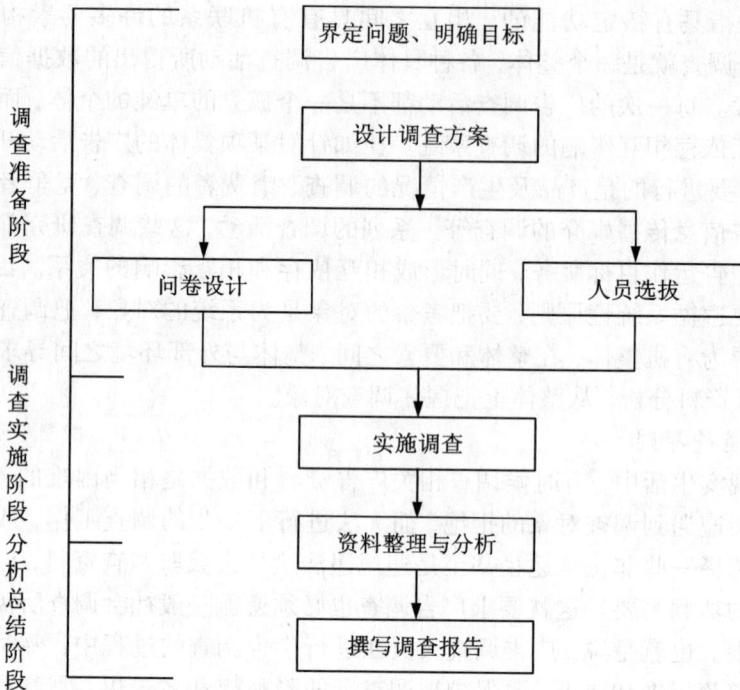

图3－5　广告调查流程图

关系着调查工作能否顺利进行，也必将影响到调查的质量和效果。

本阶段分四个步骤：

（1）明确调查问题和调查目标。进行广告调查，首先要明确调查问题，然后才能依照问题去设计和执行调查方案。值得注意的是，明确调查问题时容易犯两类错误，即问题界定得太宽或太窄，问题界定得太宽，会让调查失去明确方向，让调查人员感到无所适从；问题界定得太窄，会限制调查思路，使调查上来的资料不足以起到支撑作用。解决的办法是，深入挖掘问题背后的根源，找到可能造成该问题发生的各种原因线索，并对这些问题线索逐一分析，溯本求源找到其中一种或几种主要矛盾，这些主要矛盾便是调查所要解决的问题点。显然这是一个复杂的过程，必要时可通过二手资料的收集和分析以及小范围的定性研究来完成这项工作。

其次需明确调查目标。这里包含两方面内容，一方面是指调查目标的制订必须有针对性，即目标和问题之间要有因果关系，实现了调查目标也就意味着可以为解决该问题提供相应依据；另一方面，调查目标的明确、具体，也利于调查内容的设计和方式方法的选择等，从而为收集资料、组织和分析资料提供了更好的依据。

（2）设计调查方案。调查方案是确立和开展调查项目的框架和蓝图，在方案设计中要规定具体的操作实施细节和方法，详细列出各种可能使用的资料及调查来源等。调查方案的具体内容包括：调查项目名称、调查目的要求、调查内容要点、调查进度安排、调查范围对象、调查方式方法、调查费用预算等。

（3）问卷设计。问卷设计是调查准备阶段的一项重要工作，是为了达到调查目的和收集必要数据而设计好的一系列问题，是收集来自于受访者信息的正式一览表，要求在调查实施之前精心完成。

问卷的设计要以调查方案中调查内容要点为依据，问卷要提供标准化和统一化的数据收集模式，问题的设计要合乎规范，提问的内容要简单直接，使用的概念要清晰明确，不能模棱两可，含糊不清。标准的问卷由五部分组成：标题、致受访者的短信、填表说明、问题和答案、编码。

（4）人员选拔。建立一支良好的调查队伍是确保调查顺利进行的前提，特别是其中一些关键人选必须予以重视。一是定性调查的主持人的选拔，主持人的素质和能力直接影响到能否从调查中得到鲜活的、真实的材料；二是定量调查的访问员、督导员的培训，他们的工作态度直接影响到数据收集的真实性和有效性。在广告调查实施之前，必须认真选拔相关人员，必要时还要进行培训，确保其符合调查要求，能够规范、准确地实施调查。

2. 调查实施阶段

这个阶段是广告调查的主体部分，这个阶段的主要任务就是具体贯彻调查方案中的思路和策略，按照调查方案中所确定的方式方法，组织调查人员，深入实际，进行资料数据的收集工作。

进入实地调查是广告调查的关键一环，需要对大量的人力物力进行协调及管理，而且会面临许多突发问题，需要在执行中妥善解决，排除干扰。因此这个阶段的组织、指导、控制、监督等管理工作尤为重要。

3. 调查分析和总结阶段

调查实施结束后，调查人员开始对所获取的资料进行汇总整理及分析总结。

（1）资料的整理与分析。首先是对资料进行鉴别和整理，剔除无效资料，保证资料的真实、准确和完整。然后把有效资料进行分类编号并计数列表等，使之简化，有系统和有条理，这是一种技术性的工作，需要耐心细致地完成。

资料的分析是要指明资料所显示的意义，往往需要运用统计学的方法。广告调查中较常用的统计分析工具是 SPSS 软件。经过统计分析，得出各研究变量的特征及相互关系，为研究报告提供系统数据资料。

（2）撰写调查报告。调查报告是调查活动的最后成果，一般包括调查基本情况、调查统计结果和调查结论三方面内容。其中，①调查基本情况是对整个调查工作的一个概要性总结，主要包括调查目的与方法、受访者概况、回收样本数量及质量简述、调查置信度及误差等简要说明；②调查统计结果即关于各具体调查变量的统计数据及分析，这是调查报告的主体内容，可以用文字与图表相结合的方式，较系统、集中地反映出来；③调查结论是带有一定主观成分的客观分析，以研究者的立场揭示调查数据的涵义，并提出一些可行性建议。

二、广告调查方法

不同的调查目的决定了调查的资料类型和调查方法的不同。调查的资料类型有两种：图 3-6 介绍了原始资料和二手资料。原始资料是指调查人员为了某一特定目的而通过专门调查直接获得的；二手资料是指已经按照某种形式存在的既有资料。这两种资料的区分，简而言之就是从资料来源的角度看，以是否是"既存"资料为标准的。在进行调查的时候，调查人员总是先收集二手资料，以判断问题是否能够解决，或从多大程度上解决，再决定是否收集原始资料，其原因是二手资料调查相对来说省时省力，方便快捷。二手资料常见的方法有文献调查法等；多数情况下广告调查需要的都是原始资料，原因很明显，其有效性和准确性要更强。原始资料的调查方法很多，基本上可分为四类，即定性调查法、定量调查法、观察法和实验法。①

三、二手资料调查方法

在如今知识爆炸、信息量猛增的时代，各种信息的飞速传播使得广告调查者们能够比较容易地收集到大量可以利用的二手资料。据统计，企业有 80% 以上的市场信息来源于各种公开的渠道。可见二手资料在调查中占有极为重要的位置。二手资料的调查方法主要有四种，文献调查法、报刊剪辑法、情报联络法和网络搜寻法。

---

① 参见《广告调查与数据库应用》第 35-36 页，黄京华，陈素白，谢俊著，中南大学出版社 2003 年 7 月第一版。

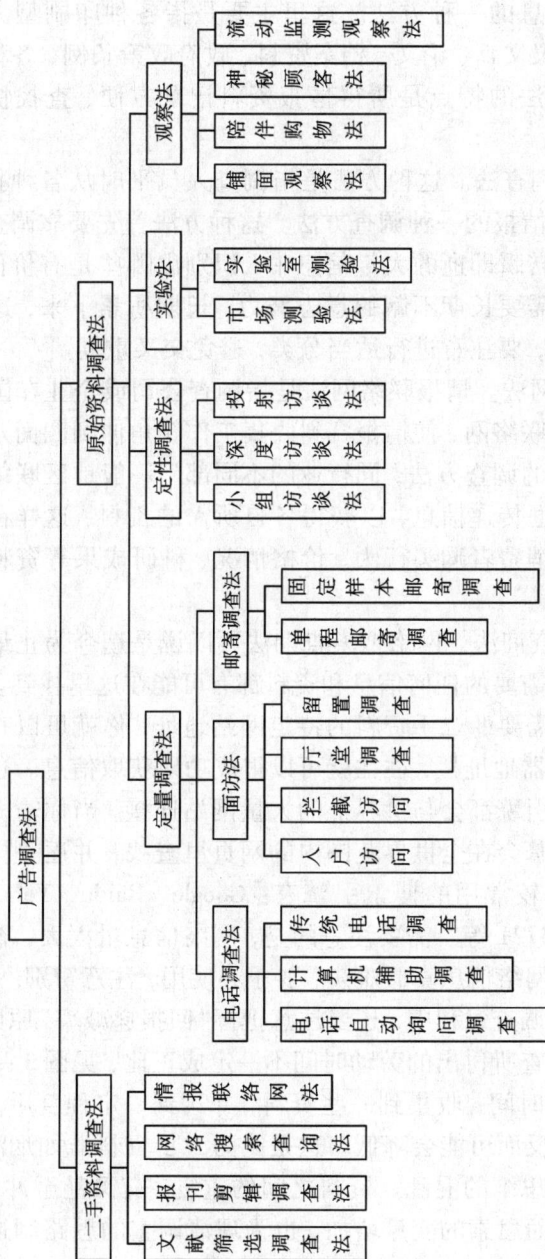

图3-6 广告调查法

```
广告调查法
├─ 原始资料调查法
│   ├─ 观察法
│   │   ├─ 流动监测观察法
│   │   ├─ 神秘顾客法
│   │   ├─ 陪伴购物法
│   │   └─ 铺面观察法
│   ├─ 实验法
│   │   ├─ 实验室测验法
│   │   └─ 市场测验法
│   ├─ 定性调查法
│   │   ├─ 投射访谈法
│   │   ├─ 深度访谈法
│   │   └─ 小组访谈法
│   └─ 定量调查法
│       ├─ 邮寄调查法
│       │   ├─ 固定样本邮寄调查
│       │   └─ 单程邮寄调查
│       ├─ 面访法
│       │   ├─ 留置调查
│       │   ├─ 厅堂调查
│       │   ├─ 拦截访问
│       │   └─ 入户访问
│       └─ 电话调查法
│           ├─ 传统电话调查
│           ├─ 计算机辅助调查
│           └─ 电话自动询问调查
└─ 二手资料调查法
    ├─ 情报联络网法
    ├─ 网络搜索查询法
    ├─ 报刊剪辑调查法
    └─ 文献筛选调查法
```

（1）文献筛选调查法。文献筛选调查法是指从各类文献资料中筛选出来与调查内容相关信息的一种方法。这里主要是指各种印刷型文献，包括图书、科研报告、会议文献、论文、档案资料、政府政策条例、各种内部资料及地方志等。这种方法的特点是所得情报资料记录方便、查找快捷、费用低廉、可信度高。

（2）报刊剪辑调查法。这种方法是指调查人员平时从各种报刊上，分析和收集有用信息和情报的一种调查方法。这种方法首先要靠调查人员敏锐的市场嗅觉，能够在转瞬即逝的大量信息中，识别出哪些是有价值的，可以为之所用。其次，还需要长期不懈的意志努力，长期积累下来，这将是一笔宝贵的资料库。第三，要注意进行适当分类，避免交叉重复。

（3）情报联络网法。情报联络网法是指调查公司或企业在国内外市场业务范围内设立情报联络网，使情报资料收集工作触角伸到四面八方的一种方法。这是一种有效的调查方法，同行业的不同部门一般地区联络起来是很方便的，定期互相沟通传递信息，以获得各自所需的资料，这样在联络网内有关市场供求趋势、消费者购买行为、价格情况、科研成果等资料信息等都可以及时得到。

（4）网络搜索查询法。网络搜索查询法可以说是迄今为止最为方便快捷的调研方法。你所需要的任何信息和资料都有可能在这里找到。在网上查询时，只要你有了所需要的二手资料的特定网站地址，你就可以直接将你要查询的要求输入浏览器地址栏，往往就可以很成功地获取信息。也可以利用搜索引擎，每个搜索引擎都会与世界上的大量网站连接，当你输入你想要的信息要求时，搜索引擎会在全世界范围内的网页里查找，并逐一排列符合你要求的信息。现在比较常用的搜索引擎有：Google、Baidu、Yahoo、Msn、Go、QQ、新浪、搜狐、3721 等。需要注意的是，网络信息量太大，查找信息不得法容易耗费时间；网络信息真假难辨，要小心使用，注意辨别。

在二手资料的调查过程中，还要注意把握"回报递减率"原则，即信息资料收集的数量与调查所付出的劳动时间不一定成正比，见图 3 – 7。

当耗费了一定时间，收集到一些资料，并达到一定程度后，继续调查效果不一定会更好，反而可能会降低。这是因为二手资料浩如烟海，信息量的增加必然容易引起思维的混乱。资料之间的重复、交叉甚至冲突、矛盾，这样效率就会降低，而思索的变量增加，也为理清调查的思路制造了障碍。因此需要：

（1）加强计划性，设定调查时间和进度，确保定期完成任务；

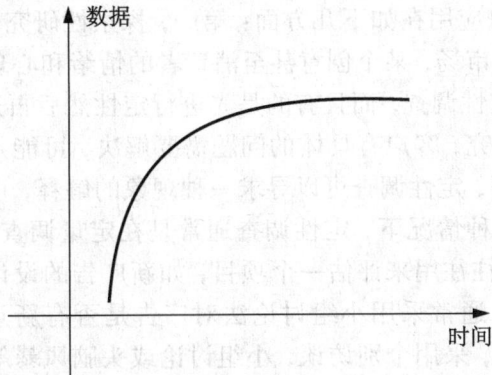

图 3 － 7　回报递减率

（2）始终保持清醒的头脑和清晰的思路，收集资料不盲目；

（3）逐步缩小范围，从一般到具体，调查时先去查找粗略信息，然后逐步细化，避免调查时出现以偏概全，喧宾夺主的现象发生；

（4）注意及时分类整理。

二、原始资料调查法

原始资料，也称第一手资料，是由调查人员自己对市场信息进行收集整理、分析的结果。相对于二手资料，原始资料调查成本较高，时间较长，但由于其具有较强的即时性、针对性、实用性和机密性的特点，因此备受市场青睐，从而被更多加以利用。原始资料调查方法有很多，主要有：定性调查法、定量调查法、观察法、实验法，等等。

（1）定性调查方法。定性调查是相对于定量调查而言的。定量调查是利用程序化和标准化的技术方法，对所调查收集到的资料进行量化分析和处理的过程，它是基于问题的数量研究。而定性调查的资料收集和分析说明是通过对人们的言谈举止的观察和了解，从而得出对其态度和行为的理解与看法的过程，由于其更多地是探索人需求的深层次心理原因，因而是基于问题的性质研究。一般来说，定量与定性调查的区别在于，定量调查关注的是测量和描述，常使用数理统计分析技术，如各种抽样方法、测量方法、统计检验方法等，因而显得更精确、精细和客观；而定性调查侧重在解释和理解，它使用的是开放式的访谈技术、逻辑推理、历史比较等分析方法，具有较高的概括性和较浓的思辨色彩。

定性调查可以应用在如下几方面：第一，探索性研究，当广告调查需要对某个地区、某个市场、某个创意甚至消费者的情绪和心理状态进行探索性研究时就会用到定性调查，而且有的是先进行定性然后再进行定量调查；第二，解释和诊断研究，客户有具体的问题需要解决，可能是销量下滑或新产品打不开市场等等，定性调查可以寻求一种现象的解释，可以做出有助于正确决策的解释，这种情况下，定性调查通常是在定量调查之后的一种补充；第三，评价研究，往往用来评估一个项目，如新广告的设计或创意等是否能实现预定的目标。通常采用小组讨论法对广告是否有新意等进行测试；第四，创意开发研究，采用个别访谈，小组讨论或头脑风暴等方式。定性调查可以用于邀请消费者帮助创作新产品的创意或研究新广告的动向。

定性调查的方法主要有：

①小组访谈法是指在一个固定时间里(1~2个小时)，将一组被调查者集中在一起(6~10人为宜)，主持人负责组织讨论，深入了解对产品、服务等的看法。小组访谈主要应用于对消费者的了解和认识上，如了解消费者对某类产品的认识、偏好；获取对新产品概念的印象；研究广告创意、测试脚本等，小组访谈法的优势有："滚雪球效应"，即一个人的发言会引起其他人的连锁反应，从而更容易激发灵感，产生新的想法；对数据收集过程可以进行监视，客户可以利用单向镜或隐蔽的摄像设备，在隔壁的观察室直接观察访谈情况；小组访谈速度快，成本低，执行相对简单。小组访谈要注意发挥主持人的作用。主持人是小组访谈的核心，拥有一个出色的主持人是小组访谈成功的关键。主持人应具有三方面技能：第一，具有良好的沟通技巧；第二，掌握与调查内容相关的专业知识。第三，在访谈过程中保持客观、中性的立场，不要把个人意见、个性或偏见带到访谈中来。

②深度访谈法，即在访问过程中，由掌握访问技巧的访问员对受访者进行面对面、一对一的深入访谈，用以揭示受访者对某一问题的潜在动机、信念、态度和情感等。深度访谈主要用于对问题较深入理解的探索性研究，在调查中应用日益广泛，可以较详细深入的了解消费者在广告介入行为及消费行为等方面的态度和想法，如对某种新功能产品的看法，对促销活动能否介入，及多大程度上介入等。深度访谈在关注目的和焦点方面与小组访谈类似，而且还可以实现一些小组访谈所无法实现的目的。受访者可以消除群体压力，更愿意表达真实想法，因此更容易了解到真实可信的信息。如对一些行为与态度间有关的详细信息或私人的敏感心理及问题等。深度访谈需要有一定经验和技巧的访问员来操作。需严格筛选受访对象，事先需拟好访问提

纲，访问时要注意把握询问的方向和问题的焦点等。

③投射法。投射法经常用于了解人们平时难以或者不能表达出来的内心深处的感受。现实中，人们受到心理防御机制的影响而感觉不到的某些感情，调查人员对受试者给出一种特定的并且模糊的情景，由于这种情景很模糊，也没什么真正意义，受试者可以根据自己的偏好做出回答，于是受试者就将自己的情感"投射"到了无规定的刺激上。因为受试者不是直接谈论本人，所以就绕过了防御机制，虽然是谈论他人他事，透露的却是自己内在的感情。因此投射法收集的资料往往更为真实，也更有揭示意义。在广告调查中常用的投射法有：词语联想法、语句完成法、漫画测试法、照片归类法、叙述故事法、角色扮演法、语义差别法等。

（2）定量调查方法。在广告调查中，定量调查方法的使用比较广泛。所谓定量调查，是指利用事先设计好的标准化问卷，按照规范的程序来收集数据，然后对这些数据进行整理分析、描述、解释和预测的方法。我们就主要的调查法做以介绍。

①入户访问。入户访问指访员到被访者的家（或工作地点）中访问的方法。入户访问一般是根据所抽到的样本，逐户进行访问；另外，要求访员严格按照问卷要求，依题目顺序向被访者询问。入户访问是目前我国运用最广泛的调查方法之一，应用到最广泛的商业领域。这种访问可以自由选择样本，容易控制；可以与观察法综合运用，在询问过程中观察受访者表情、姿态等非语言行为，借此来判断回答的真实性；直接接触受访者，有亲切感，容易让人接受，避免有意漏答题目的现象；问卷回收率高，有效率高。当然，入户访问也存在一些不足：入户困难，居民对陌生人入室调查容易抱有敌意，访员经常被拒之门外；费用较高，一对一访问，需要大量人力物力及时间等。

②拦截访问。拦截访问是指在选定的人流较大的户外场所，访问员随机地或有间隔地拦住行人进行问卷调查的访问方式。这种方法常配合各种促销活动、展览展示、现场推广等进行，现场营造气氛，容易掀起参与热情，找到有价值的访问目标。拦截访问应注意：在问卷设计上要尽量简短；在访问过程中要根据体貌特征等寻找合适人选；在访问质量上要加强对访员的现场监控。拦截调查同入户调查相比费用较低，实施起来较为快捷方便，访员也便于管理；但也存在着不足，如调查访问的样本质量不高，拒访率高，环境不好等。

③厅堂调查，又叫中心地点调查，简称 CLT。这种调查综合了入户访问

与街头拦截访问的优点，又规避了二者的不足，因而容易被采用。其主要方式是访问员邀请合格的行人（或电话预约被访者）到固定场所接受访问。场所多在人流量大的繁华地带选择安静、宽敞的大厅，准备好测试中所需的设备与物品，经常做的调查有：口味测试、产品设计测试、包装测试、广告测试等。这种调查方式易于操作，便于控制，质量较高，但合适的厅堂很难选择，且费用（租金等）较高。

④留置调查是调查员将测试产品及问卷留置给被访者，由被访者试用产品后填写问卷，调查员在一段时期后取回填好的问卷。这种调查方法经常用于新产品上市前的测试等。

⑤电话调查，即访问员通过电话向被访者进行访问的调查方法。传统的电话调查就是由访员拨通电话后根据问卷访问被访者。现在多用计算机辅助式电话调查（Computer Assisted Telephone Interview）简称 CATV。CATV 将传统电话调查中的拨号、问卷显示、跳答、数据审核、数据存储等步骤全部计算机化。调查员坐在终端，头戴耳机，依照屏幕出现的问卷顺序提问，并利用键盘直接将被访者答案输入计算机。由于 CATV 将许多工作交由计算机完成，极大简化了访员的工作负荷，利于访员集中精力理解问卷与精确访问，提高了效率，也提高了质量，且便于控制管理。

⑥邮寄问卷调查，将调查的问卷及相关资料寄给被访者，由被访者根据要求填写问卷并寄回的调查方法。邮寄调查法是由于被调查人群地理分布过于分散，或者其他方法难以执行的时候采用的方法，该方法适用于企业调查、特殊人物调查，如经济界、政治界、新闻界、娱乐界等特殊项目调查（如专题、热点事件）及各大媒介的传播效果调查等。这种方法调查成本低，调查目标准确，调查时间充足，但由于没有调查员的督导，问卷的回收率低，信度与效度也受影响，可以考虑利用回报适当奖品之类的办法加以吸引，提高被调查人员参与积极性。

⑦消费者固定样组调查。固定样组调查是一种最基本的调查方式，选取一组具有代表性的样本，如个人、家庭、组织等连续和定期地记录他们的活动或意见。根据调查目的，可连续一周、一年或更长时间，调查方式可采用电话访问、邮寄问卷或入户访问等，主要用于对市场或媒体数量化的指标进行总体测算，更多用于对行为而不是对态度的研究。这种调查法又称为日记调查法或家庭调查法，它是调查人员对所选定的固定样本，发放登记表，由被访者逐日逐项记录，并由访员定期回收、整理、汇总，以迅速准确地获取所需资料的一种调查方法，这种方法的特点是：样本固定，且样本量大；样

本具有连续性，可进行纵向研究。这是唯一一种能够提供消费者消费模式和消费行为变化的测试工具，它记录下来的是消费者实际发生的消费行为，而不是回忆，而且它覆盖了消费者能够触及的所有渠道，最能及时地反映渠道的变化。它被广泛运用于新产品渗透测试分析、媒介传播效果分析、广告、促销与购买量的关系分析、品牌市场地位分析、消费者背景及消费行为分析、消费者流失及消费量得失、品牌转换分析、轻/中/重度消费者购买率及购买量分析等。

⑧网络调查。网络调查是通过互联网平台发布问卷，在网上由消费者自行填答的调查方法。由于互联网的日益普及，这种调查方法的运用也逐渐广泛，因此这种方法发展很快。除正式的网络调查外（即问卷链接及传输软件），还可以采用 E-mail 、BBS 聊天室等多种手段。网络调查的特点是调查成本低、填答时间充足，可以互动，应用范围广泛，不受时间地点限制等，但由于样本代表性差，回收的问卷良莠不齐，质量很难控制。

（3）观察调查法。观察调查法，是指在销售现场通过调查员（或利用摄录设备）直接观察、记录被调查者的情况，以取得市场信息资料的调查方法。这种方法获得的数据直观、可靠，操作起来简便易行，而且，由于观察法往往是在被观察者并不知情的情况下进行的，也可以降低由于心理压力而产生的结果偏差，因此能够更真实地记录被观察者的自然状态，可以更精确地获得市场信息。因此很多调查人员喜欢用此种方法来验证和评判其他调查方法所得到的结果。观察法的应用非常广泛，如消费者特征研究、商店的客流量调查、商品陈列、橱窗布置、物品摆放、售货员的态度和行为方式、产品品牌、包装、造型对消费者购买行为的影响等，但需要注意的是由于观察法无法观察到内在的动机及行为原因，因此在广告调查中，观察法经常配合其他方法一并使用。这里介绍常见的几种：

①铺面观察主要针对商业店面进行调查研究。即调查员通过对店面中经营的商品种类、品牌、价格、物品摆放、广告招贴等进行观察并作纪录。根据实际情况既可以隐秘观察也可以告知观察，既可以人为观察也可以使用摄录设备。

②人员流动监测是由观察者通过对某一特定地域人员流动数量、行为特征等的观察记录，反映该地域的商业价值。此种方法一般为隐秘观察，常用于定位研究，也可使用微型摄录设备等。

③神秘顾客法是一种隐秘观察法，用来检验商业服务或销售情况，也是顾客满意度测量的一个重要依据，因而被广泛使用。神秘顾客法结合了观察

和访问两种方法。观察员以顾客的身份造访商场、超市、餐厅、营业厅、维修服务站等零售终端,检查服务态度、服务质量、促销执行情况等,使用这种方法时,观察通常伴随着询问,由于服务员或售货员并不知情,所以有不合操作规范的行为,就会被管理者知晓。神秘顾客法对于改进服务质量,提高服务效果起到非常重要的作用。

④陪伴购物法是观察员以顾客的身份,以一种"无意"的方式陪伴被观察者购物过程的调查方法,这种方法询问与观察相结合,可以真实准确地记录被观察者购物的全过程,了解其深层次购物动机,掌握其购买原因及购买习惯,并与竞争对手形成更明确的比较。这种方法要注意"伪装",掌握好尺度,不要过于热情,以免被观察者识破。

(4)实验法。实验法可分为实验室测验和市场测验两种,通常用于广告运动展开前的探究消费者对产品口味或包装、产品价格、广告主题或广告文案等反映程度的了解。在媒介效果测量方面的应用也较普遍。

进行实验室测验,通常邀请广告目标受众的一部分代表进入实验室,在特定环境下,通过提问、讨论或借助相关仪器,探测受试者的反应。实验室测验对研究心理层面的潜在效果很有帮助。从实验室手段上看,除借助相关仪器测试之外,还可配合深度访谈法和小组访谈法进行。实验室测验可控性较强,可排除其他因素干扰而得出单纯的在某个实验变量上的差异,但通过实验获得的结果往往与最终投放市场后得到的结果有较大差异。

市场测验是一种在真实市场上进行测试的方法,其操作要注意两点:

①找出哪些变量是原因变量,哪些是结果变量。原因变量和结果变量也分别被称为自变量和因变量。

②找到自变量和因变量之间有哪些特征上的联系,并确认这种因果关系。如:想了解不同的广告表现对产品销量的影响,在这个项目中,广告表现就成了自变量,而产品销量就成了因变量。调查者可选取城市规模、居民购买力、居民消费模式基本信息相似的几个城市,分别进行不同的广告表现宣传,然后对该几个城市销量进行监测,并对这些销售数据进行对比分析,从而确定哪个广告表现会有更好的效果。

由于实验法费用高、时间长、操作难,以前在广告调查中应用不多,但作为探索因果性关系调查的唯一方法,此种方法在一些领域还是无可替代的,因此后来许多专业调查公司相继采用了这种方法,并有所创新。

(5)广告媒介调查法。在诸多广告项目调查中,媒介调查无疑是比较重要,也是比较难以把握的一种。一方面媒介在广告运作中的特殊地位,造成客户纷纷要求抢占媒介制高点，媒介资源越发紧俏，媒介费用居高不下，客户在媒介上投入的巨额广告费用，必然要有一个合理的解释；另一方面，媒介受众层次很难精确界定，媒介刊播效果也很难精准测算（如电视等），有关广告传播效果的各种数据也就很难产生说服力。因此，媒介调查成为广告调查中的一个难题，始终困扰着广告调查研究人员。

对媒介调查的研究一直没有停止过，目前如尼尔森公司、央视索福瑞公司等专业媒介调研公司，已经有一套比较成熟的媒介调查方法，这里整理出一些，如：个人收视器记录法、IVR 电话自动询问系统、被动式记录器法、无源技术等，虽然这些方法也可以划归到前述各种方法之中，但由于媒介调查的特殊意义，这里还是抽取出来单独阐述：

①个人收视记录器。个人收视记录器作为一种电视观众测量系统首先被一些西欧国家采用，由于其能够比较准确地自动记录收视情况，现已成为国际上专业媒介调研公司普遍采用的一种调研手段。它需事先在样本户家庭中的电视机上安装好一种装置——计量表，并配有一个手持遥控器，遥控器为每个家庭成员设置专用按钮，并专门为客人留下空白按钮，在电视机打开时，就按下自己的按钮，离开时关上。每天晚间媒介监测公司的计算机会自动接通每个固定样本家庭的电话，并读取数据：电视机是开还是关；调到哪个频道；收看电视的人有没有注册为观众等。原则上这种方法的数据按秒收集，但多数个人收视器系统测量观众的标准时间单位是分钟，以秒计算的数据来自于按分钟记录后通过算术平均程序的转换。这些数据可以通过分析软件进行处理。这种方法操作简便易行，对电视媒介受众的一些常规测量指标，如收视率、总视听率、频道接触率和观众占有率等都可以得到。特别是其以分钟甚至秒为单位准确记录个人收视情况，即时性和开机率的准确记录是其最大优点，这一方法也有局限：即必须依赖样本户认真配合才能完成，成本高，更换样本户不易。个人收视记录器法是目前媒介调研公司普遍采用的方法，在中国，AC 尼尔森公司和央视索福瑞公司都采用了这种方法。

②IVR 电话自动询问系统是通过电话了解被调查者媒介接触情况。这种系统利用内置声音回答技术（IVR）简化了电话访谈调查，被称为全自动电话访谈，此种技术的出现使得大规模连续定期电话跟踪调查成为可能。这种技术利用专业访员的声音代替访员逐字逐句念出问题和答案，被访者可以通过按键回答，这种办法通常用于各种同步调查和事后调查。该方法在收视率调查中应用广泛，尤其针对专门的节目和特定广告调查非常有效，能够最大限度地了解收视情况及对相关节目、广告、产品等的认知记忆及感受，将媒介

消费与产品消费资料结合起来，且成本较低，快捷方便。这种方法的局限：一是要依赖电话的普及率；二是要说服受访者接受调查，并克服其厌倦情绪；三是事后调查难免出现回忆误差。

③被动式记录器法在各样本户安装收视记录器，先将样本户中个人容貌扫描到记录器中记忆，电视打开，记录器自动打开跟踪并能自动辨认家庭成员。这种方法克服了个人收视记录器在人工配合上遇到的问题，一切记录自动完成，进一步提高收视调查的准确率，但这种方法成本较高，同时也受到用户隐私困扰，目前还没有大规模使用。

④无源技术是一种可以接收并辨别电视频道或电台扩音器音频的技术。配备微型装置(类似手表)。媒体监测公司将媒介发送的信号以音频识别码存储，被调查者只要戴上它就可以了解到其视听情况。这种方法简单快捷，还有另一项重大吸引力，即对调查对象的要求很少，"只要戴上手表就可以了"，被调查对象的服从也就不再是个难题。有人预测，如果该技术成熟之后，将有可能取代个人收视记录器等工具，成为测量视听效果的"唯一来源"。①

由于不断出现的新技术和新设备，使媒介调查方法不断推陈出新，媒介调查数据越来越精准详细，媒介调查结果越来越科学合理。相信在不久，媒介调查将不再是个难题。总之，广告调查有着科学规范的程序和灵活有效的方法，而且随着市场的变化发展，广告调查的方法也仍然在不断地加以丰富和调整。广告调查在操作上是比较专业和复杂的，要熟练把握和运用还有待以后更专业的学习。

案例分析

下面给出四项调查研究，分别是广告评估调查研究、产品开发调查研究、营销推广调查研究和品牌架构调查研究，②由于各项调查目的和内容的不同决定了其采用的方式方法各不相同，仔细阅读案例之后请回答：

① 每项调查要解决的主要问题是什么？取得的成果是否解决了它的问题？
② 每项调查都采用了哪些调查方法？其中哪些是定性法，哪些是定量法？

---

① （英）Robin John 主编.《市场调研技术手册》第 285 页，人民邮电出版社，2005 年 11 月第一版。
② 案例选自于话梅信息网(hua mei information)，有删节。源文档 http：// www. allmyinfo. com/ yanjiu/ guanggao. asp，源文档 http：// www. allmyinfo. com/ yanjiu/ chanpin. asp 源文档 http：// www. allmyinfo. com/ yanjiu/ yxtg. asp 源文档 http：// www. allmyinfo. com/ yanjiu/ pinpai. asp

③ 各项调查中最主要的调查方法是什么？它在该项调查中起什么作用？

④ 在各项调查中是否有不合适的调查方案？你认为应当怎样完善？谈谈你的理由。

案例1 某知名乳业广告预评估调查

一、研究背景：某知名乳业公司拟推出新版酸奶广告及包装，同时为配合在北京和天津地区大规模推广酸奶产品，将推出全新的酸奶广告形象及包装形象。该公司委托了2家广告公司针对其酸奶设计了多系列的广告，为了从中遴选出最有价值的广告，该公司委托零点公司展开科学的调查，以量化的统计分析数据，为各广告片给出公证客观的评价，为最终遴选广告片提供参考依据。由于还处于广告片故事脚本的比稿阶段，整个研究尚不能在模拟现实环境（将测试广告插播在现实广告中）的条件下，了解广告片对消费者注意力吸引能力。本阶段的研究注重故事脚本的吸引力测试，故事脚本对该品牌提升的影响力测试，及故事脚本对消费者未来购买的说服力测试。

二、研究方法：本次研究采用 CLT 定量测试的方法进行，中心定点拦截访问适用于城镇等人口较为密集的地区。在人流较大的地方设置抽样点，能够在较短时间内接触大量受访者，特别适合于在较短时间内完成大样本访问或对较高收入、拥有特定产品或经历的小群体的遴选访问。

三、研究成果：将广告三作为推荐采用的广告脚本，因为：广告三传达力高，能够很好地表现目标产品，而且有较强的说服力，能够有效地影响受访者的购买意愿；广告三有较高的记忆度，在回忆广告三信息时，被访者倾向于回忆起互相关联的事物，从而更容易将酸奶的功能利益和故事情节联系起来；且听觉信息和视觉信息的记忆都是四个脚本中最高的；广告三引起的无关联想不多，而指向目标产品的联想则相对较多；喜欢广告三的群体相对比较大。

案例2 新车型概念及产品测试研究

一、研究背景：某知名汽车公司开发一种小型多功能车，具有轿车的舒适性，较大的载物空间，又比 SUV 省油。初步设了自己目标用户。希望通过汽车诊所研究，主要达到几个目的：

① 测试消费者对这种多功能车接受度比例，用以了解这种车型的市场前景

② 了解这种车型高接受度目标消费群体的需求特征、用途、背景特征等；

③ 了解消费者对于这种车型具体外观造型、性能排量、功能配置、价格等方面的评价和建议，为产品的开发设计提出消费者角度的意见。

二、研究方法：本次调查的重点是概念测试和产品测试，研究方法是汽车诊所，分实车参观前概念测试，参观实车后的概念测试和产品测试。在实际过程中采用座谈会和半结构定量访问的形式，即保证研究的深度，有保证量化的可靠性。

三、研究成果：

① 帮助客户得出了这种车型的接受度，及未来市场规模和预期市值；

② 对未来的产品设计给出档次定位；

③ 针对不同档次车型，给出了目标消费群体，如低端车面向目前微型面包车用户和低收入个体工商户；

④ 对几个拟用车型，给出了设计蓝本。

案例3　某家电品牌整合策略调查研究

一、项目背景：某国内知名的家电企业，主要产品线包括：电视、空调、冰箱、电脑、手机等，面对家电产品消费的品牌选择趋势，寻找品牌突围的机会。调查的主要目的是：① 进行品牌认知诊断和品牌价值评估，明确竞争优劣势；② 分析企业品牌形象与理想品牌核心需求特性的差距，明确品牌塑造的方向；③ 评估各品类品牌链动能力，为企业制订品牌整合策略提供指导性依据。

二、解决方案：研究方法采用焦点座谈会和定量问卷调查，重点关注六大竞争品牌。

焦点座谈会，每城市分家电消费者组和 IT 组。① 深入挖掘该品牌及其竞争对手品牌在消费者中的形象、特点，以及这些感受形成的原因；② 揭示消费者心目中理想的家电品牌、IT 品牌形象，与理想品牌形象的差距；③ 了解消费者对该品牌以往的广告公关宣传、促销活动的评价，探询有影响力的娱乐明星及其与该品牌、理想品牌形象的一致性。

定量问卷调查：① 分析该品牌及其竞争对手消费群体特征；② 了解消费者在各类产品购买行为特点；③ 测定该品牌及竞争者在品牌认知、美誉、形象、忠诚度、品牌价值及链动力方面的表现。

三、给客户的价值：① 评估一年来该企业自身总体品牌竞争力的增长情况；② 该品牌的价值是如何构成的，差距与不足；③ 与竞争对手相比的，该企业需要强化的品牌形象及差异化的品牌形象；④ 该品牌各品类之间的品牌如何进行整合，进行集团形象定位的战略规划；⑤ 品牌的目标群体定位与规划，重点客户群的品牌突破；⑥ 品牌的区域规划，重点地区的品牌方向。通过对企业品牌链动能力的研究，得出清晰的品牌整合策略，指出了企业优势主导产品和未来产品发展的方向。分析了目标品牌价值的优势与不足，为该企业品牌和企业形象建设提供参考依据。

案例4　品牌整合及传播调查研究

一、研究背景：某汽车公司希望通过市场调查，深入了解各系列产品对应的目标消费群体需求，明确汽车企业品牌和各系列产品的品牌定位，理顺品牌架构，从而制订有效的品牌传播策略。

二、研究方法：通过定性和定量研究相结合的方式来进行：小组座谈会为定量问卷调查做基础。小组座谈会研究汽车用户及竞争品牌用户的品牌观念、消费特征、产品评价；定量问卷调查对定性研究的内容进行量化的探询。

三、研究成果：第一、汽车企业及系列产品品牌定位及核心信息研究与设计：通过对各系列产品目标消费用户的深入理解洞察，明确企业品牌的核心价值，以及各系列品牌的不同主张。第二、品牌架构的研究与设计：通过目标消费者对企业、产品及关键零部件品牌的认知和理解，借鉴其他汽车品牌结构关系，结合产品线发展规划，提出品牌关系发展动态规划。第三、品牌整合传播策略框架设计：根据目标消费群体的生活形态及信息行为模式和接受渠道，针对不同系列产品的自身特点及市场发展阶段，制订有针对性的品牌传播策略。

本章小结

广告调查（advertising research），是指伴随着广告运作的全过程而进行的一切调查活动，它贯穿于现代广告运作的始终，是整个广告活动的开端和基础，几乎所有广告运作程序都有相应的广告调查为其服务。广告调查的目的就在于获取与广告活动有关的数据化与非数据化资料并加以分析，从而为开展科学的广告活动提供依据。广告调查的内容包括广告信息、广告产品、广告受众、广告媒体以及广告效果等一系列的广告调查，在这些内容的调查中，不仅可以为广告主的产品或劳务上市获取必要的市场资讯，确立产品定位和市场定位，明确广告目标和广告策略；而且也能够科学地确定广告的信息策略、媒体策略（包括媒体配置、选择与组合），科学预测广告效果，从而成功地开展广告活动。广告调查要顺利地展开，要遵循科学性、客观性、系统性以及社会职业道德等原则的要求，同时要使用科学适宜的广告调查程序和方法。广告调查的基本程序包括调查准备、调查实施和调查分析总结三个阶段，其中调查准备阶段包括界定问题、明确目标，设计调查方案，问卷设计和人员选拔四个步骤；调查分析总结阶段包括资料的整理与分析和撰写调查报告两个环节。广告调查方法可分为二手资料调查法和原始资料调查法两类，其中二手资料调查法有文献筛选法、报刊剪辑法、网络搜集法、情报联络法四种；原始资料调查法包括定量和定性调查法、观察法和实验法四类，定量法中重要的有面访法，包括入户访问、拦截访问、厅堂调查和留置调查等；电话法，包括传统电话调查、计算机辅助调查和 IVR 电话自动询问调查等；邮寄法，包括单程邮寄调查和固定样本邮寄调查；定性法有小组访谈法、深度访谈法和投射法三种；观察法有铺面观察法、陪伴购物法、神秘顾客法、流动监测法；实验法有实验室测验和市场测验两种。

思考和练习

1. 广告调查的主要作用有哪些?

2. 广告调查的内容和原则是什么?

3. 广告调查程序包括哪几个阶段? 每一阶段要完成的主要任务是什么?

4. 广告信息资料的收集调查可通过哪些办法进行? 其中原始资料的调查方法有哪些?

第四章 广告策划

压题图片

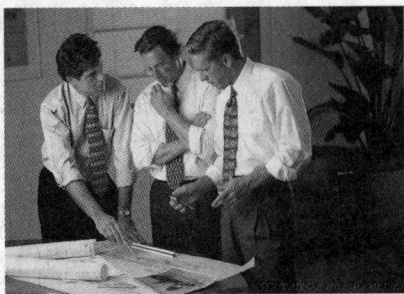

图4-1 撰写广告策划书

学习要求：学习本章，要了解策划的由来，理解广告策划的定义、特点、要素、作用以及原则，掌握广告策划与营销策划的关系，以及整合营销传播策划的内容，学会撰写广告策划书。

关键词：策划；广告策划；营销策划；整合营销传播策划

现代广告活动集谋略与科学程序于一体。在策划意识越来越普及的今天，广告策划也越发凸显出它的重要性。换句话说，广告只有在科学严谨的策划谋略和策划意识指导下，按照现代广告操作的基本程序进行，才能够取得良好的效果，到达理想的境界。

第一节 广告策划与营销策划

一、策划的由来

2007年央视春晚，赵本山、宋丹丹、牛群表演的小品《策划》给人们留下了深刻的印象，同时也让"策划"这个词语越发家喻户晓。作为"智慧和谋略"的代名词，策划应用的范围十分广泛，无论是体育盛会、影视节目、产品包装、形象推广，都有"策划"的踪影。

其实，策划并不是现代社会发明的术语，而是一个很古老的概念。我国古代著名的兵书《孙子》中就有关于策划的论述，比如"未战而庙算者，得算多也"、"凡事预则立,不预则废"等等。可见,古人很早就意识到策划的重要性。从中文的词源看,"策"同"册",最早是古代书写的一种文字载体,古代用竹片或木片纪事著书,成编的叫做"策",以后又发展为应考者参加科举考试的一种文体,逐渐演变为"计策"、"谋略"之意。策划的划,也作"画",就是"计划"、"打算"之意。由此可见,策划是指与计谋相关的一种行为过程和方法系统。

美国哈佛企业管理丛书编委会认为:策划是一种程序,在本质上是一种运用脑力的理性行为,是关于未来的事物,针对未来要发生的事情作出当前的决策;也就是找出事物的因果关系,衡度未来可采取之途径,作为目前决策的依据。简言之,策划是预先决定做什么,何时做,如何做,谁来做。

随着时间的发展,策划开始涉及人类的各个领域。经济发达国家在20世纪50年代就开始出现了以策划为主业的大批的"智囊团"、"思想库"。1950年初,朝鲜战争已经到了一触即发的地步,"美国出兵朝鲜,中国将会怎样"这个问题徘徊在美国人的头脑中。这时欧洲的德林咨询公司向美国政府出卖他们的研究成果,据说只有一句话,要价高达500万美元,相当于当时一部最先进的战斗机的价格。美国政府认为该公司此举无异于发疯,拒绝了这笔交易。几年后,美军在朝鲜战场上一败涂地,有人想起了这家公司,于是花了280万美元买下这一过时的结论,内容只有一句话:中国将出兵朝鲜,但是附有328页的分析资料。美国陆军司令麦克阿瑟后来不无感慨地说:"我们最大的失误是——舍得几百亿美元和数十万美国军人的生命,却吝啬一架战斗机的代价。"那家咨询公司由此名声大震,名扬四海。从这个故事不难看出,预测是策划的重要步骤。另一个步骤则是决策。决策是在预测的基础上,对组织的应对方针和行动措施进行大胆的抉择。只有预测,不见行动,不是完整意义的策划;没有预测,就去行动,往往导致策划的失败。因此,从某种意义上说,任何策划都是"大胆设想,小心求证"的过程。

从策划的内容来看,一个完整的策划进本上都包括了战略策划和技术策划两大内容。战略策划是统筹综合资源环境,确定长远目标和方针,审时度势,保持一种良性循环,技术策划则是为了实现战略所必须采取的一系列行之有效的行动方案,具有很强的操作性。

二、什么是广告策划

广告策划这一概念,诞生于20世纪60年代,由英国伦敦波利特广告公司创始人斯坦利·波利特首次提出,随后逐步得到了广告界的认同,在世界各地掀起了一股广告策划的风潮。

广告策划，是在广告活动开始的最初阶段就要进行的，必要时会贯穿于整个广告活动的始终。广告策划对于提出广告决策、实施广告决策、检验广告决策的全过程作预先的考虑与设想。

广告策划可以分为两种：一种是单独性的，即为一个或几个单一性的广告活动进行策划，可称为单项广告活动策划；另一种是系统性的，即为企业在某一时期的总体广告活动进行策划，可称为总体广告活动策划。不论是单项的，还是总体的，广告策划一般来说，总是一项综合性的工程，它所涉及的任务是多方面的。

一个完整的广告策划，基本上都包括策划者、策划对象、策划依据、策划方案和策划效果评估五大要素。

1. 策划者

策划者即广告作者，在广告策划过程中起着"智囊"的作用。因此，这就要求广告策划者必须具备渊博的知识，敏捷的思维，丰富的想象力，并且了解市场，熟悉营销，具有一定的创新精神。策划者的素质直接关系到广告策划成果的质量水平。因此，从事广告策划行业的人应该随时更新自身的知识储备，保持敏锐的洞察力，紧跟时代的步伐。

2. 策划依据

策划依据是指策划者必须拥有的信息和知识，策划依据一般包括两大部分：其一是策划者的知识结构和信息储存量；其二是有关策划对象的专业信息，比如行业现状、产品特性、企业状况、广告投入等等，这些都是进行策划活动的重要依据。广告教父大卫·奥格威当年在接手劳斯莱斯汽车的广告业务时，花了三个星期阅读该汽车的资料，最终看到"在时速60公里的车上，最大的声音来自电子钟"这句话，并把它作为了广告文案的标题。这则广告只登在两家报纸和杂志上，花费不过25000美元，却迫使福特公司在随后的一年推出数百万美元的广告活动，只为了声称他们生产的车比劳斯莱斯更安静。可见策划依据对于广告活动的成功有着多么重要的帮助。

3. 策划对象

策划对象是指广告主或所要宣传的商品或服务。策划对象不同，广告策划的类型也不一样。比如，以广告主为对象的广告策划，属于企业形象广告策划，而以某一商品或服务为对象的广告策划，则为商品销售广告策划。

4. 策划方案

策划方案是策划者为实现策划目标，针对策划对象而设计创意的一套策略、方法和步骤。策划方案要具有指导性、创造性、可行性、操作性和针对性。严谨的策划方案是成功策划的必备条件。

5. 策划效果评估

策划效果评估是对实施策划方案可能产生的效果进行预先的判断和评估，据此可以评判广告策划活动的成功与失败。随着时代的发展，广告主越来越重视广告效果的评估，因此这一要素的地位也在不断上升。

广告策划这五个要素相互影响、相互制约，构成一个完整、系统的有机体系。

三、广告策划与营销策划的关系

营销策划是企业为了适应和满足消费者的需求，对本企业产品的开发、定价、促销以及送达消费者手中，再将消费者的意见、建议反馈回企业等一系列活动进行的运筹谋划。广告是实现营销目标的重要手段，进行广告策划首先必须了解营销策划，厘清二者之间的关系。

1. 广告策划与营销策划的区别

营销策划的目的在于挖掘企业产品的发展潜力，或寻找企业的最佳产品组合，以达成市场开发，并最终获取绩效。而广告策划在市场学里是市场促销的一种手段和策略；广告策划为市场提出信息，是市场的神经和纽带，使市场充满生机；并可作为市场的窗口，反映市场的面貌。

广告策划基本上被营销策划所涵盖，但广告策划的范畴小，仅仅是传播销售信息或者说服性的信息，用来影响消费者的心态或行为。广告策划在整个营销过程中扮演着传播沟通的角色，主要通过与消费者的对话推销产品或劳务。而营销策划的范畴大，要重点从企业产品的市场实现着手，来解决企业营销中的战略问题。

2. 广告策划在营销中的作用

（1）广告策划创造性地表现营销策略。广告策划紧密围绕企业的产品，在产品日益饱和的今天，广告策划要为产品寻找差异并精确定位。围绕这一核心，规定产品的包装、价格、渠道、促销等，使之达到最佳组合，这就构成了通常所说的营销策略。

营销策略涵盖着把产品提供给消费者时所做的种种努力。其中包括：目标市场问题、定位问题、产品问题、价格问题、分销网点问题、销售队伍问题、服务问题、广告问题、促销问题、研究与开发问题、市场调研问题等。这些努力可能给消费者留不下什么印象，但是，广告策划往往能创造性地表现营销策略。

（2）广告策划形象地传播营销意图。一切营销活动都有其明确的意图：让消费者感受到产品所能提供的利益，进而产生购买欲望。但营销者的努力往往基于自身角度，与消费者对产品的认知不一定吻合，经常会有这种情况：营销者认为过时的东西，消费者却趋之若鹜；营销者认为是滥俗的，消费者却认为是艺术的。消费者不可能站在营销者的角度探寻产品深层次的内涵或发掘产品的定位。相反，作为营销者则必须深入了解消费者，通过符合消费者认知习惯的传播方式，主动将信息送至消费者身边，而广告策划恰好能满足这种需要。

（3）广告策划能有效支持营销目标的实现。广告策划并非总能如广告主所愿，达到增加销售的目的，比较现实的是它能强化现存的信息，加深消费者对产品的印象。可以肯定的是，对于营销目标的实现，好的广告策划一定能提供有效的支持，这些支持往往体现在这些方面：

①好的广告策划能向消费者提供"附加价值"，使"产品"成为"品牌"。附加价值有很多种，如阐释产品性能所具有的消费者利益，或赋予它一种个性等。附加值的创造是一种缓慢的工作。因为一个品牌比一个产品更值钱，品牌可以使一些公司的价值超过其固定资产价值。广告不能创造品牌价值的全部，但它确实是一个主要的部分。

②在消费者从所有商品中选购时，广告能让他们记起某个品牌，这是一个基础性的工作。一个阶段的广告之后，会创造出更高的销售额。

③通过在零售商处建立起品牌的销售信誉，广告常常能帮助推销员在竞争激烈的零售商环境中做好分销工作，并在展示、货架陈列等方面获得支持。

④广告能激励制造商自己的员工，例如广告可为员工或其他与公众联系的员工设定工作形象或标准。

第二节　广告策划的主要内容

一、广告策划的内容

1. 广告市场调查

广告市场调查是广告策划的第一步，主要是以商品营销活动为中心展开的，围绕着市场供求关系来进行的。市场调查的主要内容包括广告环境调查、广告客户企业经营情况调查、产品情况调查、市场竞争性调查以及消费者调查，广告市场调查的目的是为了获得第一手的信息资料，以便于了解把握市场动态，研究消费者的需求方向和心理嗜好，明确广告主及其产品在人们心目中的实际地位和形象。

2. 市场认识与细分

广告与市场的关系十分密切，现代广告需要市场为其提供充分发挥作用的天地，而市场也需要运用广告去开拓和发展。因此，对市场的认识和细分也是广告策划的重要内容。通过市场细分，可以保住主要目标市场，拓展周边市场，抢占空白市场，避开竞争激烈的市场，使每一分广告费都得到最大程度的使用。

3. 产品认识与定位

随着商业社会的发展，产品的种类越来越丰富，市场竞争也越来越激烈，对产品的认识和定位就成为广告策划的一个重要课题，所谓产品定位就是为广告产品在人们心目中确立一个独一无二的地位，从而与其他商品区别开来。

4. 广告战略策划

广告战略策划是指对广告活动进行全局性指导的思想和运筹谋划，它通过广告活动促进企业目标的实现，具有全局性、长远性、抗衡性和指导性的特点。广告战略不着眼于局部的、单项的广告活动和短期的广告行为，其作用是将广告目标的要求演化到一系列可以具体运用的方法中去。

5. 广告媒体策划

广告媒体策划也是广告策划的重要内容，对广告宣传的得失成败有重要影响。选择广告媒体要充分考虑媒体的性质、特点、地位、作用、媒体的传播数量和质量、受众对媒体的态度、媒体的传播对象以及购买媒体的费用等因素，在根据广告目标、广告对象、广告预算等做综合考量，选取合适的媒体加以运用。

6. 广告推进程序策划

广告推进程序策划主要包括后期的广告表现和广告的实施与发布。它们是广告最终影响消费者、产生实效的关键所在，也是广告策略的具体运用。广告实施主要包括广告市场策略、广告促销策略和广告心理策略。广告发布主要包括发布时机策略和发布频率策略。

7. 广告效果评估

广告效果评估是广告策划的最后环节，也是广告主最关心的部分。在广告界一直流传这样一句话，"我知道，我的广告费中有一半是浪费掉的……问题是我不知道是哪一半。"由此可见广告主对广告费用的关切程度，而广告效果评估就是为解决广告主心中的疑问而来的。除此之外，通过评估可以判定广告活动的传播效果，为下次广告策划提供参考依据。

二、广告策划的原则

1. 真实性原则

作为一种劝说消费者实行购买行为的宣传活动，广告必须具备真实性和客观性。只有真实、客观，才能赢得消费者的信任，达到最终的促销目的，才会因广告活动而长久获利。反之，如果广告违背真实性的原则，不仅会给消费者造成损失和痛苦，而且会损害企业的产品形象，企业为此要受到法律的制裁和道义上的指责。1995 年开始施行的《中华人民共和国广告法》中规定："广告应当真实、合法，符合社会主义精神文明建设的要求。""广告不得含有虚假的内容，不得欺骗和误导消费者。"真实是广告的生命，自然也是广告策划的首要原则，策划的内容必须以事实为基础，是对客观实际的准确把握和真实反映。

治疗近视一直是中国家长十分关心的话题，当由前央视著名主持人代言的一种治疗近视的产品"眼保姆"广告出现在广大消费者面前时，立即引起了广泛的影响。这则广告宣称"眼保姆"已经有 12 年历史，"上市前经过大量临床，有效率达 91%"。坚持使用，"轻度近视（300 度以下）2 至 4 个疗程可以恢复正常；中度近视 4 至 6 个疗程可以提高视力，部分可摘掉眼镜；高度近视 5 到 6 个月可以达到理想状态"……

针对"眼保姆"的一些宣传，北京协和医院眼科主攻眼部近视手术的李莹教授指出，"眼保姆"宣传材料里引用媒体报道称，眼部激光手术被英国叫停，失败率达 1/10，以此显示其"科学安全"，这样的说法不妥。一种手术要用于临床，失败率必须在千分之几才可能。而且，眼部激光手术现在已经再次得以应用。对于"眼保姆"宣称自己的有效率达 91%，人民医院眼科中心负责儿童眼科的牛兰俊教授指出，一种治疗方法要发表在权威的专业杂志上才有可信度，而他看了这么多专业材料，也翻阅了最权威的美国《眼科临床指南》，从来没有听说过"眼保姆"这样的治疗方法。对于广告宣称的几个月减少近视度数，两位专家一致表示"不可能"。

2006 年 10 月 23 日，北京市工商局在网站上公布的今年第三季度广告监测报告显示，由著名主持人文清代言，治疗近视的医疗器械"眼保姆"，在广告中含有大量不科学地表示功效的断言和保证，同时还声称"产品销售现场场面壮观、多家护眼中心产品断货"等，违反了《广告法》、《医疗器械广告审查标准》的规定，涉嫌严重欺骗和误导消费者。

一般来说，判定一则广告是否虚假，主要是看它是否有实现不了的承诺，以及片面告知承诺，掩盖不可能实现的实质，是否给消费者留下错误印象，进而产生误导。违背真实性原则的广告策划，一般体现在以下几个方面：

(1)把劣质产品说成是优质产品，吸引消费者购买。

(2)隐瞒产品的缺陷，甚至隐瞒对人体有害的问题。

(3)进行不能兑现或根本不准备兑现的承诺。

(4)有意夸大产品的优点或用途。

了解了虚假广告的表现形式，有助于保证广告策划的顺利进行，在具体实施策划的过程中，不至于违背真实性原则。

2. 信息量原则

现代广告策划虽然是一种创造性的思维活动，但是归根结底，这种思维活动必须建立在信息的广泛收集与科学的处理基础上。信息作为现代社会一种不可或缺的"资源"，它是广告决策的前提，也是广告策划的依据。离开信息，广告策划就会处于一种封闭的状态，寸步难行。广告策划的信息量原则，具体体现在这样几个方面：

(1)收集相关信息。好的广告策划是建立在掌握充分的信息的基础上的，这些信息包括环境信息、市场信息、消费群体信息、竞争对手信息。除了外界的信息，还要东西企业内部的各种信息，做到知己知彼，百战不殆。

(2)选择恰当的信息通道。信息通道是指广告信息所依附的传播媒体。广告的传播媒体形式多样，类型复杂，每一种媒体在传递信息是都各有所长。比如报刊广告，图文并茂，影响持久，可以加深信息传递的深度和广度，但是不够生动、直观，而且对读者文化程度要求比较高。电视广告形象逼真，雅俗共赏，但转瞬即逝，难以持久。因此广告策划者必须充分掌握广告媒体的特点，选择合适的通道来传递信息。

(3)确保信息流向。广告信息的受众因年龄、职业、性别、生活习惯等方面的差异，呈现出地域性、层次性、对象性等特点。因此，在广告策划时，必须考虑不同消费者的特点，保证信息能够到达目标消费者。

3. 针对性原则

今天的时代是一个众口难调的时代，试图满足每一个人的喜好几乎是不可能完成的任务，因此，针对性原则成为保证广告策划具有个性特色的一个重要原则。大卫·奥格威认为："在今天的商场中，一个四不像的品牌很难立足，就好像太监无法当皇帝一样。"这句话一针见血地说明了广告策划贯彻针对性原则的必要性。而纵观今天的市场，许多产品的广告诉求对象面面俱到，无论男女老少，都是产品的目标消费者。想讨好每一个人，往往是谁都不能满意。在具体的实践过程中，这是值得警惕的情况。

4. 心理原则

1898 年，美国学者 E·S·路易斯提出了一个著名的理念，该理念认为广告要想取得良好的效果，就必须引起公众注意（attention）——引导公众产生兴趣（interest）——激发公众产生消费欲望（desire）——促成公众产生相应的消费行为（action），该法则通常缩写为 AIDA。后来又有人对此法则进行补充，增加了增强记忆（memory）、产生信任（conviction）、感到满意（satisfaction）等内容，这些都是从心理学角度构建的广告运作模式。

广告策划的心理原则体现在以下两个方面。

（1）搭配好广告信息的事实部分和心理部分。广告信息的事实部分，是要满足人们对商品实用价值的认识；心理部分，意在诱导人们顺利完成由引起注意到导致购买的心理活动过程。根据不同的情况，搭配好这两个部分。当产品刚进入市场时，消费者对新产品不甚了解的情况下，广告信息主要以事实告知为主；当产品进入成长期和成熟期时，竞争对手林立，这时广告信息就应侧重于心理部分，刺激人们的购买需求，引导人们认牌选购。

（2）满足消费者的心理需求。进行广告策划，不仅应该诱导人们一般的心理活动的完成，还要掌握人们购物时特殊的心理因素，适应并满足其心理需求，绝不可伤害其情感。否则，即使某商品真正符合人们的实际需求，人们也不会买账。

5. 法律道德原则

作为大众传播行为的一种，广告肩负着一定的社会责任。首先，广告策划必须遵循法律原则，以法律为准绳，在合法的前提下进行，不能只顾自身的利益而置法律于不顾。也就是说，广告策划必须维护民族尊严，不能策划出具有反动、淫秽、迷信等有碍社会公共利益的作品，不能违反国家保密规定，不能用不正当手段贬低竞争对手，更不能做虚假广告损害消费者的利益。其次，广告策划必须遵循伦理道德原则，法律毕竟只是各种规范的一种，而且是最低标准，更多的规范应该依靠道德自律。

此外，广告策划不能违背人们的价值观念、宗教信仰、图腾禁忌、风俗习惯进行策划。每个民族在其漫长的经济生活和社会生活中，都形成了独特的风俗习惯、宗教信仰。随着全球化的信息往来，广告策划者只有充分了解和尊重当地的社会文化背景，才能够使广告策划合乎规范，易于接受。

2004 年 9 月份的《国际广告》杂志第 48 页，刊登了一则名叫"龙篇"的立邦漆广告作品，画面上有一个中国古典式的亭子，亭子的两根立柱各盘着一条龙，左立柱色彩黯淡，但龙紧紧紧攀附在柱子上；右立柱色彩光鲜，龙却跌落到地上。画面旁附有对作品的介绍，大致内容是：右立柱因为涂抹了立邦漆，把盘龙都滑了下来。评价称："创意非常棒，戏剧化地表现了产品的特点……结合周围环境进行贴切的广告创意，这个例子非常完美。"然而，就是这样一则广告，却引起了轩然大波。很多人认为，龙是中国的图腾，在一定意义上是中华民族的象征，这则广告有悖中国人的文化传统。在舆论的压力下，广告制作者和发布者作出了相应的解释，但是由此产生的影响却是难以短期消弭的。

三、广告策划的作用

1. 保证广告活动的连续性

现代广告讲求系统性和持续性，尤其是对于一些追求长远利益的企业来说，短期的广告行为已经不能满足他们的要求。只有通过长期不懈的努力和匠心独运的追求，保证广告活动的连续性，才能获得良好的广告的效果。

广告曾经一度是作为广告主"临时抱佛脚"的产物，是应付产品滞销或者市场疲弱的武器，一旦市场打开，广告就会被搁置。这样的广告活动显然缺乏持久性，也难以累计广告效果。这方面，联合利华曾经的做法可以提供良好的范例。第二次世界大战期间，英国政府禁止以品牌的名义销售人造奶油，但联合利华继续为他们的某个品牌做广告，尽管市场上看不到产品的踪影，但是当战争一结束，各种品牌卷土重来时，联合利华的产品一下子就跃居首位。显然，这是保持广告活动连续性的结果，也是与良好的广告策划分不开的。

2. 保证广告工作的计划性

任何的工作，如果想要获得成功，都需要有一定的计划性，对于广告工作来说，计划性尤其重要。今天的广告已经远不是从前那种临时性的、零乱的、分散的行为，广告活动的范围、规模和投入日益扩大，所使用的工具、手段也日新月异。对于这样一个复杂的系统工程，高度的计划性是十分必要的。

广告策划可以保证广告工作的计划性。通过选择和确定广告目标和诉求对象，防止广告活动出现盲目性；通过选择合适的媒体和恰当的投放时间，可以保证广告活动的接受效果；通过有计划地安排广告活动的进程，可以合理地分配和使用广告经费，获取最佳效益。总之，通过广告策划可以保证广告活动有条不紊地进行。

3. 保证广告活动的创新性

新颖独特是广告吸引眼球的前提，只有创造性地开展广告活动，才能使消费者感受到广告的魅力，对其宣传的产品动心，进而采取购买行动。因此，每一个广告活动都应该把创新性作为追求的目标。而创新需要动力和资源，只有通过广告策划，把各个层次和领域的高手集中起来，集思广益，取长补短，才能够获得创新的源泉，从而保证广告活动的各个环节都充满创新色彩。

4. 保证广告活动的最佳效果

广告效果是广告主最为关心的问题，对于广告主来说，广告创意再精彩，如果带不来相应的收益，广告活动也算不得成功。而保证广告活动的最佳效果，显然离不开广告策划。广告策划可以使广告活动沿着一条最简捷、最顺利、最迅速的途径进发，充分发挥广告的功能，降低成本，减少损耗，以最少的投入获得最大的经济效益和社会效益。下面这个故事就证明了这一点。

时值水牛城的春天，空气中弥漫着爱情的气息。一个星期一的早晨，人们突然发现路边出现了一块新的路牌，酒红色的底，白色的大字，写着一条极具人情味的信息："穿红衣服的安琪尔：加西亚爱尔兰酒吧一见。希望见到你——威廉。"随后连续9个星期，上下班的人每到星期一早晨便会看到一条新的信息，每一条都比上一条更浪漫，更迫不急待。"穿红衣服的安琪尔，我仍在等待，加西亚酒吧，星期五，好吗？——威廉。""穿红衣服的安琪尔：为了这些路牌，我快一个子儿都没有啦，加西亚……求你了，威廉。"于是人们开始涌向加西亚酒吧，看自己是否能发现安琪尔，或能碰上威廉。很快，又出现了另一块冠名弗兰克的路牌，警告威廉说他的安琪尔有越轨行为，而威廉则还以又一块路牌，声称："穿红衣服的安琪尔：去他的弗兰克！我要不惜一切代价在加西亚见到你。"妇女们纷纷打电话到当地的这家路牌公司，询问如何和能见到浪漫的威廉。这件事成了该城街头巷尾议论的话题。最终，人们盼望已久的路牌终于出现了："亲爱的威廉，我肯定是疯了。加西亚见，星期五，8：30——安琪尔。"那天晚上加西亚酒吧爆满，酒吧不得不雇请了两名模特来扮演威廉和安琪尔。第二个星期，最后的一块路牌出现了："安琪尔谢谢周五加西亚见，我高兴死了——爱你的，威廉。"原来，这是克劳利·韦伯公司的智慧结晶。这家公司就在加西亚酒吧的旁边，当时加西亚的老板对在湖边再开一家连锁店计划没有把握，于是委托克劳利·韦伯公司为它策划，预算不超过 2 万美元。

这个广告案例说明，好的广告策划不一定需要花费大价钱，一样可以取得好效果。

第三节　广告策划书的撰写

一、广告策划书的内容

广告策划书就是对整个计划的运筹谋划，为提出决策、实施决策、检验决策的全过程所进行的预先考虑和设想的文书。一般来说，策划书较常见的内容可以分为下列几项：

1. 封面

广告策划书的封面不要过于精美，但使用纸张的厚度要比内文的纸厚些，策划书封面应注意策划的形式、策划完成的日期、策划书的编号几点。

2. 目录

策划者应认真编写目录。目录涵盖全书的主体内容，读过后应能使人对这个广告策划的全貌、策划人的思路、策划书的整体结构有一个基本了解。

3. 前言

前言是总纲，总领整个广告策划书。其内容应包括策划的缘起，这个广告的广告主的基本情况，该广告主所要面临的问题。

4. 市场分析

这一部分包括：该产品相关的市场情况、目前国内市场中国产、进口的同类产品的主要牌号、同类产品在市场中的占有量怎样。

5. 产品分析

产品分析的内容应包括：产品的基本特征，即工艺、成分、性能、用途、生命周期状况，该产品与国内外同类产品的比较，其优越性在哪里，不足之处在哪里。

6. 广告战略

成功的广告战略，通常来说需要收集和分析资料，尤其要注意收集产品、劳务或竞争对手的产品的资料。其中包括对产品供求关系进行分析，对企业的产品方案进行分析，对市场进行分析，对消费者的风俗习惯、购买能力，以及对产品、商标和广告的态度和认识的分析。

7. 媒体战略

根据广告的目标和对象，选择效果最好的媒体来宣传广告对象。其中包括：媒体的选择和组合、媒体使用的地区、媒体中广告出现的频率、媒体中广告的位置、版面，预算广告在媒体中刊播所需要的费用。

8. 广告预算

预算是影响广告策划的重要因素，因此费用预算是策划书中必不可少的部分。预算应该详尽周密，各费用项目应尽可能细化。预算费用应准确、真实地反映该策划案实施的投入大小。在预算经费时，最好能够绘出表格，列出总目和分目的支出内容，既方便核算，又便于以后核对。

9. 广告效果

广告效果就是广告刊播以后所收到的效果，即在社会消费者中产生的反映。广告效果是广告主十分关心的内容，因此在广告策划书中要有明确的体现。

10. 策划实施的进度表

进度表是策划得以实施的必要保证。通过拟定策划实施过程的时间表，明确表示什么时间做什么，由谁负责，需要那种方式的协助，需要怎样的布置等等，使策划活动由单纯的构想一步步地付诸实施，并作为检查策划进行的标准。进度表在策划实施过程中应该具有一定的稳定性。

11. 有关人员职务分配表

人员职务分配表在策划书中也很重要。因为人员职务分配明确，在处理各项事务时责任到人，权力到人，才能保证策划实施顺利、有序地进行，达到预期目标和效果。

12. 策划所需物品及场地

什么地方，什么时间，提供什么方式的协助，需要什么样的布置，这虽然比安排预算资金容易，但在讲求分秒必争的信息时代，误了时机，策划得效果就要大打折扣，所以对于此项内容也不能轻视。

13. 附加说明及相关资料

这是广告策划书撰写的最后一道工序。对策划书中需做说明的内容，在这部分作简要的解释。对策划书中相关内容有重要参考价值和作为重要证据的相关资料，应附在策划书之后。

二、广告策划书的写作程序

广告策划人员在动笔写策划书之前，先要认真构思，彻底检讨策划的内容以及各细节部分。当构思明晰之后，再进行具体的写作。

广告策划书的基本写作程序是：
(1)撰写整个策划书的大纲；
(2)列出大纲中各章的大致内容；
(3)检查协调全书的整体结构；
(4)确定各章节的具体内容、字数的分配；
(5)将各章节所需资料索引附在各自的提纲上；
(6)制作封面；
(7)编定目录；
(8)写出构想内容；
(9)完成余下的工作。

四、广告策划书的表述方法

优秀的广告策划书要有清晰、准确地表述，同时又必须能够打动人。为使广告策划书撰写人员达到理想的目标，这里提出几点建议：

1. 分析环境

无论是什么主题的策划，都必须考虑限制的条件，对环境进行分析。研究策划的程序，也是在构想展开前必须首先做好的工作。

2. 突出中心构想

策划是由许许多多的构想组成的，但这些构想都围绕策划主题展开。这个中心构想是最为重要的，因而应生动形象且详尽地描写这一策划主题，使之充满吸引力。

3. 展开主题

在策划活动中，需要围绕中心构想展开。整体策划中不能忽略细节部分。在具体写作过程中，不要求像写文学作品那样文辞优美，过分追求词藻的华丽，反而会削弱说服力，造成阅读上的困难或误差，做到简洁明快、逻辑清楚就可以。

第四节 整合营销传播的策划

一、什么是整合营销传播

随着科学技术的发展，一大批新兴媒介应运而生，与此同时，大众市场的划分也更加细致。在这种情况下，企业的兼并与收购风起云涌。全球性市场地位上升，企业内部各部门间以及竞争对手之间的竞争加剧，消费者也变得更加精明。如果企业各部门仍然按照过去的模式，各自为政，只顾实现自己的特定目标而不顾企业的整体需要、不顾消费者的需求的话，企业所面临的将是代价高昂的重复浪费和无效工作。为了实现效率，企业必须打破原有的模式，将各部门协调起来，使彼此达到一种和谐的状态。

有些学者就此提出了一个新的概念——整合营销传播，即 IMC（integrated marketing communication）。代表性人物是美国西北大学的教授舒尔茨。他认为整合营销传播"是一个业务战略过程，即制订、优化、执行并评价协调的、可测的、具有说服力的品牌传播计划。"此后，广告界高度重视整合营销传播的研究，提出了多种定义。比较有代表性的有两种，一种是狭义的、片面的观点，认为整合营销传播是协调和管理营销传播（广告、销售推广、公共关系、人员销售和直复营销），保持企业信息一致的一种途径。另一种是广义的观点，认为整合营销传播指企业或品牌通过发展与协调战略传播活动，使自己借助各种媒介或其他接触方式与员工、顾客、其他利益相关者以及普通公众建立建设性的关系，从而建立和加强与他们之间互利关系的过程。

后一种观点是更成熟也更全面彻底的整合营销传播观点，它把消费者当作现行关系中的伙伴，持这种观点的企业明白，他们最大的资产不是自己的产品、厂房或员工，而是自己的顾客。用菲利普科特勒的话说："整合营销传播是一种从顾客角度考虑营销过程的方法。"①

二、整合营销传播的七个层次

1. 认知的整合

这是实现整合营销传播的第一个层次，这里只是要求营销人员认识或者

---

① 美国，菲利普·科特勒《营销管理》，梅清豪译，上海，上海人民出版社，2003 年 10 月第一版，第 634 页。

了解整合营销传播产生的必要性。正如前面所讲，新型媒介的兴起、大众市场的细分、竞争对手之间竞争的加剧等使企业必须将各部门协调起来，将各种营销、传播工具统一起来，从而使宣传效果达到最大。

2. 形象的整合

这个层次牵涉到确保信息与媒体的一致性问题。信息与媒体一致性：一是指广告的文字要与其他视觉要素相一致；二是指在不同媒体上投放广告的一致性；三是指不同的传播手段传递信息的一致性。以统一的传播形象传递一致的产品信息，实现传者与受者的双向沟通。实现企业的一切营销和传播活动，如广告、促销、公关、CI、包装、产品开发等，进行一元化的整合重组，让利害关系者从不同的信息渠道获得对某一品牌的一致信息，以增强品牌诉求的一致性和完整性，也就是我们常说的"用同一个声音讲话"，这样才能达到音量最大。

3. 功能的整合

仔细分析不同的营销传播方案，并直接服务于营销目标（如销售额与市场份额），也就是说每个营销传播要素的优势劣势都经过详尽的分析，并与特定的营销目标紧密结合起来。在具体执行过程中，对营销要素的有效配置是事关营销目标能否顺利实现的关键。营销要素，总体上可分为可控要素和非可控要素。营销可控要素是指企业可以直接控制的主要营销要素，通常指产品、价格、渠道和促销四种。营销非可控要素是指与企业营销活动相关联，又无法为企业所控制的外部即通常所说的环境因素，主要包括社会政治、经济、文化等因素。

4. 协调的整合

指人员推销与其他营销传播要素（广告、公关、促销和直销等）直接整合在一起，这意味着各种手段都要确保人际传播与非人际形式的传播的高度一致。例如推销人员所说的关于产品的信息和对于产品质量、服务等的保证必须与其他媒体上所传达的信息保持协调一致。

5. 基于消费者的整合

营销策略必须首先了解消费者的需求，并在此基础上锁定目标消费者，在给产品以明确的定位以后才能开始营销策划。换句话说，营销策略的整合使得所要传达的信息能够直接到达目标消费者的心中，避免资源的浪费。

6. 基于风险共担者的整合

即目标消费者不应该是本机构应该传播的唯一群体，其他共担风险的经营者也应该包含在整体的整合营销传播战术之内。例如本机构的员工、供应商、配销商以及股东等。从而扩大企业或者产品在生产者以及经营者之间的影响，保证员工的生产积极性，以及销售渠道的畅通。

7. 关系管理的整合

关系管理的整合就是要对不同的关系单位作出有效的传播，为此公司必须制订有效的战略，并将这些战略有机结合。这些战略不仅包括营销战略，而且还包括制造战略、财务战略、人力资源战略，等等。也就是说，公司必须在每个功能环节内（如制造、研发、营销等）制订出有效的战略以达成不同功能部门的协调。这一层次被认为是整合营销的最高阶段。

三、整合营销传播的策划

整合营销传播需要一种新的营销传播活动策划方法，将营销与传播策划彼此不分离的融为一体，这是一种与传统方法大为不同的方法。它强调企业要注重消费者或潜在用户，而非企业本身的利润目标或销售目标。

整合营销传播的策划大致包括以下几个方面：

1. 建立消费者资料库

整合营销传播的过程与传统营销相比，在获取顾客、维护顾客、增加有利可图的顾客这三个方面更有效率和效果。整合营销取得这三方面的成功部分是由于使用了数据库中顾客和现有的顾客的信息。数据库是相关信息的集合，以一种可获取和分析的方式储存和组织信息。一个顾客数据库像一个有索引卡片的箱子，记录有顾客的姓名和地址。建立消费者和潜在消费者的资料库，资料库的内容至少应包括人员统计资料、心理统计、消费者态度的信息和以往购买记录等等。

2. 研究消费者

研究消费者就是要尽可能使用消费者及潜在消费者的行为方面的资料作为市场划分的依据，相信消费者“行为”的信息比起其他资料如“态度”等测量结果更能够清楚地显现消费者在未来将会采取什么行动，因为用过去的行为推论未来的行为更为直接有效。在整合营销传播中，可以将消费者分为三类：忠实用户；竞争品牌用户和游离品牌用户，很明显这三类消费者有着各自不同的“品牌网路”，而想要了解消费者的品牌网路就必须借助有关于消费者的信息。

3. 接触管理

所谓接触管理就是企业在某一时间、某一地点或某一场合与消费者进行沟通。在消费者自己会主动寻找产品信息的年代里，“说什么”要比“与消费者接触"重要。然而，现在的市场，由于信息量的巨大、各类媒体众多，干扰消费者获得所需信息的"噪声"大大增大，因此如何、何时与消费者接触，以及采用什么样的方式与消费者接触就变得尤为重要。

实施整合营销传播，需要了解有关利害关系者的情况，从而进行接触管理。这与过去通过对消费者的行为进行粗略的预测不同，整合营销的管理者可以根据已经掌握的利害关系者的行为规律资料，比较正确的预测利害关系者的下一个行为。

4. 制订营销目标

在什么样的接触管理之下，就应该传播什么样的信息，然后为整合营销传播计划制订明确的营销目标。营销目标是根据所选择的目标市场来描述的。对大多数的企业来说，营销目标必须非常正确同时在本质上也必须是数字化的目标。例如对一个擅长竞争的品牌来说，营销目标就可能是以下三个方面：激发消费者试用本品牌产品；消费者试用过后积极鼓励继续使用并增加用量；促使其他品牌的忠诚者转换品牌并建立起对本品牌的忠诚度。

5. 营销传播工具的创新

营销目标一旦确定之后，第五步就是决定要用什么营销传播工具来达成此目标。广告、促销、公关等借助于相应的媒体与渠道向消费者传达信息，另外除了广告、公关、促销以外，还可以包括产品包装、赞助、展览会、电子营销等等，对这些手段进行最佳的组合，以求达到最有有效的传播影响力。

6. 测量效果

整合营销传播的目的，在于尽可能的接近实际购买行为，因此在整合营销传播中，首先要测量的是购买行为，如无法测到，则检视一些消费者可以测量的其他行为方式，如索要有关产品的小册子等。整合营销传播的真正的价值在于其本身的循环本质：企业确定传播计划并加以执行；消费者反馈，企业从反馈中得到有价值的信息；根据消费者和潜在消费者的需求调整计划；然后将整个流程循环下去。

案例分析

《英雄》的整合营销传播奇迹

2002年12月20日，一部标榜着"第一部豪情武侠巨作"的国产影片，在千呼万唤中登场。它所带来的影响如此广泛，以致时至今日仍不时被人提起。这部影片就是张艺谋的《英雄》。该片从2002年12月20日在全国上映以来，国内首日票房达到1350万元，上市7天票房进帐1.007亿元，全国票房突破2.4亿元大关，书写了中国电影票房的最高纪录，远超在中国上映的进口美国大片《哈里·波特》。另外《英雄》欧美地区以及韩日地区发行权的出售，VCD、DVD内地音像版权的出售，以及广告招商的收入等使该影片正式走入影院之前收入就超过了3000万元人民币。同时《英雄》还引发了各个行业的借势宣传，引爆很多行业同时获利，造成发行方、制作方、投资方、影院等多重盈利的局面，成为中国电影史上的一个经典。

俗话说"酒香不怕巷子深"，但是20世纪90年代后期，随着好莱坞大片以及日韩"潮"的影响和冲击，给中国电影人带来了思想上的洗礼。中国电影人逐渐意识到光有"好酒"是不行的，还必须要善于宣传和包装。学习好莱坞电影的商业化生产机制，把电影做成生意。而《英雄》之所以成为英雄，正在于不仅敏锐地捕捉到市场的变化，而且计划周密，执行有力，整合营销，富有创意。

1. 广告

《英雄》的营销广告简直是无孔不入，广告信息纵横捭阖，"长驱直入"不同的公众空间。首先，利用动态的电视纯商业广告，最初在央视，随后在全国多家地方电台播出，从而赢得了不少的电视观众市场；其次，报纸、杂志、海报、路牌、灯箱广告等静态传播方式也纷纷登场；再次，VCD、DVD、Internet等新型媒体也踊跃上阵。另外，《英雄》还利用了手机这种新兴的"第五媒体"，与多普达手机推出捆绑广告，制造声势。只要您走出家门、进入商场、坐上地铁、打开网络，几乎每时每刻您都可以感受到《英雄》的气息，感受到《英雄》无处不在。那么《英雄》又怎么可能不所向披靡呢？

2. 促销

促销活动的策划主要是指通过有目的、有计划的选择和综合运用各种促销手段有效的促进产品的销售并树立企业的良好形象。而《英雄》的促销主要体现在以下三个方面：第一，张艺谋和各位主创人员经常出席各大影院的首映式，拉动销售；第二，各地发行公司的终端拦截促销行为。比如在各大影院的售票窗口前滚动播放《缘起》纪录片以及买票赠送小礼品等活动；第三，商家利用影片采取的促销行为。如联想推出买手机赠《英雄》电影票活动，大约花费100万元，买了29个省份、35家影院的电影票，为英雄的推广起到了造势的作用。

3. 公关宣传

由于公共关系的表达方式比较隐讳和委婉，通常可以使受众觉得更加具有人情味，所以更能产生期待中的轰动效应。通常情况下，将公关活动与广告、促销活动相结合更能取得良好的效果。

影片开拍之初就规定"禁止向外透露拍摄情况，不接受任何采访"以及随后与剧组人员签订合同，不允许向媒体"泄密"。经历一段时间的神秘封锁之后，开始有意识的炒作演员、剧照等方面，在一系列所谓反泄密事件之后又开始了铺天盖地的媒体反应，这种欲擒故纵、欲盖弥彰的营销、宣传手段着实吊足了观众的胃口。而它在公映之前还不惜巨资巧妙设计了"秦俑"大批出场的奇招妙计，吸引媒体和受众的眼球。

另外，英雄的宣传善于借势，而且势如破竹。亮点就在于炒武侠、炒明星、炒冲击奥斯卡。中国有历史悠久的武侠传统和极其广泛的群众基础，金庸的武侠小说一版再版，以及成龙、李小龙等在国际市场上的成功，都为《英雄》奠定了一个良好的市场基础。此外《英雄》皇家马德里队般的豪华明星大腕和强势创作阵容，自然也就引得媒体趋之若鹜，更何况运作方又是如此的善于炒作。于是围绕《英雄》的跟踪报道、图片、讨论等软文铺天盖地，而每年的"冲击奥斯卡"则是中国人永远都无法割舍的情愫，不管结局怎样，中国本土导演张艺谋要问鼎具有影坛最高荣誉象征的小金人，已经燃起了各大媒体和众多受众的爱国热焰。

《英雄》的造势同样少不了新画面公司的努力。首先，搞国产电影最昂贵的三地的首映式活动。12月14日，《英雄》在人民大会堂首映，并由北京体育大学选出200名男大学生装扮成秦军以壮声威，其阵容几乎让所有到场的中外媒体目瞪口呆，赢得首映的开门红。此外，剧组还史无前例的包了两架全亚洲最豪华的商务客机配合剧组出席全国首映；其次，包机举办在钓鱼台国宾馆举行的隆重的首映签字仪式，在中国电影史上开了先河；再次，拍卖也是《英雄》炒作的一大亮点。12月17日，广东伟佳音像公司以1780万元成功竞得《英雄》内地音像版权，给《英雄》进行了很好的宣传；第四，张艺谋的防盗版活动制造了舆论的另一个焦点。各媒体关于《英雄》防盗版的报道铺天盖地，免费为《英雄》亮相鸣锣开道；第五，炒《缘起》，由北京玄流纪录片工作室拍摄的大型纪录片《缘起》记录了《英雄》诞生的全过程。在影片上映前发行这部纪录片，为《英雄》起到了热身和试探市场的作用。这一系列成功的商业运作为《英雄》在全国的公映作了最有力和最充分的造势。

需要明确的是，《英雄》的成功，决不只是将各种传播工具简单相加，而是把电影制作、市场调研、广告、公关、促销等手段统一在有序的经营运作之下，形成一种强大的整合营销的合力的结果。

本章小结

策划是当今时代使用频率越来越高的一个词汇，广告策划则是贯穿广告活动始终的一个环节。它包括策划者、策划对象、策划依据、策划方案和策划效果评估五大要素。广告策划与营销策划既有联系又有一定的区别，广告策划在营销策划中起着重要的作用。广告策划的内容包含7个方面，即广告市场调查、市场认识与细分、产品认识与定位、广告战略策划、广告媒体策划、广告推进程序策划、广告效果评估。广告策划同时要遵循5个原则，真实性原则、信息量原则、针对性原则、心理原则和法律道德原则。广告策划书是广告实践的重要环节，本章介绍了广告策划书撰写的基本内容，以及写作程序，这一部分内容着重于应用。

整合营销传播是近些年来新兴的研究领域，是广告学的重要突破，要能够从多个层面把握它。整合营销传播策划的内容包括：建立消费者资料库、研究消费者、接触管理、制订营销目标、营销传播工具的创新、测量效果。

思考和练习

1. 什么是策划？什么是广告策划？
2. 广告策划的要素有哪些？
3. 广告策划与营销策划有什么关系？
4. 广告策划的主要内容都有什么？
5. 广告策划应遵循哪些原则？
6. 什么是整合营销传播？整合营销传播策划应包括哪些内容？

第五章　广告创意与表现

压题图片 ━━━━━━━━━━━━━━━━━━

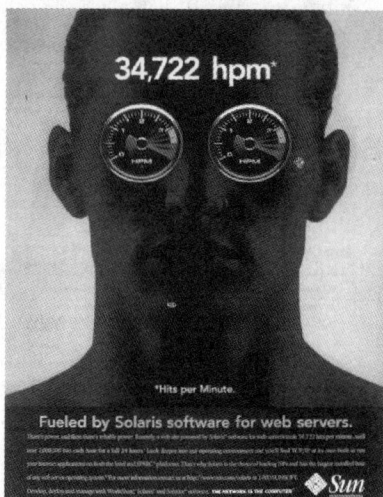

图 5-1　广告文案表现策略

学习要求：本章从剖析广告创意的特点入手，探究了广告创意与表现的内在规律。通过本章学习，应了解广告创意的内涵，掌握广告创意的特点，重点掌握广告创意的构思方法，掌握广告的表现策略；了解广告文案的内涵，掌握广告文案表现的基本要求，重点掌握广告文案表现策略；了解广播广告表现的媒介特征，掌握平面广告表现的媒介特征，重点掌握电视广告表现的媒介特征。

关键词：广告创意；构思方法；广告文案表现策略；广告表现的媒介特征

　　"创意"一词在当代社会得到了普遍的使用，在诸多需要凭借睿智和创造性思维的领域，成为一个使用频率极高的时髦词汇。人们似乎放弃了"主意"、"点子"、"想法"这样的常用语，转而以"创意"来为自己的新想法、新创想命名。当人们骄傲而自豪地称自己有了一个"创意"时，仿佛"创意"一词将使他们的思想发出熠熠的光辉。时值今日人们也普遍地认为，一个奇思妙想的"创意"，有时能起到"四两拨千斤"的作用，甚至可以"化腐朽为神奇"。在这里，我们首先从剖析广告创意的特点入手，去探究广告创意与表现的内在规律。

第一节 广告创意的特点与方法

一、广告创意的内涵界说

从文化发展的角度看，"创意"一词在我国漫长的古代文化历史中，并没有成为一个成型而稳固的词汇，也没有得到广泛和大量的使用与传播。在英语的语言体系中，"创意"一词没有形成一个比较一致的、被广泛认可的标准性的专有名词，而是存在着相似含义的多种表达形式。"idea"是目前被认为比较恰当的英文创意一词的对译词，源自广告大师詹姆斯·韦伯·扬(Jams Web Young)的名著(*A Technique for Producing Ideas*)。

正所谓"名不正言不顺"，当我们要集中探讨广告创意的诸多领域时，不为广告创意下一个相对科学严谨的定义是说不过去的。那么什么是广告创意呢？关注当今的理论研究界，虽然很多专家学者表达了大量对于广告创意的真知灼见，但为其下一个定义却十分困难，而造成困难的原因又是多方面的。在这些原因中，首要的一点是广告创意活动本身处在一个日新月异、飞速发展的变化状态中，我们很难用一个"静止"、"停滞"的表述去概括它的勃勃生机；再者，由于广告创意主体自身认识的差异性，使得对广告创意的理解"仁者见仁，智者见智"，很难有一个权威、统一的说法；还有广告创意涵盖的领域极为广阔，几乎囊括了广告活动全部的思维创造领域和实践行为领域，因此为其下一个全面的定义，几乎成为不可能。

综观国内外业界的认识经验，在这里，我们也无意对广告创意做盖棺定论式的界定，但考虑到作为知识传授的整体性与系统性，尝试将广告创意的内涵表述如下：广告创意是指人们基于实际调查的基础之上，依据广告主的营销目标，通过对广告传播规律的灵活把握，面向受众所进行的一系列思维创造、智慧创想的广告实践活动。

二、广告创意的特点

一般来说，广告创意具有如下四个基本特点。

1. "创造性"特点

今天，谈及广告创意的"创造性"，估计不会有人反对。实际的情况是，广告创意活动本身早已被打上了深深的"创造性"的烙印。甚至可以说，广告创意活动就是创造性活动的一部分。因此，我们将"创造性"视为广告创意的本质属性；而那些描述"创造性"运筹的话语"独具慧眼"、"独具匠心"、"独树一帜"、"独辟蹊径"等，都可以毫不吝啬地送给广告创意活动。

有这样一则美国电视广告：在一次业余演出的舞台之上，两个孩子在森林里迷路了，这时候一位好心的仙女从空中向他们飞来，说道："亲爱的孩子们，你们不要怕，我会帮——"突然"砰"的一声，仙女摔在了舞台的中央。此时屏幕上出现这样几个字："应该使用'丝特韧'，世界上最值得信赖的钓鱼线。"这个电视广告中所使用的幽默让观众大吃一惊，广告营造了一个能让人同情的场景。这则广告富有新意，有的放矢，便于人们记忆，使消费者有足够的购买理由。这则广告也充分地表现出了广告创意所具有的"创造性"的品格，那出其不意的情节设计、那令人忍俊不禁的意外表演、那不露声色的信息推介，无一不渗透着广告创意主体思维智慧的睿智色彩。

2."转换性"特点

虽然广告创意是一种"运筹帷幄"式的思维创想活动，但它与其他的类似活动还有诸多不同之处，一个很明显的区别就是思维的"转换性"。所谓的"转换性"，简单一点说，就是指从逻辑思维到形象思维的转换，从抽象思维到具象思维的转换，善于寻找事物之间的普遍联系，善于捕捉事物的细节，善于架构不同凡响的素材结构。"转换性"的关键在于，广告创意主体要在广告产品(服务)、广告主、消费者、竞争者等诸多立场之间、利益诉求之间，寻求最适当的转换，以求得这多重关系的平衡与和谐。

在世界广告史上，美国著名广告大师威廉·伯恩巴克为纽约一家打折商店奥尔巴仕(Ohrbach)创作的充满智慧的广告作品堪称经典。在这则平面广告中，画面中央的一个形象是一只带着女人帽子、叼着雪茄烟的猫。画面上方的标题是"我发现了琼的秘密"，接下去是"她谈话的方式，令人觉得她是个人物。啊，我发现她的秘密了，她的丈夫拥有一家银行？天啊，原来连个银行户头都没有。为什么他们的那所宫殿里有许多抵押贷款买的东西？还有那辆汽车？亲爱的，那是马力，不是赚钱能力。他们用50美分的抽奖赢的！能想象吗？还有那些衣服，当然，她穿着非常高贵，貂皮披肩，法国套装和所有的衣服……用他的收入买的？啊，我发现秘密了，我碰巧在路上撞到她，发现它从奥尔巴仕店走出来！"——这是一条精彩的打折服装店的广告，这则广告的成功之处就在于完成了一个常人难以完成的思维转换过程，将打折店、产品信息与意想不到的视角、出其不意的表述、特殊的形象符号完美地结合在一起，实现了从抽象到具象的转换，实现了从"叫卖"到"演绎"的转换，实现了从"平凡"到"瑰丽"的转换。

3."穿透性"特点

广告创意的目的首先是要吸引受众的眼球，促进受众对广告信息的关注；进而是改变受众的既有态度，将之引导到所推介的产品（服务）上来；再者就是催促受众付诸行动，劝服其产生购买行为。在这个完整的链条中，广告创意自始至终推动着广告传播活动的运行，自始至终服务于广告传播的信息传递和销售宣传，当它完成了这样的任务和使命，反观它的属性与品格就会发现它贯穿始终的"穿透性"品格。再更进一步说，从内在特质看，广告创意流露出一股直指人心的力量。

美国作家詹姆斯·戈尔曼用杂志上三页篇幅做长篇的广告，向消费者劝说廉价铅笔的魅力，他在广告文案中写道："你记得铅笔吗？记得削下来的柏木屑的味道，用刚刚削好的笔尖在洁净的纸上书写的愉悦的感觉吗？记得使人着迷的长长的、尖尖的笔头和光滑的六角形的笔身慢慢磨损，变得又短又秃时心中生出的罪恶感吗？最近，我过分依赖电脑，所以决定休息一下。此时，我想起了铅笔。人们还使用铅笔吗？或者激光打印机和签字笔已经取代一切？"戈尔曼还在文案中附加说，他曾经打电话给位于美国新泽西摩尔斯顿的"铅笔制造者协会"，向那里的工作人员询问近些年来铅笔的生产、销售情况。结果，那里的工作人员高兴地告诉他，据统计美国铅笔的销售量一直很好，每年美国的铅笔制造公司的产量为 20 亿支。他同时也发现铅笔最早出现在 1564 年，当时人们在英格兰发现了石墨。从此以后，人们掌握了怎样加工石磨、以及利用石墨混合其他物质制造，坚硬并易于书写的铅笔的方法。在美国的历史上，大作家海明威和著名诗人惠特曼在有生之年，都是使用铅笔创作的，而不是用钢笔或打印机。这则广告一经刊发，引起不错的反响。在这则广告中，创意主体利用文字的描述，激荡了受众的心灵，产生了一种难以名状的"穿透力"，将往昔的美好回忆、时代的进步发展、生活的沧桑变迁等复杂情境同时铺陈在人们的面前，很容易让人产生一种"百感交集"的情绪，有效地完成了广告创意的表达。

4."科学性"特点

早在 20 世纪 50 年代，美国杰出的广告创意大师罗瑟·瑞夫斯就高举起了"广告是科学"的大旗，高声宣扬广告活动的科学性，为使广告步入现代科学的殿堂作出了积极的贡献。今天，随着广告事业的飞速发展，人们不会再怀疑它所具有的科学性了；相反，人们正一天比一天更深刻地感到，广告创意活动离不开科学。具体地说，广告创意的前提是科学的调查研究；广告创意的运行是科学的思维运作；广告创意的实施是科学的实践行动；广告创意的显效，是科学的传播流程。广告创意在科学的推动下逐步完善和进步，科学也因有广告创意活动而变得更加丰富多彩。

美国古德柏·希尔维斯坦合作伙伴公司为其客户"贝尔头盔"制作了一系列著名的广告作品。首先，古德柏·希尔维斯坦合作伙伴公司大量了解了关于"贝尔头盔"公司和市场方面的详细信息。并在这个基础上，将"贝尔头盔"的目标顾客分为两类，即成年车迷和青少年骑车族。通过第一手的调查研究，公司小组发现，由于新"头盔法"的出台，头盔市场稳步成长，人们认为自行车头盔由一般商人销售，所有头盔的质量都差不多，结果迫使价格和边际利润下降。广告公司调查小组从美国中部的圣弗朗西斯科开车到了城市北部山区，仔细询问当地的骑车族怎样购买头盔。当他们回到城市以后，又分别对青少年和他们的父母进行了专门的访问。最后，在严密的科学调查的基础之上，公司的负责人设定了如下重要目标：纠正"所有头盔都是一样"的错误观念，不用真实的品牌注册，但树立贝尔头盔在人们头脑中的最高形象；开始矫正青少年"头盔和矫正鞋一样"的观念。广告创意的主题是"贝尔头盔是所能买到最安全的产品"。由此策略应运而生，他们想要传达的商业信息是："拥有传统的贝尔已经辉煌了 40 年，并且会再创造 40 年的辉煌。"这个高超的广告创意取得了丰厚的市场回报。据统计，在广告发布以后"贝尔头盔"市场份额提升了 8 个百分点，本来不被看好的自行车专卖店的零售情况也是惊人的好。据可靠的调查反映，广告播出后，青少年不再讨厌戴头盔，父母们也强烈地认为头盔的质量有好坏之分，应该买最好的。这个案例给我们的有益启示是：有粗略的计划、细致的调研和创造性地思考，确实可以创造广告创意传播的奇迹。

三、广告创意的构思方法

广告创意的过程表面上看是"思接千载、视通万里"的畅快，是"吐纳珠玉、舒卷风云"的自由，而实际上却是"冥思苦想、殚精竭虑"的探索，是"十月怀胎、一朝分娩"的痛苦。广告创意可能是由灵感激发而来，但灵感的"顿现"必须经由长久思考的"跋涉"；广告创意可能是由直觉促动而生，但直觉"顿悟"必须经由反复考量的"磨砺"。广告创意主体在激烈竞争的市场环境下，在时间迫近的工作压力下，不能一心指望灵感的光顾或直觉的垂青，一味期待走一条一蹴而就的终南捷径；而是必须搞清楚广告创意的基本思维方式，搞清楚思维的基本规律，才能科学地进行广告创意活动。因此，下面将集中探讨广告创意的构思方法问题。

1. 辐射构思与辐合构思

辐射构思又可以称为"扩散构思"、"发散构思"、"开放构思"、"立体构思"、"求异构思"等，是指从一个目标出发，沿着各种不同的途径去思考，探求多种答案的思维方式。不少心理学家认为，发散构思是创造性思维的最主要的特点，是测定创造力的主要标志之一。美国心理学家吉尔福特认为，发散构思具有：流畅性、灵活性、独创性三个主要特点。流畅性是指智力活动灵敏迅速，畅通少阻，能在较短时间内发表较多观念，是发散构思的量的指标；灵活性是指思维具有多方指向，触类旁通，随机应变，不受功能模式、定势的约束，因而能产生超常的构思，提出不同凡响的新观念；独创性是指思维具有超乎寻常的新异的成分，因此它更多表证发散构思的本质。可以通过从不同方面思考同一问题，如"一题多解"、"一事多写"、"一物多用"等方式，培养发散构思能力。

辐合构思，又称"聚合构思"、"收敛构思"、"集中构思"。如果说发散构思是放飞思维、展开遐想翅膀的话，那么辐合构思则是回归理性、回收思绪、合拢翅膀。辐合构思是以某问题为中心，运用多种方法、手段和途径，沿着不同的方向、寻着不同的角度将思维指向这个思维生发的中心点，最终实现思维运动的完成。相对于辐射构思，辐合构思是一种"异中求同""量中求质"的方法。如果只"辐射"不"辐合"，势必造成"一盘散沙"或"鱼龙混杂"，因此有必要扩在辐射后集中进行筛选和掌控，通过比较和鉴别，获得满意的思维成果。

总的来说，在开发创意阶段，辐射构思占主导地位；在定夺创意阶段，辐合构思则位占主导地位。创意就是在这种辐射—辐合—再辐射—再辐合的循环往复中，获得了层层深入和脱颖而出。

2. 顺向构思与逆向构思

顺向构思是一种依照人们惯常的思维逻辑、思维路线、思维传统，从上到下、从小到大、从左到右、从前到后、从低级到高级进行思维创想的构思方式。在人们认识世界、改造世界的过程中，积累了丰富的思维经验，也形成了特定的思维规律，养成了一定的思维模式——顺向构思的出发点就是"因势利导"，承认人们既定的思维模式，"顺水推舟"地沿着人们既有的思维路线，进行合理的生发、创想，形成具有新意的思维成果。

逆向构思是一种违反人们惯常的思维逻辑、思维路线、思维传统进行思维创想的构思方式。从激发广告创意构思的角度看，逆向构思的开发与拓展更具有特殊意义。如果说顺向构思是一条人们平时走熟了的路，那么逆向构思往往会帮助我们寻找到一条全新的路。在《广告攻心战略——品牌定位》

一书中，广告大师 A·莱斯说："寻求空隙，你一定要有反其道而想的能力。如果每个人都往东走，想一下，你往西走能不能找到你所要的空隙。哥伦布所使用的策略有效，对你也能发生作用。"

3. 纵向构思与横向构思

纵向构思，即"垂直构思"，是指""形的构思方式。这种构思方式通常是在一种结构范畴中，按照序列法则和程式化方向，根据事物本身的发展过程，沿着人类习惯的思维路线和逻辑路线进行思考的一种构思方式。纵向构思的特征表现为遵循由低到高、由浅到深、由始到终等线索，在一定范围内，向上或向下进行垂直思考。

横向构思，即"水平构思"，是指"—"形的构思方式。这种构思方式通常是从与事物关联密切的其他事物中寻找突破口，换句话说，是突破事物自身的局限，以新的角度和视角对事物进行重新思考的一种构思方式。在国际广告界，"水平思考法"就是一个著名的横向构思理论。

水平思考法(lateral thinking)是针对"垂直思考法"而提出的一种创意构思方法，由英国心理学家爱德华·戴勃诺(Edward De Bono)博士首先提出。"水平思考法"旨在打破"垂直思考法"的传统窠臼，强调思维的多向性，看重多方位、多角度观察事物，具有某些"发散构思"的特点。戴勃诺博士强调，"水平思考"是一种"不连续的思考"，是一种"为改变而改变"的思考，对可以在很大程度上弥补"垂直思考法"的缺陷和不足。

4. 广告创意的构思技法

头脑风暴法(brainstorming)——"头脑风暴法"只是一个形象的译法，从其英文原文"brainstorming"来看，翻译为"集体自由研讨"应更为恰当。"头脑风暴法"由美国 BBDO 广告公司负责人阿列克斯·奥斯本(Alex Osborn)于1938 年首先提出，并最终赢得了广告界的一致认可。"头脑风暴法"的含义是指两个或更多的人聚在一起构思创意的过程，以召开讨论会的形式刺激彼此的思维活动，直至产生"喷涌如泉"的灵感。由于这种方法简易、高效、可控性强，因而一经提出就在实践领域获得了从业人员的青睐。奥斯本认为，若要使此法运用成功，还必须遵循以下原则：任何创意不得受人批评，即任何创意都不是"错"的；所有创意都记录在案，以备将来查考；所有的灵感都会被记载下来。

"头脑风暴法"的运用可分为三个步骤，即设置议题、头脑风暴、筛选评估。

记忆展开法——是由日本学者中山正和首先提出的一种创意构思技法。

中山正和在其《构思的理想》一书中提出：人类具有记忆本能，通过记忆的展开，可以了解自由联想性的构思具有哪些特色。此法认为人类的记忆可以分为"线性记忆"和"点性记忆"，前者是以"意志"、理论为契机产生的关系性联想，后者是在断断续续的记忆联想中涌出意想不到的结果。"记忆展开法"的一个初衷就是通过第一信号体系的"线性记忆"展开构想、生成创意。中山正和认为，在通常情况下，线性记忆展开的方式可能有两种情况：一种是"T"型展开，比较抽象、综合；一种是"H"型展开，线索明晰、逻辑性强。

　　语言暗示法——学者麦丘博姆（D. Meicheubaum）于1975年提出了著名的"语言暗示法"，这是一种借助于暗示语言诱导心理因素刺激思维创想产生的构思技法。"语言暗示法"的核心是所谓"三段启动"，其实质是综合地运动了多种创造性理论的要义和精华。具体地说，这"三段启动"包括：创造性是一种杰出的处理信息的心理能力；创造性是一种有分寸地退回到幽默而天真的思维方式的能力；创造性是求新的态度特征和个性特征的产物。三段启动的暗示语言材料包括[1]：A. 心理能力的自我陈述；B. 回忆方面的自我陈述；C. 态度和个性方面的自我陈述。

　　ZK法——日本学者片方善基于系统论的原理思想提出了有利于创造性思维生成的"ZK法"，"ZK"是片方善名字罗马写法的开头字母缩写。这种构思技法的初衷是动员脑力思考成员人人参与想象生发、联想生成的过程，并始终科学把握从集体智慧创想中显露出来的思维指向和目标。它的基本做法是，在集体思考、会商中极大地发挥个人思考领域，之后通过观察事物再组织思考，如此反复地在个性创造与客观对象之间寻找能够真正和谐一致的思路路线，将思维成果在集体内交流、并在集体中完善。ZK法在思考过程中所采用的思考方式主要有三种即由感觉而产生的思考、由想象而产生的思考、由现实而产生的思考。ZK法的特点就在于它是依靠反复的思维探索和思维求证而进行的思维创想，在思维的"张"与"弛"之间寻找答案。

第二节　广告的表现策略

　　时值今日，广告传播不仅是社会经济生活不可或缺的重要组成部分，同时也成为构筑社会大众文化生活的重要组成部分。今日之广告，不仅超越了早期广告传播以传递商品信息为主要目标的初级阶段，更逐步上升到以奇幻

---

　　[1]　引自王健《广告创意教程》，北京大学出版社，2004年11月第一版，第162～163页。

的艺术效果来吸引注意、推动时尚的高级阶段。因此，当广告创意的方略确定之后，如何运用各种信息元素和呈现手段将创意转化为可感可知的作品，成为广告运筹的重要环节——广告表现。

从总体上看，广告表现依托于广告传播媒介的物质基础，受制于产品特性、产品诉求等客观条件，借鉴了一切艺术形式的优秀成果，既是一次"戴着镣铐的舞蹈"，又是一次精彩荟萃的饕餮盛宴。世间有多少种崭新的媒介手段，就有可能衍生出多少种广告表现的方式；业界有多少种有效的组织运筹方式，就可能生成出多少种广告表现的效果。下面，我们无法将广告表现的策略一次穷尽，仅就其基本策略并结合审美规律加以论述。

一、实事求是——广告表现的真实性策略

作为商品经济伴生物的广告活动，诞生于人类社会的商品交换之中，随着人类社会经济的发展和传播技术的进步而日趋成熟。放眼广告的历史与现在，探究广告运动的发生和发展，体察广告表现的美学规律——最基本的一个认识就是：广告表现首先要遵循实事求是的"真实性原则"，这既是广告活动的历史所决定的，也是广告创作活动发展的必然所致。

广告表现的真实性是指广告在表现主题和沟通受众的过程中必须始终坚持尊重事实、尊重科学、尊重实践的态度。具体而言，广告表现的真实性策略包括以下几个方面：

首先，广告表现的基础和本源是客观存在的事实。从广告活动的历史来看，人类最早的广告形式是"叫卖"和"实物陈列"；近现代广告活动的信息传播基础是商品的事实性信息，这些信息是一切广告活动的前提和基础。没有切实的产品或服务，没有可靠的物质实体和优良的实际作为，任何纸上谈兵、夸大其辞的广告表现都是脆弱而虚伪的；没有事实的真实和实际的确实，任何浮想联翩、天马行空的广告表现也都是无源之水、无本之木，是终将枯萎的花朵、是行将被揭穿的谎言。

其次，广告创意应以科学调查为基础，自觉遵循和应用科学知识、科学规律。广告表现应该始终自觉地保持与科学同步的态度，以科学的调查为基础，以相关的自然、人文科学原理为依据进行艺术构思——这是众多广告大师和创作者为我们留下的宝贵经验。"艺术派"的领军人物伯恩巴克在为大众汽车创制广告前对产品和消费者深入考察，通过实际体验来逐项认定汽车物美价廉和可靠实用；而且在广告发布之后还主动运用科学调查手段，搜集反馈，评价广告的传播效果。《实效的广告——USP》的作者罗瑟·瑞夫斯严

厉批判以随意性和直觉经验性的方式来进行广告创意，而高呼广告必须以科学的原则去"创造世界"，主张依靠事实、数据、法则、测试、核查、统计、图表这些可以量度的指标加强广告创意的科学成分。他孜孜不倦工作15年在美国48个州和数百个独立的群体中对成千上万的人进行调查和测试，得出了许多重要的发现。

再次，广告表现应始终保持其实践品格。在具体的广告实践领域中，广告表现的实践品格还应包括以信息接受为最终目的、以受众认可为评价尺度、以市场反映为衡量准绳的内容部分。例如，著名化妆品品牌"资生堂"的经验："资生堂"品牌最初由日本人福原有信创立，多年来一直坚持"装饰人类的科学"的广告宣传口号，同时强调广告表现的"美学品质"。可以说，"资生堂"品牌几十年来的广告发展之路，就是始终保持活络表现思维、不断探索求新的实践之路。

二、恰到好处——广告表现的和谐性策略

在我国的传统文化中，自古就有所谓"不温不火"的典故，也有"欲把西湖比西子，浓妆淡抹总相宜"的诗句，还有"东家之子增之一分则长、减之一分则短"的历史故事——这些文化掌故所反映的是一种传统的美学规律观，即恰到好处的"和谐性"原则。我们知道，在数学研究领域有著名的"黄金分割点"，甚至有人提出演员在舞台上不偏不倚地站在"黄金分割点"上的时候，观众才会觉得位置最恰当。从历史经验到审美传统，从数学定理到文艺创作，和谐性原则始终发挥着它潜移默化的作用和规律性。由此不难理解，所谓广告表现的和谐性原则是指广告表现活动要寻求商品事实信息与广告传播主题、广告艺术构想与受众实际需求之间的最佳结合点，从而实现表现与主题统一、形式与内容统一的良好结果。

在广告表现和谐性原则的内在要求下，广告表现不以哗众取宠为荣，不以危言耸听为奇，不以煽动刺激为上，不以愚弄欺骗为主，而是寻求老少皆宜、有口皆碑、喜闻乐见、恰到好处。

广告表现的审美创造过程具有这样的性质：当广告策划者基于受众诉求、产品特色为达到特定营销或宣传目的而进行广告表现时，广告表现行为本身具有明确的自觉性和目的性；而当广告创作完成，信息得以表达、形象得以确立、营销得以成功、效果得以反馈时，广告表现的目的性就得到了最大程度的体现。

例如，我国晋代著名诗人陶渊明有一首脍炙人口的描写归隐田园的诗歌

作品，其中"采菊东篱下，悠然见南山"两句传为美谈，作者喜爱菊花的情怀也溢于言表。但是当奶粉制造商"南山奶粉"将其作为广告宣传的创意理念时，其目的性就显而易见。

再如，2004年底我国知名品牌"白沙集团"借助我国田径选手刘翔在雅典奥运会上夺得110米栏冠军的事件，迅速反应、精心制作了企业形象广告，将运动健儿在赛场上冲刺夺冠的画面与该企业的电视形象广告片"鹤舞白沙、我心飞翔"的镜头穿插剪接，使奥运精神与企业理念交相辉映，激发了广告受众的强烈共鸣，人们在民族自豪感与企业昂扬的奋进精神的双重激励下，自然而然的接受了企业的品牌角色和广告信息。

三、雅俗共赏——广告表现的典型性策略

所谓广告表现的典型性策略，是指广告创作主体运用典型化的方法创造出来具有一定广告本质概括力的与众不同的特殊广告传播形象。

结合传统美学思想，联系广告传播实际，广告表现的典型性原则至少体现在以下几个方面：

1. 广告表现的个性风采

个性风采是使广告创意获得不朽生命力的关键所在。综观中外广告历史的发展，那些曾经风靡一时的优秀广告创意作品，无不具有鲜明的个性风采和独到的个性意识。这种个性风采表现在广告创意的语言组织、形式搭配、情节设计、结构安排、符号选取等等复杂的环节之中，这种个性风采的形成是多种主客观条件相互聚合、碰撞、交融最终沉淀、升华的结果。

例如，国际知名品牌"万宝路"的个性风采，屡屡为人们所谈及。当时的广告大师李奥贝纳，于1954年11月拿到了万宝路的广告代理权，立即向创始人莫里斯提出建议，将淡红改成艳红，让包装更加显眼。贝纳还向创意人员征询意见：什么最能代表男人味的形象？一位文字写作人员建议采用"牛仔"，于是万宝路的牛仔形象就此确定，传播主题亦定调为"释放男人风味"。广告作品透过硬汉手背上的刺青和强壮的双手传达出勤奋的精神和对浪漫时光的回味，令人向往、尊敬的。这种充分展现个性风采、着重塑造品牌性格的表现思路，为"万宝路"带来了巨大的成功。

2. 广告表现的概括特征

突出的个性特征固然是构成广告传播典型性的首要要素，但这种典型性又并不仅仅是单一的个性张扬，它也一定会同时体现着广告传播本质特性与文化语境的多层次关联，一定会同时体现社会文化环境的某种本质或规律性

特点。因此这种特性是基于概括基础之上的个性；这种概括是服务于个性创造的概括。

例如，国内知名酒类品牌"孔府家酒"制作的曾经风靡一时的电视广告作品"孔府家酒，让人想家"，就在广告表现之初考虑到了广告传播的社会文化氛围，并且尝试概括和渲染这种氛围，结果获得了比较理想的传播效果。中华民族自古就有"家和万事兴"的认识，也有每逢节日家人团聚的习俗。"孔府家酒"的电视广告通过激情澎湃的音乐和温情浓厚的画面，交相辉映出离家游子怀念故土、思家想家的感人情怀。可以说，这种创意表现，敏锐捕捉到了广大受众普遍存在的心理感觉，触及了人们社会生活中共通的文化心理本质，实现了广告表现针对文化语境的概括性开掘和互动性表达。

3. 广告创意是个性与概括性的有机结合

说到底，广告表现的个性与概括性之间是一种相辅相成、有机结合的关系。真正优秀的广告表现，一定是兼具个性魅力和抽象概括的全面构想，一定是从中既能找到个性视角又能把握普遍现象的非凡创造。

例如，北京电通广告公司为联想集团笔记本电脑创作的《玉剑扇篇》中平面广告就一个比较出色的作品其中体现了广告创意个性与概括性的有机结合。这个作品把中国传统儒家文化中的人文精神经过整合、概括，提炼为"玉"、"剑"、"扇"这些象征物，进而结合联想笔记本电脑"昭阳"系列的个性特征，构思出广告的主题内容。《玉剑扇篇》一经推出，极大地推动了相关产品的销售，很多消费者是因为看了这则广告之后才决定购买联想产品的，更有读者看到刊载在纸质媒体上的广告后爱不释手，干脆剪下来作为收藏。

四、因地制宜——广告表现的适应性策略

"因地制宜"是一个成语，借用在这里，用以说明广告表现应该根据不同的文化语境开展不同的艺术创造活动，使创作主体的艺术构思与周遭的市场环境、传播环境、文化环境相适合、适应。

1. 广告表现的文化适应

文化传播学认为："文化适应是影响文化传播的重要机制之一……适应原理告诉我们，当一种文化传播到另一个文化圈中时，它必须适应这一文化圈的特殊情形，就好像一棵树要移植他地，它就必须先适应那里的土壤。没有这种适应，传播便不能正常进行，甚至可能半途夭折。"①文化传播学中的

---

① 沙莲香主编《传播学》，中国人民大学出版社，1990年2月版，第73页。

"适应原理"对我们今天看待广告表现活动具有很大的启示意义。说到底，广告传播也是一种文化传播，在广告表现的实践操作过程中，文化适应是一个十分重要的影响机制，尤其是在世界经济全球化、一体化的今天，在广告传播走向世界市场的情境下，文化适应问题就显得尤为突出。

例如，2003 年中国著名信息产业品牌"联想"更换标识的事件就是突出的一例。2003 年 4 月 28 日，国产品牌"联想"召开新闻发布会，宣布"联想"品牌新标识正式启动。从这一天

lenovo联想

图 5－2 "联想"的新标识

起，联想换掉了沿用了 19 年的、价值 200 亿元的标志"LEGEND"，而采用新的标志——LENOVO(见图 5 - 2)与公众沟通。据媒体报道，联想之所以下决心舍弃原有的已经深入人心的标志转而启用新标志，并非一时意气用事，而是基于联想未来发展国际市场的战略考虑。据说原来标志中的名称"LEGEND"在英语世界中被普遍注册，而且在英语语境下毫无个性特色，不易被受众认知和了解，而新标志中的名称"LENOVO"，则可以较好地表达品牌意志和产品特色。说到底，联想的改名无非是考虑到了联想打入欧美市场后的文化适应问题。

2. 广告表现的跨文化传播

所谓跨文化传播，是指涉及不同民族、不同国家或者不同地域的两种或者两种以上文化之间的传播活动。如今，伴随着经济全球化、信息全球化以及文化多元化的发展态势，研究跨文化传播的实际应用就显得十分重要。

早在 1917 年，英国小说家诺曼·道格拉斯就曾预言广告在全球将会有蓬勃的发展："通过广告你可以发现一个国家的理想"。时值今日，从"可口可乐"倾力打造的世界性饮料品牌到中国"海尔"集团强占国际市场；从 IBM 放眼全球的战略安排到以尖端技术和广告宣传打天下的"松下电器"，无不反映出广告表现跨文化传播的生动图景。

因此，广告表现跨文化传播的含义就不难把握，即广告创作主体在表现广告主题和与受众沟通的艺术构思中，应该注意考虑文化的差异性问题，力争以符合文化语境的广告信息消除由于文化差异而产生的交流壁垒，创造出能为多个文化圈内大多数受众所接受和任何的表现形式，从而取得良好的传播效果。

3. 广告表现的"本土化"

随着国际资本的全球性流动，随着中国市场的全面对外开放，近些年来

国外商品和企业纷纷涌入中国市场。我们会发现，当那些跨国公司的商业品牌在中国市场上进行广告宣传时，频频打出"本土化"的旗帜，以适应中国市场的需要和中国消费者的特点。

"本土化"策略是广告传播基于跨文化传播的现实条件而采取的必然选择，是广告传播深入认识跨文化传播的内核本质与传播规律后做出的明智选择。广告表现"本土化"策略的理论基点在于强调不同的国家、民族均有自己独特的不可取代的文化系统。

美国宝洁公司在不同国家市场上推行不同广告创意策略的作法就是一个比较成功的典范。宝洁公司的洗发水产品"飘柔"，在美国的名称为"Pert - Plus"在亚洲地区则为"Rejoice"而中文名字为"飘柔"，其迎合本地消费者和广告受众的用心可见一斑。法国"人头马"白兰地的广告，十分注意针对不同国度的受众采取不同的策略。在欧美国家采用了"干邑艺术，似火浓情"的广告语，而在华人市场，则打出了"人头马一开，好事自然来"的著名广告语，强调吉祥如意的文化品位，应和了中国人重"喜庆"的文化心理，与广告受众形成了良性互动，达到了文化"共鸣"。

五、栩栩如生——广告表现的形象性策略

在广告传播过程中，所有的创意理念和广告信息最终都要转化为可亲可感的艺术形象，特定的概念与构想这些无形的东西转化为具体的、实在的有形的东西是广告表现活动的思维焦点。而广告表现的形象性策略就体现了对这个焦点问题的规律性要求。

广告表现的形象性策略是指广告创作主体应该时时考虑到广告表现的运行，通过对广告主题的明晰把握和对与受众沟通技巧的娴熟运用，创造出可亲、可感、可触的栩栩如生的广告视听形象来，以生动地完成广告艺术构想的对象化为最终结果。简单地说，广告表现的形象性策略涉及以下几个方面：

1. 广告表现注重对感性材料的把握和运用

广告表现的艺术构想来源于创作者对现实客体的具体状态的摄录和捕捉。当创作者在现实情境中通过对产品性能、受众情状、环境特征、文化时尚等的体验和观察之后，就会选取那些最能激发消费诉求、最能吸引受众眼球的细节融入自己的创造性构思中，最终使这些感性材料聚合成为生动的形象。

大卫·奥格威所创造的戴眼罩的男人形象出现在印刷媒体上时，给读者

带来的心理感受；一幅被咬去一角的
广告牌上巨大的 m 形缺口，逼真地传
达出食欲与"麦当劳"的关联。上海
"光明乳业"为美国费城交响乐团访问
上海演出而专门制作的一幅企业形象
广告(见图5-3)。这则广告的创意初
衷明白无疑，目的是在于表达企业关
注支持社会文化活动，提升良好的企
业形象。广告表现的成功之处在于大
提琴的琴面被白色乳牛的斑纹"置
换"，使其具有强烈的"乳牛"的定向联
想。从而把"光明乳业"的概念得以幽

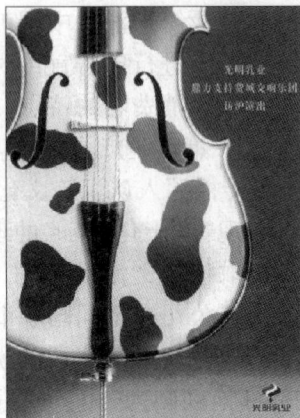

图5-3 "光明乳业"企业形象广告

默风趣的凸现，增强了广告的感染力，令人回味，留下难忘的深刻印象。

2. 广告表现注重丰富的想象和充沛的情感

黑格尔认为，艺术创作的"最杰出的本领就是想象"；别林斯基说"在文
艺中，起最积极和主导作用的是想象"。可见，广告创作主体应该积极发挥
想象的力量，调动起丰富的情感因素，"精骛八极，心游万仞"，动之以情、
晓之以理，创造性组合相关元素，塑造出超乎寻常的艺术典型。

比如图5-4的公益广告平面作品《少了这一点，就不是完整的中国》，
主题直指"祖国统一"，直指中华民族的历史情结，构思巧妙、发人深思、寓
意深刻。

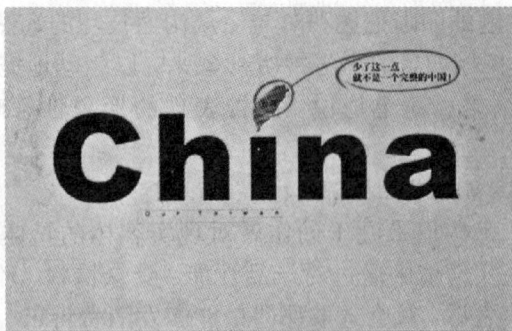

图5-4 图中的文字是：少了这一点，就不是一个完整的中国！

　3. 广告表现注重树立品牌形象

　　"品牌形象"这一概念最早是由广告大师大卫·奥格威于 1961 年撰写的《一个广告人的自白》一书中正式提出来的。从广告学角度看,通常一个成功的品牌可以附着以下几层含义:"属性"—"利益"—"价值"—"文化"—"个性"—"用户"。

　　再以"万宝路"为例。第二次世界大战结束后,菲力普·莫里斯公司将"万宝路"香烟产品配上过滤嘴作为女士香烟开拓市场,结果举步维艰。李奥·贝纳和他的团队提出了在不改变万宝路香烟原有配方的情况下,只改变万宝路品牌形象的方案,把万宝路香烟原先充满脂粉气的形象改造为具有美国西部牛仔风范和男子汉气概的形象,于 1955 年推向市场,结果大获成功。长久以来,"万宝路"始终维持着一贯地品牌印象,并使其深入人心,并形成了代表美国消费文化的一种抹不掉的图腾。

第三节　广告诉求与广告文案

　　现代广告传播活动异常活跃,其作品艺术表现形式也多种多样。一般来说,广告作品往往由语言文字和非语言文字两部分构成。可以说,现代广告传播无论其形式如何灵活多样,但语言文字总是重要的载体。广告作品中的语言文字主要包括标题、正文、标语口号、解说词(广播电视广告)、商标、商品名称、价格、企业地址等,即通常意义上的所谓"广告文案"或"广告文稿"。

　　广告诉求是一个被经常用到的广告学术语,尽管学界对其内涵的界定还存在一定的模糊性,但在这里我们对其做通常意义上的理解,即广告诉求是广告表现的一种实现路径。

一、广告文案的内涵界说

　　由于文化背景的差异和广告实践水平的不同,中外广告界对待"广告文案"的理解不尽相同。在英文中,与"广告文案"对应的词语是"advertising copy",这个词不仅指"广告的语言要素",也往往指广告作品的全部(包括文字、图片、编排等)。在广告活动的早期,广告作品常常体现为一篇语言文字编织而成的"说辞"或"劝服"。所以人们很容易的、也很自然地把广告作品等同于语言文字。然而随着广告实践的丰富,其含义被一步步引申为现代广告作品(advertisement)的全部内容。总的说来,英文中广告文案的内涵有两个基本特点：一是广告文案对广告作品的依附性；二是广告文案的属性是语言文字。

我国的广告界，对"广告文案"内涵的认识还存在着不同的观点。比如，曾出现过"文学派"与"广告派"的分歧。所谓"文学派"，指的是从文学写作的角度来理解和定义广告文案的观点主张；而所谓"广告派"，指的是从广告作品的语言文字构成的角度来理解和定义广告文案内涵的主张。此外，在我国的学术界也出现过"狭义派"与"广义派"的分歧。所谓"狭义派"的理解是，广告文案主要指标题、正文、附文等结构完整的文字广告；"广义派"的理解是，广告文案主要指广告艺术形式中的语言文字部分，无论样式要素是否完整，无论篇幅长短、文字多少，只要是广告作品中出现的以语言文字为载体的信息表达，就是广告文案。

现实的情况是，随着广告实践的不断丰富和广告文案形式表达的千变万化，人们逐渐接受和认可了广义的广告文案的概念，这种认识也逐渐与国际学术界接轨。本书认为，所谓广告文案是指广告作品中的语言文字部分。

二、广告文案表现的基本要求

作为广告作品的常见构成部分，广告文案担负着表达广告信息、传递广告主旨、劝服受众等多重职责，其表现构想面临的要求是多方面的，概括起来主要体现为以下几点：

第一，指向精准。所谓"指向精准"，就是要求广告文案表现对产品特点的精确体察和对企业特征的准确把握，以有利于广告文案彻底地履行其传递产品信息、凸显企业文化的功能和使命。

第二，内涵深刻。所谓"内涵深刻"，就是要求广告文案表现对产品（服务）及其与企业相关联的价值理念、文化主张等方面的开掘。在实际的广告传播活动中，广告文案的思想内容必然要涉及事关产品（服务）精神层面的部分，而广告文案创意主题的构想过程，也往往会将某种看法、观点、见解蕴涵在广告文案的字里行间，但这些思想素材必须符合正确、积极的价值要求。

第三，创想新颖。所谓"创想新颖"，就是要求广告文案表现以新鲜的形式、新锐的视角、新潮的形式取胜。应该说，文字的个数、词语的种类是有限的，但依据语法逻辑对文字、词语的组合与创造是无限的。广告创意以基本的文字、词语为素材，通过别出心裁、独具匠心、不落俗套的文字编排和句子整合，以及段落表达，来体现广告文案创意的独到与新颖，是对广告文案创意人员的基本要求。

第四，富含情趣。所谓"富含情趣"，就是要求广告文案表现善于通过对广告主题的领悟和对目标受众的分析来揭示产品(服务)自身所包含的引人情结和怡人趣味。广告文案的创作实施，可以用平实的手法传递信息，也可以用艺术的手法营造情趣，甚至还可以动用幽默、讽刺、夸张、浪漫等手段为受众营造一种惬意的情趣，让受众在体验广告文案所带来的快乐的同时，自然而然地记住了广告文案所传递的商品信息。

第五，思维独到。所谓"思维独到"，就是要求广告文案表现要"想人之所未想、道人之所未道"，以犀利的视角、敏锐的观察、出人意料的表现体现出广告创意主体的思维独创性。"思维独到"的关键之处在于出"奇"制胜——"奇异"的幻想、"奇妙"的构思、"奇怪"的造型等等，都可以凭借看似"离谱"的文案创作让人感到深思片刻后的释然，让其经历思维路径上的"茅塞顿开"、"豁然开朗"后，享受由此带来的畅快与舒展。

三、广告文案表现策略

通常来说，广告文案表现策略有两种：一种是创意主体直接面对对象发挥主观能动性的创造性活动，称之为"正面表现策略"；一种是创意主体采取侧面迂回、间接地发挥创造性的活动，称之为"侧面表现策略"。下面简单地加以论述。

1. 正面表现策略

直观感觉法——直觉，俗称"第六感觉"。在一些人的眼中，直觉的运用似乎充满着神秘色彩。从心理学的角度讲，直觉也是人们的一种正常的精神活动。直观感觉法的核心就在于凭借直觉确定广告文案表现的构思，此种方法比较适合于涉及产品(服务)、企业的特征等方面的广告宣传。

例如，台湾经销运动鞋的广告文案写道：

鞋子就是路

穿一双不好的鞋子，在一条平坦的路上跑，结果，感觉上还是等于在一条坏路上跑；穿一双爱迪达的鞋子，在一条坏路上跑，结果就等于跑在一条平坦的路上。

(1)情境触动法。人们某种心理感受的生发，往往都是在特定时间、特点地点、特点环境、特定条件下完成的，即所谓在特定"情境"下完成的。如果创意人员能够适时地模拟或渲染出这种"情境"氛围，则很容易触动受众的心理感觉，这就是所谓的"情境触动法"。

例如，以色列航空公司喷气式飞机航班的一则广告文案写道："从 12 月 23 日起，大西洋将缩短 20%"。与这则文案配合的是一幅平面宣传画，画面上的形象是波涛汹涌的大西洋海面，图片的一角被撕去了一部分，在这被撕去部分的空白处写下了这句文案的内容。客观上说，大西洋本身是不会缩小的，但由于飞机航线和航速的改变，更便捷的空中交通使人们产生了地球缩小的感觉。这则广告成功地运用了情境触动的方法，细致地把握住人们心理感受的变化，适时、恰当地描摹出在特定情境下人们的切实感受，有效地打动了消费者的心灵。

（2）比较鉴别法。比较鉴别法就是通过对两个以上相近或相对的事物进行对比性观察和对照性品评来进行正面创意的一种方法。在现代广告史上，很多成功的广告大师都很善于通过比较和对照来辨别优劣、来突出产品（服务）特色，取得理想的传播效果。

例如英国一则"超级商会号"客机航班的广告文案。这则文案配合了两组图片，一组表现乘客被绑在座位上，流露出不堪拥挤的痛苦表情；另外一组表现乘客在座位上悠闲自如，读报、喝茶、听音乐，流露出舒适和愉快的神情。文案中写到："搭乘'超级商会'远离挤迫苦况"。

2. 侧面创意策略

（1）迂回暗示法。迂回暗示法是指通过对有关事物的说明和阐释来间接提示或侧面呈现广告文案创意主题的方法。此种方法的优点在于不直接传递广告的主题信息，绕过消费动机的矛盾之处，避免信息给人感官上的直面冲击，在迂回暗示中透露广告的诉求目的。

比如发动机油的一则广告："用昌牌油，受害者是你的车。"言外之意可想而知。再比如，挪威奥斯陆 JBR 公司，以英国王妃黛安娜为主角制作了一则安全套产品的广告，广告画面上刊载了王妃黛安娜身穿白色晚礼服、头戴桂冠的照片，文案写道："是否随便和人上床，表面上是看不出来的。即使世家贵胄也难得免，还是小心为上"。

此种方法的缺点在于，暗示迂回的程度要把握得当，否则双关的话语、间接的表白容易给人造成曲折、晦涩之感，容易使人费解。

（2）设置悬念法。设置悬念法是指通过悬念来吸引受众的注意，使之产生好奇、惊异或疑惑、恐怖等心理等紧张，然后以信息的传递消除紧张而使之获得身心愉悦的广告文案表现方法。

"设置悬念法"用"符号陌生化"的原理也能说得通。"陌生化"是俄国形式主义文学理论中的一个独创的重要概念。他们认为，与文化相关的日常感觉趋向于习惯性的态势，或称之为感觉的"代数化"、"自动化"，这必然导致对客体的视而不见、充耳不闻。而艺术的功能恰恰在于使我们的感觉非习惯化，从而复活对象。这就需要进行突破日常语言、文化惯例、既有规则的陌生化设计。陌生化把对象从正常感觉领域移出，是对象在受众感觉中"陌生"。陌生化设计突破语言常规与社会传统，迫使受众以新颖的、批判的眼光和注意、感知它们。

美国一家电器商店，故意将广告牌子弄错。本来是一家电商店却悬挂起了文具店的招牌；广告所说的内容也是文具质量如何的好。不少行人发现后，出于好奇心进去告诉店主招牌弄错了，最后在店里逛上一圈，顺便买几样东西。当有人问店主为什么不把招牌改过来时，他笑着说："谢谢你的好意，我暂时还不想改，理由是每一个进来告诉我招牌和广告有错的人都会买几件商品。"

（3）动之以情法。情感是最容易打动人的因子，动之以情法就是发挥情感的感染力，在广告文案表现中注入情感因素，在推介商品功用的"晓之以理"外，加强寻求受众情感共鸣的"动之以情"。从国际广告界的实践看，以现实生活中的人性美好、人性温暖等观念创作的广告作品很容易打动人，因而也容易取得商业上的成功。这种方法的优点在于，成功的情感诉求打消了传统广告传播过程中"受者"对"传者"的天然抵触情绪，有效地化解了劝服性传播过程中受众的逆反心理。

第四节 广告表现的媒介特征

广告表现的过程其实就是一个广告创意的实践化过程，是一个寻找最恰当的元素来营造意境，实现广告创意初衷的过程。而不同的广告传播媒介具有不同的特性与品格，它们各自的特性与品格决定了表现力的不同。当同样的广告创意被分别执行在不同传播媒介上时，具体的广告表现形式和说服技巧就必须进行针对媒介特点的调整。下面，我们专门探讨一下广告表现的媒介特征。

一、平面广告表现的媒介特征

平面广告的说法在广告业界由来已久，这种以空间存在的维度来划分广告媒介物的方法已经成为广告业界的共识。尽管广告媒介物本身可以依照制作方式、信息承载方式、表现样式等标准进行逐层细致的划分，但相对于电子媒介的空间存在方式而言，平面广告这个概念实际上涵盖了以长、宽两个维度存在和表征的所有广告媒介物存在形式。

在日常的广告传播过程中，平面广告呈现在受众面前的是一种图文并茂、生动鲜活的样式，其基本要素包括"图"与"文"两大部分，其主要特征有四：图案表现、文字形式、标识呈现和色彩变幻。

1. 图案表现

图案是造成平面广告视觉冲击力的主要因素；图案是促成平面广告直观形象感的主要方式。

首先，图案的吸引力是完成平面广告视觉冲击力的基本保障。心理学和广告学的研究早已证明，大多数人对于图案的直接兴趣要远远大于对于文字的直接兴趣。现实生活中，我们往往可以直接感受到图案的吸引力。

其次，图案的形象性是造就平面广告形式生动感的有效方式。平面广告的信息传递与传统书籍的知识传递有很大的不同，它的使命在于用以感性的方式兜售产品（服务）。例如，图5-5"奥林巴斯"相

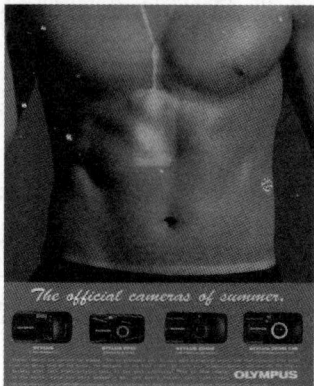

图5-5　"奥林巴斯"相机

机的广告，我们很容易理解并赞同创意主体的奇思妙想，一个摄影的爱好者，一个相机的忠实消费者，一个"爱""奥林巴斯"的人，它与相机的关系会是怎样的呢？图案的出现，让一切变得光鲜和生动起来，图案的形象性成为最夺人眼球的看点，模特身上的印记正好诠释了对"奥林巴斯"的喜爱。

在实际应用中，平面广告图案又有诸多具体形式：照片、绘画、漫画、绘图等。

2. 文字形式

"文字内容"仰仗语法逻辑和文思写作，而"文字形式"则更多地有赖于图形的变化和色彩的搭配。从另外一个角度说，好的"文字内容"客观上需要有好的"文字形式"加以呈现；追求文字的内容固然重要，但单调的形式同样会损害内容的表达。"文字形式"主要包括三个方面：字体、字号、文字编排。

3. 标识呈现

标识通常指产品(服务)的商标,俗称"牌子",是产品(服务)用以显示特色、区别其他的标记,是一种融会产品(服务)内涵特质、文化背景的独特的、可辨别的视觉符号。在平面广告的创作与设计中,标识呈现是一个至关重要的环节。现实的情况是,对标识的突出和强调是提升组织知名度、打造品牌形象的有力手段。标识的构成往往是文字含义的浓缩和图案色彩的抽象,是有关组织各种优势要素的整合后的符号视觉化产物。在平面广告作品中,标识经常与商品名称或组织名称并列,形成统一的产品(服务)形象,由此也产生了广告研究的新的学科领域,如今方兴未艾的"商标学"、"品牌学"就属于这个范畴。

4. 色彩变幻

从广告心理学的角度看,色彩实际是视觉系统对一定波长的电磁波的反映结果。在日常的平面广告作品中,色彩的运用十分普遍。事实证明,色彩的运用对于吸引受众的注意而言十分有效。

二、广播广告表现的媒介特征

一般来说,广播广告通常是指利用"声音广播"这种媒介来传播产品(服务)信息的广告。广播广告是有声广告,是整个广播节目的一部分。众所周知,广播媒介是一种有声语言、音乐和音响混合型的单一声音的媒介。因此,广播广告最大的"魅力"就在于它的"声音";此外,广播广告还充分利用了广播媒介时效性强、传播范围广、声情并茂、通俗易懂、形式多样的特点,实现着快捷、广泛、通俗悦耳和灵活多样的信息传播。

在新传播技术迅猛发展的当今社会,作为传统大众传播媒介的广播正面临着越来越大的挑战。从媒介特性的角度看,广播广告既具有某些优势,同时又具有某些局限,两个方面构成了广播广告的媒介特征,简要描述如下。

1. 广播广告的"迅捷性"

所谓"迅捷",可以理解为两个层面的意思:一是说广播广告传播速度快,即"迅速";二是说广播广告信息获取容易,既"便捷"。以"迅速"而论,众所周知,广播广告凭借每秒30万公里的速度,在极短的时间内将信息扩散开来;以"便捷"而论,显而易见,收听广播广告十分简便、自由和随意,随着收音机向小型化发展,这种"便捷"表现为"随时随地"和"随手可得"。

2. 广播广告的"灵活性"

所谓"灵活",主要针对广播广告的制作周期而言。通过比较几种大众传播媒介广告的制作周期短不难发现，广播广告的制作周期最短。因此，广播广告更容易适应在激烈竞争的市场条件下，企业随时调整宣传策略和传播技巧的需求，更有利于广告传播的灵活实施。

3. 广播广告的"渗透性"

所谓"渗透性"可以理解为两个层面的意思：一是说广播广告的受众广泛、群体多样，可以较少受到个体的"文化程度"、"教育程度"等因素的制约，而体现为"门槛"较低，容易被受众理解和接受；二是说广播广告与人们的许多日常生活行为可以同步发生，不易产生冲突，广播广告往往会成为难以阻挡的"家庭访问者"融入人们的日常活动之中，会对受众产生潜移默化的作用。

4. 广播广告的"共鸣性"

所谓"共鸣性"指广播广告善于凭借"声音"而打动"心灵"，以"只闻其声、不见其人"的方式拓展受众的想象空间，同时以饱含感情色彩的有声语音来激发受众心理上的共鸣。历史上，美国流行歌手凯特·史密斯在二战期间进行的"马拉松广播"就是生动的一例。凯特·史密斯为了号召美国民众购买政府发行的"战争公债"，在电台广播节目中连续进行了24个小时的广告说服，创造了帮助售出几千万美元公债的奇迹。

5. 广播广告的"单调性"

所谓"单调性"指广播广告在符号运用上单纯依赖声音符号的局限性。由于广播广告依赖于听觉媒体，因此无法展现有关产品（服务）的"形"与"色"，更无法做到像电视广告那样的"声画兼备"，因此在其表现力和影响力上往往逊色许多，显得"单调"和"有限"。

三、电视广告表现的媒介特征

电视是当代社会生活中最重要的大众传播媒介之一，当然也是最重要的广告媒介之一。电视声像兼备、视听结合，是目前为止最具综合表现特色的传播媒介。电视广告是一种依赖电视媒介向受众传递广告信息的广告样式。电视媒介本身所具有的特性，也在电视广告身上打下了鲜明的烙印。可以说，电视广告的特性就是电视媒介特性的深化与发展。

1. 视听觉综合化

与其他媒介广告形式相比较，电视广告"形神兼备"、"声画合一"，使用了多种传播符号，集视觉符号、听觉符号、语言符号、非语言符号于一身，基本上顺应了人们感受客观事物的规律，至少在人类获取信息的最重要的两个渠道"看"和"听"上，使信息的传递畅通无阻，从而大大消除了受众对传播内容理解上的障碍。这种"符号综合化"的特点，使得电视广告更容易传递信息，更利于引起受众的注意，更有效地加强了传播效果。心理学实验早已证明：视听结合、多种符号的信息传递所带来的记忆效果，比单纯使用视觉和听觉一种手段传递信息所带来的记忆效果高出三倍以上。传播学的研究也证明：在面对面的人际传播过程中，语言符号所传递的意义和信息至多不超过35%，有65%的社会意义是通过非语言符号传递的。

视听综合化、多种符号融合的特性，使得电视广告有着极为广阔的信息展现空间——不仅利于信息的传递，更利于信息的呈现；不仅善于表现广告信息内容，更善于营造广告传播的情境；不仅能够绘声绘色，更能够引发共鸣、直指人心。

2. 视听觉认知化

电视广告的这个特性也可以简单的叫做"看听即认知"——这一特性，充分体现了电视广告的独特作用，也明显的将电视广告与其他媒介广告区别开来。

在将电视广告与报纸广告或广播广告等进行比较时不难发现：

首先，报纸传递广告信息是以抽象化的视觉文字符号为载体的，这种传递需要读者的知识水平作为基础，所以识字的多少、语文水平的高低等一系列因素都会成为人们通过报纸了解广告信息的门槛；而电视广告是以形象化的声音、图像作为载体来传递广告信息的，显然其"门槛"要低的多，正所谓"看听即可认知"。

其次，广播传递广告信息是以"声""响"为载体的，在某种程度上比报纸媒介更易于人们接受，但是最大的问题在于当人们凭借"声"、"响"去领悟广告信息的时候是需要有生活经验为基础的（比如：一个从小生活在南方的人一生没有见过下雪，那么他很难单凭广播广告中的声响效果认知暴风雪的威力），况且"声"、"响"的表意经常是模糊的（比如：人声嘈杂的背景音响，可能是拥挤的火车站，也可能是繁华的商业街，单凭耳朵和臆断无法充分理解内涵），再者"声""响"有时候很难说清楚现场的情景（比如产品外观上的变化或功能上的多样是很难用语言表达清楚的）。面对这些难题广播广告可以说是无能为力；而电视广告则可以依靠"声情并貌"的画面、随时运动的镜头、面面俱到的场景来——展现产品（服务）件的方方面面，真正做到"看听即可认知"。

其实，对于由电视媒介而带来的电视广告的这一特性，许多学者早已注意到，其中最为著名的是加拿大的传播学者麦克卢汉。麦克卢汉曾说过一段著名的话："……应举双手欢迎电视时代的到来，因为电视恢复了人的本性'报刊书籍'妨碍了人们像现实生活中那样立体的认识世界，而且无情地剥夺了小孩、文盲接触媒介的权利。正是托电视的福，一举克服了这些缺陷。"

3. 视听觉体验化

电视广告的这个特性也可以简单的叫做"看听即体验"。当人们读一篇精彩的报纸广告时，如果没有一定的语文修养很难体会到作者用词的精妙、构思的精巧、文笔的优美；当人们听一段广播广告时，如果没有丰富的生活阅历，联想力，就很难听懂庞杂的背景声中传达的信息——而电视广告却为人们创造了一种方便简易的"视听觉体验"：当人们震撼于电视广告营造的逼真场景时；当人们震惊于电视广告带来的新奇的视听感受时；当人们流连于电视广告制造的迷离幻境时——人们是在通过"看"和"听"而"体验"。

视听觉体验化的特性使得电视广告既可以依凭人们日常的感官经验，激发受众的兴趣，引发受众的共鸣；也可以超越人们通常的所思所想，缔造惊人的声像，触动受众的好奇。视听觉体验化的特性使得电视广告既可以诱导人们由亲身的经历推想产品（服务）的功能；也可以通过新鲜的视听刺激促使受众期待不曾经历的身心感受。当成功的电视广告吊足了观众的胃口、套牢了受众的信任之后，受众往往会将本体融入电视广告之中，与之"同欢乐、共悲伤"，这都是"视听觉体验化"特性的显现。

4. 虚拟现实化

在传播学研究的历史上，早在 20 世纪 20 年代，美国著名新闻工作者李普曼就提出了"拟态环境"（pseudo-environment）的看法。李普曼指出：在大众传播媒介高度发达的社会中，媒介信息传播所带来的信息环境，并非现实环境的"镜子式"的再现，而是传播主体选择和加工、重新加以结构化所提示的环境，即"虚拟环境"。这个理论对我们理解电视广告的特性，具有重要的启发意义。从某种程度上来说，电视广告正是对现实中产品（服务）信息的"提纯—结晶—光辉泛化"的过程。电视广告以"视听兼备"的途径提供信息、竭力宣传、买力叫好，以刺激受众，形成关注；电视广告以"声画合一"的手段，提供形象、营造气氛、制造幻想，以说服受众，产生认同；电视广告以"形神兼备"的方法彰显文化、鼓吹价值、树立形象，以催促受众采取行动、实施消费。电视广告不仅为当代经济活动编织起一道轻柔朦胧的面纱，更构建起作为现实社会文化折射的"虚拟现实"景观。因而从文化寓意上看，当代电视广告就是当代社会经济文化的"曼陀罗之梦"。

案例分析

"独"一无二的迪斯尼 ①

将自己的形象刻上邮票和徽章,然后飞向世界各地。怎样? 这样的营销妙招够"独"吧? (参见图 5 - 6)

歌舞表演在广州街头可谓司空见惯,在繁华的商业区,但凡稍具规模一点的宣传活动,都免不了要请一帮艺人前来助阵。但即便如此普通的一道菜,以富有想象力出名的迪斯尼仍然能炒出不同的滋味来。8 月 14 日至 22 日在广州举办的"米奇欢笑75 年"主题活动上,活泼可爱的米老鼠、唐老鸭和大笨狗布鲁托的出现吸引了不少路人驻足。迪斯尼公司称,米老鼠这次广州之行,是众多亚洲区表演中场数最多的一站。

图 5 - 6　米奇欢笑 75 年

尽管迪斯尼动画系列在中国市场影响力极大,但是在过去,迪斯尼公司很少在中国市场露面举办大型活动。而今年,有心人士不难注意到公司不仅在香港和内地频频亮相、主动与媒体接洽,而且据了解,最近还有在媒体投放广告的计划。这些迹象表明,正在建设过程中并将于明后年启用的香港迪斯尼乐园已经启动了市场营销之车轮。

香港迪斯尼乐园计划于 1999 年公布,预计 2005 至 2006 年间开幕,是迪斯尼全球第 5 个以迪斯尼乐园模式兴建、迪斯尼全球的第 11 个主题乐园。这个乐园基本上是填海而造,而且历时如此之久,投资之巨可想而知。如此大的一项工程,其营销计划也是相当庞大和严谨的。而且最令人惊叹的,是其每一个营销计划的匠心独运。

"独"招 1:邮票徽章成信使

迪斯尼动画系列,儿童是最忠实的消费者,可以预见:未来的香港迪斯尼乐园,他们将是游客中的核心阶层。因此,如何针对儿童及其父母来进行营销,是迪斯尼首先要做的一篇大文章。怎样才能把信息有效地传达到孩子眼中? 邮票可能是一个非常理想的选择。因为儿童对图画的记忆敏感度要超过文字,而且不少经济条件较好的家庭都鼓励孩子把集邮作为一个高雅的兴趣来培养,造就了一批小邮迷。在 2004 年 1 月底 2 月初举行的"第十七届亚洲国际邮票展览会"(2004 年香港邮博会)上,就有来自香港 1800 多家中小学的 4500 名学生前往参观。迪斯尼当然不会放过这样的营销良机。邮博会上,香港迪斯尼乐园设置了展摊,展出以乐园的 4 个主题园区为题材的印章及设计概念图。同时向前来参观的学生们赠送了精美的乐园纪念徽章。这些徽章可以在乐园开幕以后用来与其

---

① 本文摘自伊晓霞《"独"一无二迪斯尼　香港迪斯尼乐园营销案解析》,民营经济报,2004 - 8 - 23。

他游客或工作人员交换（见图 5 - 7）。

香港迪斯尼乐园市务及销售副总裁陈敬考表示，为纪念香港迪斯尼乐园于 2003 年动土而发行的首批纪念邮票深受集邮人士欢迎。因此，他们还将与香港邮政合作，于 2004 年 7 月发行一套纪念迪斯尼乐园创立 50 周年的"迪斯尼乐园金辉庆典纪念邮票小版张及徽章套装"。套装内有一枚为香港迪斯尼乐园而特别设计的徽章，以及一套以米奇老鼠过去多年来的成长为题材的珍藏纪念邮票，既庆祝全球首个迪斯尼乐园开幕 50 周

图 5 - 7　迪斯尼纪念徽章

年，亦寓意即将落成启用的香港迪斯尼乐园在未来 5 年延续迪斯尼的奇幻。此外，在香港迪斯尼乐园隆重开幕时，公司还将推出另一崭新的珍藏系列。凭借邮票和徽章发行造成的冲击波，迪斯尼乐园把自己的形象深深刻在了香港孩子的心中。当其正式开幕之后，这股冲击波估计还将随着一波波的内地游客继续扩散开来。将自己的形象刻上邮票和徽章，然后飞向世界各地。怎样？这样的营销妙招够"独"吧？

"独"招 2：特色珠宝只在园中卖

在吸引成人游客这一块，香港迪斯尼也可谓绞尽脑汁。对内地成年游客来说，香港最具吸引力的是什么？可能很多人的答案都是"购物"。购物向来就是旅游的一个重要部分。但令人遗憾的是，国内很多主题公园娱乐设施虽然不错，但在纪念品的开发上缺乏特色，令人一看便倒足了胃口，再也提不起购买兴趣。而迪斯尼在这方面真正体现了"大家"手笔。

香港迪斯尼乐园今年宣布，将引入香港最著名的珠宝首饰品牌之一周生生，在园内营运商店。周生生将提供一系列由钻石、黄金、纯银和白金镶制以及其他设计独一无二的珠宝饰品，而这些产品只会在香港迪斯尼乐园分店内独家发售。其中一些珍藏版饰品将会以香港迪斯尼乐园内的景点为设计主题，例如只会在该店独家发售镶嵌有钻石或其他宝石的睡公主城堡。其他精选产品还包括专为庆祝特别纪念日子而设计的限量版饰品，例如香港迪斯尼乐园的盛大开幕、周年纪念或其他节日活动。来自本地和外地，包括日本及意大利的设

图 5 - 8　周生生于香港迪斯尼乐园开设经营的小镇珠宝店（Midtown Jewelry）

计题材，都有参与拓展专门为香港迪斯尼乐园而设计的产品系列。这些产品将会糅合本地色彩和迪斯尼的奇妙乐趣，见图 5－8。

此外，香港迪斯尼乐园内的每间商店将会根据所处的位置而定下主题，务求令游客在每个主题园区——幻想世界、探险世界、明日世界以及美国小镇大街都感受到完全不同的独特气氛。届时将有 5000 多种产品于香港迪斯尼乐园内的商店发售，包括布偶、衣服、糖果、糕点、纪念品等，还有只在香港迪斯尼乐园内独家发售、数之不尽的迪斯尼精品。

本章小结

本章从剖析广告创意的特点入手，探究了广告创意与表现的内在规律。广告创意是指人们基于实际调查的基础之上，依据广告主的营销目标，通过对广告传播规律的灵活把握，面向受众所进行的一系列思维创造、智慧创想的广告实践活动。一般来说，广告创意具有如下四个基本特点："创造性"特点、"转换性"特点、"穿透性"特点、"科学性"特点。广告创意的构思方法包括：辐射构思与辐合构思、顺向构思与逆向构思、纵向构思与横向构思；广告创意的构思技法包括：头脑风暴法（brainstorming）、记忆展开法、语言暗示法、ZK 法等。广告的表现策略有：真实性策略、和谐性策略、典型性策略、适应性策略、形象性策略。广告文案表现的基本要求是指向精准、内涵深刻、创想新颖、富含情趣、思维独到。广告文案表现策略有两种，即 正面表现策略和侧面表现策略。

在日常的广告传播过程中，平面广告呈现在受众面前的是一种图文并茂、生动鲜活的样式，其基本要素包括"图"与"文"两大部分，其主要特征有四：图案表现、文字形式、标识呈现和色彩变幻。广播广告通常是指利用"声音广播"这种媒介来传播产品（服务）信息的广告，广播广告具有"迅捷性"、"灵活性"、"渗透性"、"共鸣性"、"单调性"的媒介特征。电视广告是一种依赖电视媒介向受众传递广告信息的广告样式。电视媒介本身所具有的特性，也在电视广告身上打下了鲜明的烙印：视听觉综合化、视听觉认知化、视听觉体验化、虚拟现实化。

思考和练习

1. 你如何看待广告创意？你了解哪些有关广告创意的著名人物和理论？

2. 关注你身边的优秀广告作品，尝试总结其表现策略？

3. 你能够驾驭广告文案吗？你最欣赏的广告文案作品是什么？

4. 你如何看待当今的各种大众传播媒介？你认为各种媒介之间有何区别？

第六章 广告的媒介选择

压题图片

图6-1 以手机为平台的广告

以手机为平台的无线广告与传统媒介的结合，构成了一种全新的广告传播模式，它将对人们的生活方式和消费模式产生深远影响。随着3G手机的出现和移动互联技术的成熟，手机对传统媒介的渗透日益深入，成为极具潜力的新兴广告媒介。

学习要求：广告媒介是广告传播所借助的物质手段，凡是能够刊载广告作品的物质都可以称作广告媒介。不同类型的媒介，由于自身载体物质、技术手段不同，在长期发展过程中形成了各自不同的性质特征，正是这些特质决定了不同类型媒介传播效果的不同，决定了它们在承载广告上的优势与劣势。深入了解广告媒介的特质是制订有效的媒介策略，充分发挥各类媒介优势，及时、准确、有效地将广告信息传达给目标消费者，以及建立良好媒介关系的一个重要前提。本章分别对传统广告媒介和新兴广告媒介的特质进行了系统分析介绍，着重从广告传播角度探讨它们的选择、组合策略。通过本章学习，要了解各类广告媒介的传播特点，适用范围；重点掌握选择各类广告媒介的方法及注意事项；能够根据市场和广告因素制订出有效的广告媒介组合策略；在操作层面上，要求能够独立完成媒介计划书的撰写。

关键词：新媒介；媒介价值；媒介选择；媒介组合；媒介计划；媒介目标

人们通常把媒介定义为将信息从一端传送至另一端的载体。"现代大众传播学之父"施拉姆指出，媒介就是插入传播过程之中用以扩大并延伸信息传送的工具，它起着承载、传递信息给大众的作用。传播学者麦克卢汉对媒介的定义是：媒介即信息。媒介不只传递信息，还告诉人们世界是什么样子。人们在掌握文字前主要使用当面交谈的手段，即听觉、视觉并用。而有了印刷文字后，人们便长期依靠报刊、书籍；及至有了电视，人们才视觉、听觉并用，既延长了感官，也恢复了感官的平衡，因此，媒介又是人的延伸。媒介是广告主和消费者进行沟通的桥梁，媒介费用的支出占去了大部分的广告预算，因此要取得良好的广告效益，就必须清楚各类媒介的特性和受众接触媒介的形态，这也是进行有效的媒介选择的前提条件。

第一节　传统媒介与新兴媒介

广告媒介的分类方式是：

按传统地位来划分，报纸、电视、广播、杂志由于历史悠久，应用广泛，称为"传统媒介"。目前，传统媒介在市场上仍然占有绝对优势；新兴媒介主要指传统媒介的数字化形态或者通过数字技术而相互融合的传播媒介。譬如网络媒介、楼宇视频媒介、手机短信媒介等。新兴媒介正凭借自身无限的技术潜力，为媒介市场的发展开拓新的领域。

按表现形态来划分，广告媒介可分为印刷媒介(又称平面媒介)、电波媒介、户外媒介、光源媒介、交通媒介、售点媒介、赠品广告媒介、空中广告媒介(包括气球、飞船、飞机、风筝等)、录像广告媒介、活人广告媒介、体育广告媒介等。

按人的感觉来划分，广告媒介可分为视觉媒介、听觉媒介、视听两用媒介和嗅觉媒介。

按传播面来说，广告媒介分为大众传播媒介和分众传播媒介(即小众传播媒介)。对大多数人的传播，称为大众传播。所谓大众传播媒介，是指能够向社会大众大规模传播信息的信息载体。四大媒介(报纸、杂志、广播、电视)就是大众传播媒介。大众传播媒介的特征是：面对不特定的多数人，能作迅速的诉求；广告效果甚大，能广泛地向社会传播，提高企业知名度；在社会上具有权威性，可制造共同话题，增强对企业的依赖感。所谓分众传播媒介，是指诉求目标有限的特定媒介，如各种专业报、科技情报杂志、直邮广告等。分众传播媒介的特征是：面对特定的少数人，能确实掌握需要阶层，有效地瞄准市场目标；与大众传播媒介相比，广告成本低廉；对业界广告，注目率高，容易获得业界的依赖。

本节将采用第一种分类方式，分别从传播方式、传播速度、重复能力、受众主动性、受众卷入度、创意承载和表现能力等方面介绍传统广告媒介和新兴广告媒介的特性。

一、传统广告媒介

1. 报纸广告媒介

报纸媒介是在二维空间内，用文字、图像、图形的配合来传达广告内容的信息载体。人们获得的信息有80%以上是通过视觉获取的，报纸完全诉诸视觉传达信息，以文字和静止的画面、图表为传达信息的手段，具有容量大、易携带、可以反复阅读、便于说明复杂信息、印刷相对粗糙等特点。由于它是最早出现的大众传媒，所以在公众中享有较高的信誉。报纸的发行量较大，因而是受众面最大的印刷类大众传播媒介，是企业比较青睐的广告传播工具。据国家新闻出版总署报刊司发布的《中国报业年度发展报告（2005）》显示：我国目前拥有39家报业集团。每天出版的报纸数量共约1900多种。类型包括：机关报、晚报、都市报、晨报、专业报、家庭生活服务报等。

报纸广告所占版面的大小，是广告主实力的体现，直接关系到广告的传播效果。一般情况下，广告的版面越大，读者注意率越高，广告效果也就越好，因此，广告版面的大小与广告效果是成正比的。按一般常规，报纸广告的版面大致可分为以下几类：跨版、整版、半版、双通栏、单通栏、半通栏、报眼、报花等。究竟选择哪种版面作广告，要根据企业的经济实力、产品生命周期和广告宣传情况而定。一般说来，首次登广告，新闻式、告知式宜选用较大版面，以引起读者注意；后续广告，提醒式、日常式，可逐渐缩小版面，以强化消费者记忆。节日广告宜用大版面，平时广告可用较小版面。

2. 电视广告媒介

电视是视听合一、声画并行的广告传播媒介，其受众广泛，覆盖面广，传播迅速，冲击力、感染力强。它注意吸纳各门类艺术的表现方法，作品中兼容文学、绘画、音乐、戏剧、影视等门类的艺术元素，观赏性很强，审美价值和传播效果同步增长。电视广告通过绚丽的色彩，生动的画面，悦耳的音乐，动听的声音，给公众以较深的印象。同时，电视是现代所有媒介中最家庭化的娱乐媒介，对视听者的亲近感非常强烈，是感动视觉和听觉两方面的媒介，有其他媒介不可比拟的示范效果，说服力强。电视广告的短处则在于瞬间即逝，制作成本较高。

目前，电视广告片的各种常规时段有5秒、10秒、15秒、30秒、60秒等，其中，15秒、30秒的广告最多。5秒时段的电视广告片，其目的通常是为了加深受众对广告信息的印象，强化受众对广告主体特定形象的记忆。因此，一般采用瞬间印象体的表现形式。以一闪而过，却具有某种冲击力的画面，与简洁凝练的广告语相结合，来表现企业形象或品牌个性。10 秒和 15 秒时段的电视广告片，其广告目的是要在短时间内，对广告信息作单一的、富于特色的传播，突出企业形象或品牌个性，或独具的"卖点"。30 秒时段的电视广告片，可以从多角度表现产品的功能、利益点。60 秒时段的电视广告片，具有较为完整的表现形式，可以表现更丰富的广告内容。在选择电视广告文案的表现形式时，不仅要依据广告策略、广告信息内容、广告目标受众等情况，而且还要与时段的选择产生对应。

3. 广播广告媒介

广播是以电波为载体，以声音为传达信息的手段的大众传播媒介。具有听众广泛、覆盖面广、便于携带、传情性强等特点。声音是广播广告最大特点，借助这一特殊的信息载体，广播广告充分发挥声音特性和声音独有的造型功能，通过刺激听众的听觉系统，塑造商品的听觉形象，传播丰富多彩的广告信息。列宁说，广播是"不要纸张，没有距离的报纸"，形象地概括了广播的特点。广播的另一特性是时效性，它可以随时制作，随时收听，十分方便。作为个人性化的媒介，采取个人性化的诉求方法，给予听众以其他媒介不能得到的亲近感是尤为重要的。广播可以向全国，也可以向特定的地域做广告。发布全国性的广告，可以选择全国性的广播网。地方性广告则可利用地方性的广播电台。

总体来看，广播的优点在于信息传播迅速、及时，传播范围广泛，选择性较强，成本低，在传统媒介中是促销作用较强的媒介。其缺点是只有声音传播，信息展露转瞬即逝，表现手法不如电视多姿多彩。在多种媒介的冲击之下，广播不但没有没落，反而出现了复苏的迹象。特别是乘车驾车人员数量增加，群流动性增强，大大提高了对广播的需求和收听率。目前，广播是居民获取信息的重要媒介，全国约有 7500 万居民在获取信息时首选广播。

二、新兴广告媒介

1. 网络广告媒介

网络媒介是以网络技术为支撑的新兴媒介，不仅具有报纸、广播、电视等传统媒介及时、广泛传递信息的一般功能，而且具有数字化、多媒体、及时性和交互式传递信息的独特优势。它实际上是一种完全区别于传统大众传媒的新型传媒。与传统媒介相比，网络媒介具有数字化、速度快、容量大、覆盖广、开放性、、综合性、交互性、多元化等特点。

自 1994 年 10 月 4 日，美国著名的《热线杂志》（*Hotwired*）首开网络广告先河以来，网络广告就迅速席卷欧美大陆，成为当今欧美国家最为热门的广告宣传形式。网络广告是可确认的广告主通过付费在互联网上发布的具有声音、文字、图像、影像和动画等多媒介元素、供上网者观看收听，并进行交互式操作的商业信息传播形式。它调动了消费者的主动性，消费者可以对感兴趣的商品服务主动点击。据央视市场研究 CTR 的数据，2005 年的中国广告市场总体增长了 18%，而传统媒介除广播增长超过同期外，电视、杂志的增长均有所减缓，报纸媒介甚至出现了 1% 的负增长。与此形成强烈对比的是，2006 年中国互联网广告市场将达到 65 亿元，比 2005 年同比增长 55.9%；并且还将继续保持高速发展，预计 2010 年底超过 250 亿元。TNS 市场研究集团的报告也显示，2005 年全球广告花费最大的美国的所有媒介中，互联网广告增长最快，达到了 12.7%；而在全球广告花费排名前 10 的国家中，法国互联网广告增长最快，达到 73.9%。

中国广告协会会长杨培青女士说："互联网作为新兴的主流媒介已经走入普通中国人的生活，并将以我们难以预估的速度继续增长，它向世人昭示数字信息技术将是发展中国家几百年一遇的跨越式发展机遇和后发优势，也为广告业住入生机和活力。"

2. 手机短信广告媒介

手机短信媒介是以手机为平台，具备接入互联网、通信和广播电视网的功能的移动媒介。手机比电脑普及，比报纸互动，比电视便携，它作为一种新兴媒介挑战传统媒介的前途令人憧憬。截至 2005 年 10 月，中国手机的拥有量已近 3.9 亿，几乎是中国互联网用户的 4 倍。手机技术应用的发展，使其不仅是双向语音通话的工具，而且成为个性化的随时随地收发信息的媒介终端。手机短信在传播速度和效率方面已经超越了传统广告媒介和网络媒介。手机正从一种通讯终端逐渐演变成一种信息终端。有资料显示，2001年，中国移动手机短信发送量是 159 亿条；2002 年达到 500 亿条；2003 年，2.6 亿手机用户发送了 2200 亿条短信。中国 15 至 25 岁年轻人是主要使用短信群体，每天平均要发送短信 5.2 条。仅手机短信服务市场就蕴涵约 10 亿美元的商机。业内人士预测，手机短信将成为下一个新的产业，成为继网络之后的"第五媒介"。其特点包括：

定向性：短信广告打破传统广告媒介定价的行规，广告主定好自己的支出预算，定向定条将广告信息发送给目标客户。

精确性：短信广告的最大特性是直达接受者手机上，"一对一"传递信息，强制性阅读，100%阅读率。

分众性：短信广告直接影响最具消费力的一族，且同一产品可根据不同的分众对象轻松传递不同的广告信息，以求最大程度锁定最有效的目标消费群。

蔓延性：短信广告具有极强的蔓延性，接受者可将信息随身保存，随时咨询广告主，需要时间可反复阅读，并可随时发送给感兴趣的朋友。

灵活性：短信广告发布时间极具灵活性，广告主可根据产品特点弹性选择广告投放时间，甚至具体到某个时间段内发布。

互动性：信息接收者可以采用不同方式回复信息源，及时方便地参与信息的反馈和再创造，其明快的互动性使得手机短信具有越来越强的娱乐性。

以上特征决定了手机短信具有传统媒介无法比拟的传播效果，满足了消费者对个性化广告信息的需要，是传统广告媒介的重要补充。

3. 楼宇视频广告媒介

"楼宇视频"是一种新兴的液晶显示屏的视频广告，主要覆盖大卖场、标准超市、便利店、高尔夫球场、医院、高档酒店等实体接触点，能够比较准确地锁定目标消费群，传播效率更高。

与其他广告媒介相比，楼宇视频广告媒介的特点表现在：首先，受众为在商务楼上班的固定人群，不但锁定性好，而且他们在等候电梯时的收视行为具有强制性。其次，锁定的对象主要是具有高学历、高收入、高消费特征的"三高人群"，尤其适合技术含量高、利润高、服务消费金额高的"三高产品"广告。目前在市场上最有代表性的是以上海分众传播控股有限公司（Focus Media）为代表的高级写字楼楼宇液晶电视，锁定高级白领为首要分众目标群体，受到了广告客户和资本市场的追捧，并把"分众"概念推向了一个前所未有的高度。目前，分众采用的播出形式主要是DVD光盘的录播，今后将与移动数字电视结合，在楼宇视频的液晶终端上实现实时播出。上海东方明珠移动电视公司已经把移动电视发展的平台从公交车、出租车等交通工具拓展到了超市、便利店、餐厅等固定场所。

4. 直邮广告媒介

所谓直邮广告（Direct Mail，简称DM）是通过国家或私营邮递服务公司直接送达潜在对象的广告，通常是以家庭或公司里的人为对象，以指名方式邮递出去的直接广告。例如商品名录、产品样本、企业形象宣传小册子等。具有人性化、针对性强、反映率高，便于控制等优点。每当产品改良换代或者更新时，就可以将产品宣传册按照用户群名单及时无误地投递出去，形式灵活多样，在平面广告媒介中，直邮广告最有针对性。目前，DM 在我国仍处于初级阶段，在 2003 年国内约 1200 亿的广告中，DM 广告的投放总额还不到 5 亿，不到 1%。在欧美和日本的发达城市，这种广告媒介已经占据当地约 10% ~ 20% 的广告份额。这主要是由于 DM 是通过名录数据库选择潜在消费者，把根据这些消费者需求特别设计的邮件邮寄给他们，鼓励他们采取行动，这种有效投放要建立在数据翔实庞大的数据库基础上，但现今这样完善的数据库仍然十分有限。专业人士指出，2006 年以后，DM 广告份额的年增长将在 30% 以上，发展空间极为巨大。

第二节 广告媒介的选择策略

传统媒介的完善与新媒介的涌现，丰富了媒介的种类，为广告信息传播者提供了多种选择。制订科学的媒介策略要从选择媒介开始。严格遵循媒介策略的要求，认真选择符合媒介策略要求的各种媒介，才能高效地将广告信息传递给目标消费群体，达到广告策划的预期效果。

一、媒介选择的内容和要求

受广告预算的制约，媒介策划者必须认真考虑选择媒介的问题。通常而言，媒介选择包含以下问题：

(1)选择哪一种或哪几种类型的媒介。

(2)选择哪一家或哪几家特定媒介。

(3)选择某一媒介的某一特定时间或空间。如，确定选择某一报纸的某一版位，某一电视频道的某一时段。

(4)选择在某一媒介刊播广告的频率和发布量。如，印发多少数目的海报，广告重复发布的总次数，在哪段时间内以何种频率出现等。

媒介选择的有效性，具体表现为几个关键指标：

(1)信息清晰度。沟通渠道媒介必须能够最清晰地传达信息。

(2)覆盖宽度。沟通渠道媒介必须以最低成本与尽可能多的目标对象沟通。

(3)信息强度。沟通渠道媒介必须能满足传播强度需要。

二、影响媒介选择的主要因素

媒介选择是指开展广告活动前对媒介的选择。媒介的选择既要符合产品特性，又要针对产品不同发展阶段特点，不仅要从媒介本身功能进行考虑，更要适合营销策略的需要。以下主要分析影响媒介选择的几个要素。

1. 广告预算

决定广告预算的关键是以地区为单位的消费者购买力。购买力是有差别的，在购买力强的地区，广告预算的投入会比购买力低的地区大得多。在一些情况下，同一企业的产品，在有的地区畅销，在有的地区由于销售网络不够完善无法推出，这时，对于广告能使销售网络得以加强的地区，一定量的广告预算投入是必要的，而对于销售网络尚未建立的地区，则不投入预算为好。

此外，电视广告预算是巨大的，而报纸广告则相对费用低廉。如果广告主财力物力充足，则多以电视广告为主；反之，受资金所限，以印刷广告更为适合。

2. 目标对象

目标对象是商品的需求群体。这一群体可依性别、年龄、职业、收入、信仰、地域等分为若干类型。媒介形式的选择一定要适应对象的特点。如果某产品的目标对象的地区跨度、年龄跨度和职业跨度不大，选用综合性、大众性、全国性媒介开展宣传就不一定是最佳方案，因为它并没有紧扣目标对象特点。

3. 媒介特性

媒介特性是影响媒介选择的一个最重要因素。各大媒介的特性在第一节已有介绍，在这里重点介绍如何依据媒介特性选择媒介。

（1）理性诉求和感性诉求。广告确定了以理性诉求为主，还是以感性诉求为主，这在很大程度上决定了应该选择什么样类型的媒介。报纸、杂志等印刷媒介的特性上是偏向理性的，这类媒介在形成和引导社会舆论方面具有巨大功用。印刷媒介传递信息的能力最强，读者可以自己掌握阅读速度，决定在任何方便的时候阅读，而且内容能够被主动吸收。广告主可以在印刷广告上放入复杂的、详细的、大量的信息。因此，印刷媒介比电波媒介或户外媒介更易于传递信息。

广播、电视等电波媒介的特性是偏向感性的，它们与印刷媒介相比，理性诉求上并不占优势，但在感性诉求方面更上一筹。其中，电视是传递情感最理想的媒介，但由于电视传播的情强制性，以及偏向感性诉求，使电视在理性说服的深度上存在较明显的局限。总之，电波媒介特别是电视，能比印刷媒介传递更多的情感信息，做更有效的产品展示，而印刷媒介在传递理性信息方面则比电波媒介有效。

（2）覆盖面。广播和电视具有很大的覆盖面。可以不受区域和国界的影响。因而电视是那些超越地理、超越种族界限的产品的最佳广告载体。

相对而言，杂志的读者在地理上更为分散，但在人口特征的分布上更集中。原因在于：杂志的读者往往分布于全国各地，但杂志的特定内容能吸引，并形成 特定读者群，一些购买群体不大，产品更新不快的产品，选择一些特定的报纸或杂志做广告，对这些品牌或类别的产品会更合算。

（3）速效性。速效性是指媒介需要多久才能将信息传递给客户。广播的速效性历来是四大媒介之最，无论在节目制作的简便和低成本，还是在抵御各种不利自然条件的能力上，都是其他媒介无法相比的。电视能在每时每刻把信息传递给受众，相比而言，期刊杂志则只有在发行日才能把信息传递给受众，因而杂志广告的传播速度比电视慢。此外，从媒介广告制作的时间看，电视是最慢的，而广播可能是最快的，然后依次是报纸、杂志和路牌广告。

（4）影响力。各大媒介本身的影响力是不同的。以影响力来选择媒介时，首先应根据与被确定的诉求内容最为吻合的标准来选择媒介和广告单位，选择各媒介的广告投放规模以及投放时间。其次应考虑同一媒介内部由于时间、位置、节目栏目种类的不同，其发布广告的影响力的差异。

（5）场所。场所是指受众最可能接受到信息的地方。如电视通常是在家里看；广播可能会在驾驶车途中收听；印刷媒介一般也是在家里或者在办公室里阅读，而户外广告和 POP 广告（售点广告）是在户外或卖场接触受众。如果广告能够恰如其分地出现在消费者作出决定的场所，那么这种广告一般最有效。如平常的日常生活用品，购买时不用做太多太复杂的思考和决策，所以采用 POP 广告和卖场媒介最为合适。通过电话联系的服务项目，如家政服务则应该在黄页媒介上做广告。

4. 产品特点

产品本身特点也是影响媒介选择的一个重要因素。在选择媒介时，必须考虑企业或产品本身的特点。各种商品的特点、性能、用法和使用范围均不相同，广告要求也不相同。有些产品是全国性的，有些则是地区性的；有些是全年性的，有些则是季节性的；有些商品必须用大量文字进行说明，有些则需要用色彩或画面进行表现。广告主应针对自己商品的种类和特性来选择媒介。如专业性产品应选择专业性的报纸杂志或直邮,而不宜采用综合性的报纸杂志。此外,各种媒介在示范、表现、说明等方面的潜力各不相同。如时装广告最好刊登在印制精美的彩色杂志上。

5. 影响媒介选择的几个数量指标

以上四个因素是从定性角度来考虑对媒介的选择,下面的几个数量指标则从定量角度来考虑。

(1)收视(听)率、毛评点和千人成本。收视(听)率(Rating)指收看(听)某一电视节目(广播节目)的人数或家庭户数占拥有电视(收录机)的总人数或家庭户数的百分比。

毛评点(Gross Rating Point,简称 GRP)也称总收视点,指在一定广告排期内(通常为四周),在特定频道(或若干频道)、特定时段(或若干时段)的广告播出后获得的收视率之和。毛评点是使用一系列媒介工具所产生的累积(非重复)阅听者印象的表示方法。毛评点也常被认为是目标收视点,是一种用来衡量目标受众阅听媒介的尺度和准则。

视听众暴露度(Impression)与毛评点意义相同,只不过毛评点是百分数,而视听众暴露度是一个具体数字,两者存在以下的关系式:

$$毛评点 \times 人口基数 = 视听众暴露度$$

视听率每点成本(Cost Per Rating Point,CPRP),或每毛评点成本(Cost/GRP)就是在广播电视媒介购买视听率每点的成本。毛评点成本的主要功能是估计在一个市场内或全国市场中电视或广播计划之广告排期表的总成本:

$$每毛评点成本 = 时段价格 \div 时段总收视率$$

需要指出的是,每收视点成本不能成为衡量一个媒介成本的绝对标准,因为每收视点成本还与以下四个因素有关:媒介购买的折扣;广告投放的版本长度(15 秒还是 30 秒);投放的具体频道;在相同的每收视点成本和千人成本下的到达率和接触频次不一定一样。

千人成本(Cost Per Thousand,简称 CPM)是以一种媒介或媒介排期表送达 1000 个人或"家庭"的成本计算单位。即媒介每接触 1000 人所需支付的金额。千人成本以两个因素为主要关注的指数对象——受众和成本:

千人成本 = 购买所有受众费用 ÷ 所到达的对象人口数 × 1000

（2）到达率与暴露频次。到达率（reach）指媒介所涵盖的阅听者总数；视听众的总人数。到达率不考虑重复。到达率的提高，意味着载体的传播广度在增加，覆盖范围在扩大，广告宣传的产品的知名度会扩大。

有效到达率（effective reach）也称为有效接触频次，是一个描述广告接触频次与广告效果的关系的概念。有效频次是我们目标对象需要看到多少次广告才能明白它，并产生效果。如果一个需要看到 10 次的广告只被看到一次，那么这一次的广告非但没有效果，反而是浪费，如果看到 12 次以上，那么这 2 次也是浪费。有效频次是极其重要的，GRPs 是频次和覆盖率的一个产出，少量的目标观众看足够次数的广告当然较大量的目标观众看非足够次数的广告来得好，所有会影响频次的参数都会被考虑在有效频次评估表内。

暴露频次（frequency）在广告行业内，也习惯地称为接触频次。通常指一个月内一则广告到达受众的次数。

有效接触频次（effective frequency）指对消费者达到广告诉求目的所需要的广告暴露频率。

（3）有效频率和持续性。有效频率是指信息暴露的最小和最大的重复次数之间的范围。如果暴露小于最小次数，信息不会被记住，超过了最大次数则造成浪费。

持续性指的是广告信息时间上的安排。高持续指的是在营销时间内（如 1 年）连续不间断地做广告。低持续指的是在一年时间内有些时候做广告，有些时候不做广告。

三、不同媒介的具体分析

1. 电波媒介选择（电视、广播）
（1）哪一家电（视）台
□ 什么时间的节目
□ 哪一天
□ 插播的位置
□ 投放的广告版本长度
□ 是否选择节目套餐
（2）每则广告成本
□ 每则广告的总视听指数

□收视(听)点成本 CPRP

□千人成本 CPM

(3)覆盖地区

□干扰度

□编辑环境

□广告环境

□相关性

2. 户外媒介选择

(1)受众的角度

□设定目标对象在活动路线所可能接触到的户外广告的地缘位置价值，即户外媒介所可能接触的目标消费者的数量

(2)媒介的角度

□户外媒介本身的形式及大小，即媒介本身的被注意的程度

□高度、尺寸、能见度、材质、露出时间

3. 平面媒介选择(报纸、杂志)

(1)哪家报纸,哪几期杂志(封面日期/出售日期)

□广告数量

□广告位置

□每则广告成本

□每则广告的总视听指数

□刊登的文案

(2)媒介角度

□发行量(circulation)(订阅、零售、赠阅)

□覆盖地区

□编辑环境(形象、地位)

□广告环境

□平面干扰度

□形式(版面大小及数量,出版周期)

□印刷质量

□印刷媒介选择(报纸、杂志)

(3)受众角度

□阅读人口(阅读人口 = 发行量×传阅率)

□阅读率

在固定时间内阅读特定刊物的人口占总人口的比率

□ 传阅率

每份刊物被传阅的比率

□ 阅读人口特性

性别、年龄、教育、职业、收入

4. 网络媒介的选择

□ 点进次数(网上广告被用户点击、浏览的次数)

□ 点击次数(每一次当访客通过点击这个横幅广告访问商家网页,称点击一次。点击次数可以客观准确反映广告效果)

□ 点击率(网上广告被用户点击、浏览的次数)

□ 点击率(是广告吸引力的一个标志。如果这个网页出现了 10000 次,而网页上的广告点击次数为 500 次,那么点击率为 5%)

第三节 广告媒介的组合策略

除了准确地选择广告媒介,媒介策划者必须综合考虑媒介投放的组合因素,包括根据不同的目标人群、地理区域、时间段要有不同的媒介侧重考虑。这些因素与市场营销密切相关,广告媒介组合策略是指如何在一个给定的时间段内平衡不同媒介类型之间的媒介组合,以达到最佳广告效果。媒介组合可以把广告费集中投放在同一个类型媒介上,也可以分散投放在不同的媒介上。一般来讲,在特定市场条件下,媒介策划者要全面考察市场和广告因素,才能制订出一个有效的广告媒介组合策略。作为媒介组合的运用方式,集中媒介组合策略和媒介分类组合策略分别有其合理性和局限性。

集中媒介组合策略是指广告主把广告费投放在一个单一类型的媒介上。这种广告投放是在目标消费群的广告接触度非常窄的情况下实施的。它使细分市场的目标受众对广告产生深刻的印象,促进消费者对品牌熟悉度的自然增长,从而营造一个品牌受到普遍欢迎的氛围。但如果目标消费群的广告接触度非常宽,这种媒介组合就会使广告信息传递有一个潜在断层。此时就应该考虑使用媒介分类组合策略。

媒介分类组合策略是指把广告费放在不同类型的媒介上。这种方式可以使广告主针对不同的目标对象,利用不同的广告媒介,传递不同的广告信息,这对有不同目标群体的广告主来讲尤为重要,比如在儿童食品的广告投放中,会在周六早上投放电视广告吸引儿童,而在家庭杂志上投放广告引起家长的注意。

通过不同媒介类型的搭配组合，广告主可以用不同的广告心理描述与同一目标消费者的沟通。广告信息在不同的媒介环境中被传递，使目标消费者对品牌保持长时间的兴趣，这要比只在单一媒介类型上投放广告效果好些。同时，消费者通过不同的媒介接触广告，可以使他们更好地了解信息内容。媒介分类组合也可以更好地影响广告到达率。不同媒介类型组合通常会使广告到达率高于在单一媒介类型投放广告。总之，媒介分类组合应本着 1 + 1 > 2 的原则进行。

当然，两种媒介类型以上的广告投放需要更多的媒介预算和广告物料准备，这就意味着广告时段和版面的采购量相对减少。当广告制作成本占去广告预算一大部分时，媒介分类组合策略的效果将大打折扣。

由于广告活动中使用集中媒介组合策略的情况较少，大多数情况，需要调动多种广告媒介共同发布。本节着重介绍媒介分类组合策略：媒介种类的组合，媒介载体的组合，以及媒介单元的组合。

一、媒介种类的组合

媒介组合指将经过选择的广告媒介进行合理的时间、版面等配置，以提高传播效果。媒介的组合可以遵循以下原则：①有助于扩大广告的受众总量；②有助于对广告进行适当重复；③有助于广告信息的互相补充。如做房地产广告可以在地方电视台宣传品牌形象，在报纸、杂志以及 DM 中详细说明产品品质及各项指标，在广播中提示相关促销活动及时间等。

根据以上原则，媒介策划者就要依照广告主的具体情况，选择适合自身的组合方法。

1. 电视、报纸组合

这种组合方式是利用电视传播速度快、冲击力强的特点与报纸信息量大，目标消费群集中的优势进行组合，使品牌认知及产品功能得到同步发展，从而有利于整体形象的突出及提升。

2. 电视、广播媒介组合

这种组合利用电视传播速度快、冲击力强、影响力大的特点与广播收听群体相对固定的特点进行组合。一方面能够提高品牌认知，另一方面又强化产品特性，吸引注意力，提高消费者对产品的兴趣。

3. 电视、户内外媒介的组合

户内外媒介具有提醒、强化的效果。这种组合可以使电视媒介的效果得到延伸，并增强在销售上的提醒，强化使用效果。

4. 电视、杂志媒介组合

电视媒介视觉冲击力强、形象好、可信度高，杂志媒介针对性强，二者组合既能树立品牌形象，又能在产品功能上进行全面说明，对销售有积极推动作用，同时能够影响潜在消费群，使产品的生命力得到很好延续。

5. 报纸、杂志媒介组合

这种组合利用了报纸的影响力，和杂志目标群体的信任，加强了产品功效特点的宣传，吸引了实际消费者或使用者。这种方式对销售有直接推动作用，并能形成相对稳定的目标群体，同时影响潜在消费群体。

二、媒介载体的组合

同一媒介可以有不同的载体，如电视媒介，具有中央台和地方台的不同载体。载体之间进行优化组合，主要有以下方法和形式：

(一)电视载体的组合

电视载体的组合可以分为中央级与区域级组合以及区域之间的组合。

1. 中央级与区域级组合

中央台是全国性媒介，拥有众多频道，影响力大，覆盖面广，是大型企业首选广告媒介。相比地方台，中央台具有花费昂贵的问题。地方台因为具有独特的地方特色和较为完备的设置成为本区域内的视听主导。广告主在考虑使用何种形式时，要注意以下几点：

(1)从企业的发展阶段考虑选择。比如在产品成长期，考虑以地方台为主，或以中央台提高知名度。区域销售达到一定规模，且产品向全国推广时，可以使用中央台为主媒介，省市台为辅助媒介的形式。在产品进入成熟期之后，市场趋于稳定，可以使用中央台与省市台平衡组合，中央台做品牌，地方台做促销。

(2)针对销售区域，选择适当的组合形式。如果产品销售区域是全国，则以中央台为主。如果产品区域销售，则以销售区域电台为主。

(3)选择目标受众集中的频道。

2. 区域间的组合

区域间的组合是指在一省内部或相邻近的省份及部分省、省会之间的组合。这种组合方式强调重点区域的作用。

区域间的组合形式有两种，一种是以重点省的电视台为主要媒介，一般省、市电视台为辅助媒介。其特点是重点突出，同时扩大品牌传播的范围。

另一种形式是重点省市电视台与一般省市电视台的平衡组合。其特点是有利于品牌的迅速推广，扩大目标消费群。

（二）报纸载体的组合

报纸载体的组合主要是全国性发行的报纸与地区性发行的报纸的组合。全国性发行的报纸主要有党报、政府报、行业报以及娱乐性报纸。因为具有放行量大、影响力广和权威性强的特点，在组合上常常被企业利用。地方性报纸由于地方特点突出，易于被当地人接受并产生精读率、所以地方报纸的作用往往更直接、更明确。

报纸载体的组合形式有：全国性发行报与区域晚报的组合；全国性发行报与区域体育、文化娱乐报的组合；全国性发行报与区域行业报的组合。这几种组合的特点是在全国性报纸发表消息或结果，在区域性报纸重点介绍内容。

（三）杂志载体的组合

杂志载体的组合主要有全国发行组合、区域发行组合、全国发行与区域发行组合，以及一般与专业的组合四种方式。

全国发行组合是以几个全国性覆盖的杂志进行组合，其功能特点是可以对品牌进行广泛的传播，同时营造好口碑。但由于这种组合战线时间较长、难于控制，一般较适合无旺季产品。区域发行组合是以几个重点区域的杂志与重点杂志组合，其特点是较为容易控制、区域销售效果明显。全国发行与区域发行组合是以一种或几种全国性覆盖的杂志与重点杂志或重点区域杂志的组合。其组合功能是全国普遍开花，对于产品集中地区，又能做到重点宣传。一般与专业的组合方式是以一种或多种文化娱乐知识性杂志与专业杂志的组合，其特点是适合产品品牌的提升。

（四）广播载体的组合

在运用广播载体时要注意两点：一是由于广播传递信息只能诉诸听觉，所以一般是在消费者对产品或品牌有了一定认知之后进行的，或是配合促销活动进行；二是由于广播具有单一性，一般需要配合其他媒介使用。广播媒介价格相对便宜，在每年销售淡季，企业为了产品不至于被消费者遗忘，往往采用广播形式来过渡。

中央台与区域台的组合可以以中央台为主媒介，各省市台为辅助媒介，或者将两者平衡进行。中央台具有政治性、新闻性较强的特点，地方台具有娱乐性、评论性强以及收听群体划分较细的特点。因而中央台以品牌为主，地方台以促销为主。

区域之间的组合则可以强化品牌形象及认知,针对目标消费群诉求,增强效果。中国广大农村市场有许多产品的机会点,而农村的广播系统又较发达,会经常收听中央台、地方台的广播。在这种情况下,一些适合农村市场的产品均会采用这种区域性组合的形式。

(五)户外载体的组合

户外载体的组合包括重点区域组合、一般区域组合以及重点区域与一般区域组合。

户外载体的组合适宜采用集中的形式,在组合中根据户外广告范围有限,随机性、随意性强的特点,充分考虑到在发布区的效果,制订相应的区域安排,同时还要结合产品本身的状况及市场条件,选择适宜的区域发布,提高户外广告媒介的使用效率,达到集中一方、影响一片的目的。

重点区域组合是指几个具有代表性的重点区域之间的组合。这种组合的目的是着眼于形象宣传,希望把一个良好的品牌形象传播出去。一般区域的组合是指多个有代表性的一般区域的组合,它涉及的主要是区域形象是否会影响品牌形象的问题。重点区域与一般区域的组合是指几个重点区域与多个具有代表性的一般区域组合,其特点是重点区域的户外广告,并能延伸扩展品牌形象。这种组合如同建立一条市场推广形象的推广链,对区域品牌深入人心有很大作用。

(六)网络载体的组合

网络载体的组合可分为搜索引擎类网站和专业性网站组合。

搜索引擎类网站是指日访问量大,具有众多消费群的综合性门户网站,如 Yahoo、sina、sohu 等,很多大广告主在这类网站上投放了大量广告。专业性网站制有明显的行业特征的网站,如淘宝网、NBA 网站等。这类网站吸引了大量具有专业性质的广告主。如 Nike、Addidas 在 NBA 网站上投放了大量网络广告。一般而言,网络载体的组合使用在搜索引擎网站中打品牌,在专业性网站做销售的策略。

三、媒介单元的组合

同一媒介有不同的载体,而不同载体又分为不同单元,单元之间进行优化组合,主要有以下几种形式。

(一)报纸单元的组合

报纸单元的组合主要是报纸版面与版位的组合。

不同的消费者关注不同的版面。媒介策划者不仅要确认出最大群体关注的版面，还要考虑人群的性别因素、购买报纸的时间等。在确定版面后，还要根据产品生命周期来考虑是以产品品牌为主，还是以产品为主进行宣传，这关系到版面上版位的选择使用。

版面版位的组合具体有以下种：首先是大尺寸版面与中尺寸版面的组合。这种组合可以通过大版面来确定品牌，如一定数量的整版或半版组合。第二种是中尺寸版面与小尺寸版面组合。在产品诉求阶段，中尺寸版面已经足够，所以理性产品采用较多。第三种是热门版位与中尺寸版面的组合。如会议期间的头版，世界杯期间的体育版等，一般以 1/2 或 1/4 的热门版面与一般性版面组合。利用热门版面多是提升形象与促销活动时采用，因这个时期注意度较高。最后还有一种是一般版面与小尺寸版面的组合，这种组合适宜告知信息、培训、医疗、招聘、商品的一般性综合信息。

（二）电视单元的组合

电视单元组合有三种形式：时段的组合、栏目的组合、广告长度的组合。

1. 时段的组合

一般电视台的时段分为黄金时段、一般时段和特殊时段。并非所有黄金时段都有好的效果，也并非所有一般时段效果就不明显。充分合理地利用黄金时段、一般时段和特殊时段，一方面能达到预期目的，另一方面也能有效节省资源。

时段的组合一般有黄金时段与一般时段的组合以及黄金时段与特定时段的组合。一般会考虑黄金时段的品牌诉求和一般时段的产品诉求，或者黄金时段的产品诉求和一般时段的品牌诉求，这主要和产品阶段有关。在产品的初始阶段，为打开知名度，一般选择黄金时段作产品诉求，而到了产品成熟阶段，可以选择黄金时段作品牌诉求。

2. 栏目的组合

电视栏目一般都有固定的收视群体，栏目组合的重点在于针对消费者的选择。因为有些栏目的目标消费群体比较模糊，没有固定的消费群，而有些栏目的目标性强，消费群比较集中，因而要根据具体情况，针对产品的消费群体、目标群体或特别目标群体，采取适当组合方式。一方面尽量影响潜在消费群体，一方面加强对目标群体、特别目标群体的影响，使广告有的放矢，达到理想效果。

栏目组合包括同台（频道）、多台（频道）的栏目组合。例如，同一台（频道）的多栏目组合，多台（频道）相关栏目的组合，多台（频道）不同栏目组合。可以针对那些消费群体比较固定、集中的栏目加大投放，而在其他栏目做较少投入。

3. 广告长度的组合

广告长度一般分为 30 秒以上、30 秒、15 秒、10 秒、5 秒，因为受时间长度的限制，所以在表现内容上存在差异。30 秒以上广告一般要宣传全面明确的企业特点、产品功效、品牌形象；30 秒广告则一般简洁地宣传企业特点、产品功效、品牌形象的最主要方面；15 秒广告一般强调企业特点、产品功效、品牌形象的某一方面诉求；10 秒广告则侧重某一方面的重点说明，而5 秒广告则重点突出某一点的说明，比如品牌和口号。

对于时间长度的把握，应视产品而定。产品初级阶段需要时间长的广告来让消费者深入了解产品，适宜采用 30 秒或 30 秒以上的广告；当产品进入成熟期，则适宜选择 15 秒、10 秒或 5 秒的广告为主，维护品牌形象。

其他的载体单元，如杂志的单元组合，同报纸的极为相似，都是版面和版位的组合，而广播的单元组合，又同电视的极为相似，此处不再赘述。

第四节　媒介计划书的撰写

媒介计划书是广告媒介活动的指导性文件。编撰媒介计划实质上是对前一阶段媒介策划活动成果的总结。媒介计划的产生也标志着广告媒介活动进入计划执行、实施的新阶段。

一、媒介计划的含义和内容

为把广告信息最有效地传达给目标受众，根据广告目标的要求，在一定的费用内，对广告媒介进行策划，就是媒介计划。媒介计划必须遵照广告目标，它是广告整体策划的重要组成部分。媒介计划规定着广告媒介目标的制订，指导着广告媒介的选择。简言之，媒介计划就是如何安排广告时段和版面以达成广告和营销目标的过程。所谓的"媒介计划书"就是一种系统的用来指导、规范、约束媒介策划人员选择、购买、运用广告媒介的文字性文件。媒介计划书可以为广告和营销中遇到的一系列问题提供具体方案并阐明理由。

确定广告媒介目标是广告媒介计划的核心。媒介目标是广告信息经由媒介传播后对现实的和潜在的消费者形成的传达程度、影响程度。媒介目标要与广告的整体目标联系起来，通过一些具体的指标如暴露度、到达率、收视率、认知效果等来体现和衡量。媒介的选择与组合，媒介的购买与广告发布时机，这一切都是围绕着媒介目标展开的。

媒介计划是广告计划在媒介部分的具体展开。由于媒介计划是广告信息传播实施前的运筹，因此，要从广告主的整体营销规划、广告目标、广告战略的要求出发。制订媒介计划，一方面要充分深入地对各类传播媒介进行研究分析，一方面也要考虑到与媒介相关的其他作业环节情况，如广告创作、广告费用预算等因素。

媒介计划的实质是确定媒介的选择、组合方案。广告主投入大量广告费用，其中 80% 以上是用来购买媒介的。广告信息能否被目标受众接触到，是广告能否产生效果的第一步。媒介计划是否周密，媒介选择策略运用是否得当，这些都是涉及广告目标能否实现的重要问题。因此，在广告活动中，媒介计划的指定是一个相当重要的环节。

媒介计划的主要内容包括：媒介计划概要；媒介目标与经营目标、营销策略、广告目标和广告策略；所要实现的媒介目标；为实现这一目标采用的媒介策略；实现媒介策略相配套的各种战术；详细媒介预算及效果评估；媒介预定购买排期等。

媒介计划要回答以下问题：

(1)将品牌或服务的广告传递给目标消费者的最佳途径是什么？

(2)需要覆盖多少目标消费者？

(3)目标消费者阅读广告的次数应有多少？

(4)广告应在哪几个月中刊播？广告应在哪些市场和地区刊播？

(5)每种媒介各应投入多少经费？

二、媒介计划书的撰写

媒介计划书的撰写是广告总体策划中的一项重要工作。经过深入分析研究，在对媒介策略深思熟虑之后，就应进一步以规范的文体，采用文字和图表的表现形式，将确定的媒介策略、媒介的发布计划具体、明确地表达出来。由于媒介计划是指导性文件，所以应特别重视其可操作性问题。计划书的结构要求层次分明，逻辑严密，注意各项操作的前后衔接和相互协调。媒介计划书作为一个简短的提案，它只说明了计划的要点，可以使一个繁忙的执行人员或广告主快速了解媒介计划全貌，把握媒介策略、构成要素以及媒介投放的全过程。从实际情况看，媒介计划书的撰写包括以下几项内容：

1．标题、摘要和目录

媒介计划作为一个独立文件需要有一个简明的标题、摘要和目录。摘要即"媒介计划概述"，是媒介计划书的内容提要，具体做法就是把复杂冗繁的内容浓缩成一页的文字，扼要介绍媒介计划的总体构想及简要评述，帮助审阅人员在最短的时间里，对媒介策略和发布计划有一个整体的把握。

2．背景与情况分析

首先从整体上简单扼要介绍广告媒介计划产生的背景。如面对的市场形势、竞争环境；所承担的任务；拥有的资源、有利或不利因素等。

其次，对具体情况进行分析。主要对产品的性质、特点；市场的需求情况；目标市场的分布、规模和发展趋势等；企业的营销目标、营销策略、广告目标、广告表现策略以及广告媒介环境等进行分析。主要分析这些因素对媒介计划的制约和影响，为媒介目标、策略制订提供依据。分析应尽可能列出翔实数据，要兼顾"质"和"量"两个方面。

在实际操作中，对于"与媒介相关的营销目标和策略"的介绍分析常以摘要的形式表现。对于"文案策略与媒介的相关性"分析则应予以重视。文案策略会影响到媒介选择，媒介选择会影响文案策略的实现程度。理想的结果是在营销策略的一致目标下，做到媒介策略与文案策略相互协调，建立相互支持的关系，在最好的媒介中创作出最好的文案。

3．媒介计划的目标

媒介计划的目标是具体的，有时限的，可以用可测定的量化指标来衡量。如在某一时间范围内，目标市场的广告到达率及暴露频次要达到怎样的水平。目标一旦确定，便成为日后计划执行检查、广告效果评估的依据。此外，要求准确陈述媒介目标与营销目标的关系。如果需要的话，媒介的商业特性也需要描述。媒介目标至少应包含以下要点：

（1）目标受众的详细情况（包括人口统计和心理特征）；

（2）预算的使用和使用的上限；

（3）需要的到达率、有效到达率和频次；

（4）需要的持续性以及可持续的方式；

（5）需要特殊的区域比重；

（6）所需的灵活性；

（7）支持促销所必须的媒介投放水平；

（8）创造性策略要达到的目的。

4. 媒介策略

媒介策略是媒介计划的核心内容，需要具体加以阐述。阐述围绕怎样达成计划目标展开，每一个策略必须陈述清楚。每一个策略应与一个或多个媒介目标相关。媒介策略至少应该包括以下要点：

（1）媒介类别选择策略、媒介类别的预算分配以及每一类型媒介的有效到达率和频次水平，并对各种媒介在整体媒介策略中的作用、应用问题作明确回答。如明确回答采用电视媒介的作用，是应用中央台广泛覆盖，还是采用地方台重点集中投放；是作为主打媒介、辅助媒介还是补充媒介。

（2）媒介组合策略：不同阶段的组合方式的调整。如某产品导入市场的广告媒介组合方案：以系列媒介新闻性、服务性报道做铺垫，以电视媒介广告作为产品广告信息发布主线，用杂志、网络广告辅助加强对领先试用目标对象的影响，以报纸广告间歇性发布、POP 及店头广告配合公关促销活动。

（3）媒介区域策略：将预算分配到地理区域的策略及其必须使用的地理比重需求。

（4）媒介受众策略：首要和次要目标市场的界定及其策略目标受众的比重。

（5）媒介行程策略：一年中月、季度的预算分配，一年中月、季度预算的到达率和频次水平。

（6）媒介购买执行策略：使用媒介的详细情况，如订购 15 秒、30 秒或 60 秒商业电视广告、杂志或报纸的全版或半版广告等。

（7）媒介策略论证阐述：每一项媒介运动的基本原理；使用、选择或安排媒介的标准；如果需要，可进一步对各媒介的千人成本标准进行比较分析；解释为何不使用其他策略；现在的策略与先前的策略有何不同；媒介策略与竞争策略的关系；媒介策略对品牌的特殊作用等。

5. 媒介计划细节和说明

（1）确定媒介价值的标准陈述。证明所选的载具是使用媒介标准和预算控制要求的最佳选择。

（2）用数据表明：全部载具组合所达到的净到达率、接触频次、频次分布、全部载具组合的总接触人次，尤其是目标受众的人次。所选择的全部载具的千人成本。

（3）显示每一个媒介的总体费用；每个月使用次数、花费以及每月全部费用。

（4）对目标受众，采用年度流程表来表示载具和每个星期插播率、到达率、频次及每月费用、每年总体费用。

（5）其他对购买者制订执行计划有用的数据。

6. 传播流程图和刊播日程表

依据媒介策略和媒介发布短期排式决定，编制出可操作的刊播日程表。

案例分析

李维牛仔裤媒介计划（截选）

客户：李维牛仔裤公司

产品：达克男士牛仔裤

广告公司：Foote，Cone&Belding

达克媒介投放历史回顾

（1）达克在 1987 财政年度开始全部投放电视广告，1990 财政年度媒介预算的 72% 投放于全国的电视广告。

（2）自 1988 年的财政年度起，媒介计划是以全美有线电视的体育新闻和资讯节目为基础制订的。

在 1989 年美式足球的秋季赛季加入体育节目广告。

——1990 年全面采用多种赛事投放广告。

（3）自产品导入期以来，媒介费用已经增加了 32% ~77% 。

商业目标和策略以及创意目标（1991 财政年度）

商业目标：使达克休闲男装获得 5% ~10% 的增长

商业策略：

（1）维护现有习惯消费者；

（2）激发偶然使用者进一步购买；

（3）激发从未使用过该品牌的消费者购买；

（4）引起对这一品牌毫无印象的消费者的注意。

创意目标：强化达克品牌形象的吸引力

1991 财政年度的媒介预算

达克的 991 年媒介预算是 1700 万美元，比 1990 年增长了 12.6% 。

媒介目标

1991 年的广告效果目标：要在全国范围内使平均到达率和接触频次达到一个很高的

水平。

（1）使全国的媒介投放达到 1990 年的电视广告投放水平（90% 到达率，20 以上的接触频次）

（2）保持一个高水平的有效到达率，同时接触频次达到 5 次以上。

——保持对现有的达克品牌重度和轻度消费者的广告力度。

——需要高接触频次去激发从未尝试过该品牌和对该品牌一无所知的消费者。

总之，1991 年的媒介目标是：

目标受众：

——男性，25 ~ 49 岁。

——休闲裤的重度消费者（每年购 3 件以上）

——高学历、高收入、高职位。

季节性：

——广告的投放排期横跨两季

（1）春季：3 ~ 6 月份

（2）秋季：9 ~ 11 月份

在 9 月份还应兼顾对年青消费者的覆盖。

地域性：

——1991 年做全国广告投放。

——保证在关键销售市场广告力度接近 1990 年的电视广告投放水平。

投放表现：

——全国范围获得 90% 的到达率及 20 次以上的接触频次。

媒介策略

1991 年的媒介投放计划将更多地并经常性地接触男性消费者。有两个方式可以达成这一目标。

1. 地理上

A. 全国电视将达到过去几年插播电视广告没有覆盖的 60% 市场。

B. 全国电视广告和插播广告将使广告的比重明显加强。

2. 电视节目上

A. 体育节目是达克广告投放的基础。

B. 节目广告还将扩展到非体育类但有效果的节目。

对于 1991 年，我们建议媒介策略应是百分之百的全国电视广告投放，主要是以下原因：

（1）电视集视觉、声音和动态于一体，是最有冲击力的媒介。

（2）电视可以让我们显示产品的实际应用性。

（3）利用电视，我们能最有效地调动消费者对品牌的情感。

(4)电视能在我们的主要销售季节有一个高到达率和接触频次。

(5)电视提供了几种节目形式,这些节目形式对我们的目标受众有很高的吸引力。

——自选节目;

——高覆盖节目。

(6)全国电视广告比插播广告更有效。

(7)电视广告已被证明对达克业务的发展极其有效。

1991 年媒介计划建议

预算:1700 万美元

计划要素

体育节目投放

——有线体育新闻和资讯:400 万美元

(1)700GRPs

(2)28 周(春季 14 周/秋季 14 周)

——NCAA 篮球锦标赛:181.5 万美元

(3)120 GRPs(是 1990 年的 3 倍)

(4)4 周

(5)包括购买常规赛季的时段

——NFL595.5 万美元

(6)ESPN NFL + CBS/NBC(是 1990 年的 2 倍)

(7)510.3 GRPs

非体育节目

——有线电视黄金时段:243 万美元

(8)360 GRPs

(9)18 周(春季 9 周/秋季 9 周)

(10)A&E/WTBS/USA/VH – 1/Discovery 覆盖频道

——ABC 晚间新闻

(11)180GRPs

(12)9wks in spring 春季 9 周

媒介计划表现

——91% 的到达率和 20.6 的接触频次

与 1990 年相比较

这个计划与 1990 年相比,达克投放开支增加 12.6%,并且:

1. 毛评点由 1990 年占全国的 50% 增加到 57%(全国联播网)

2. 毛评点由 1990 年占全国的 7% 增加到 43%(插播广告)

这些广告的增加将带来明显的到达率与接触频次增加。

备选方案

以下几个非体育节目的备选方案可测试投放结果。

方案 A　重点新闻投放：削减 NFL 投放至 1990 年水平并在春秋季投放于新闻时段。

方案 B　重点投放有线电视黄金时段计划：在有线电视所有非体育节目的黄金时段投放。

方案 C　全国联播网黄金时段投放计划：在全国联播网所有非体育节目的黄金时段投放。

只有方案 C 的效果没有其他方案那么显著。

（1）重点投放新闻方案接近建议方案。

——在秋季增加新闻投放前达克应加强 NFL 投放。

（2）有线电视计划有点效果并比建议计划有高接触频次，即目标受众最集中。

——将导致有线电视投放过重。

1991 年媒介投放战术

（1）广播电视

最大限度寻求达克品牌的提示

——标版

——滚动字幕

（2）有线电视

寻求白天时段独立节目赞助

——在节目中多次插播

——标版

——滚动字幕

（3）推广

（4）尽可能针对高价值中间商进行有针对性的广告投放

——向他们推介达克的电视广告投放排期

——在电视节目做主题推介

（5）尽量在推广活动中强化品牌认知。

评析：任何一项媒介计划都要先从研究市场开始，达克媒介计划基于大量细致市场调研，对目标受众进行了客观清晰的描述。在媒介计划的目标说明中，简明的媒介目标受众分析是最重要的一个要素。根据实际需要，一级目标受众与二级目标受众也要分别说明。通常，在给定的媒介预算范围内完整地说明媒介目标是比较好的。达克媒介计划尽量在媒介预算内达成了媒介目标。

达克是一个度过导入期进入成长期的品牌。根据以往媒介计划的执行情况和事后评估来看，继续采取以往经验并在此基础上极大广告投入力度是本计划的基本思路。它的目的是稳固已有市场，适度开辟新市场。

　　本计划有利于整个营销目标的实现，考察分析了媒介策略是否符合营销战略目标的基本要求；考察了媒介组合、传播分配是否是达成目标最有效的方案；排列出预估的视听众暴露度，说明媒介计划将达到的效果、效率；与上一年度媒介计划进行比较，说明感念和操作上的改进，同时提供了可供选择的其他方案，寻求最佳成本效益，具有可操作性。

本章小结

　　广告媒介是传播广告信息的运载工具，是广告者与广告宣传对象之间起媒介作用的物质手段，也是生产者与消费者之间的桥梁。传统媒介凭借长期形成的公信力、受众忠诚度和专业的制作能力，能够在内容提供方面发挥自身的潜力；新兴广告媒介以数字技术为支撑，普遍具有精准性、互动性、参与性和自主性等特点，必将对人们的生活方式和广告传播模式产生深远影响。媒介特性是影响媒介选择的一个最重要因素。媒介的选择不仅要从媒介本身功能进行考虑，更要适合营销策略的需要。影响媒介选择的主要因素包括：广告预算、目标对象、媒介特性、产品特点以及相关数量指标。除了准确地选择广告媒介，媒介策划者必须综合考虑媒介投放的组合因素，根据不同的目标人群、地理区域、时间段要有不同的侧重考虑。这些因素与市场营销密切相关，媒介策划者要全面考察市场和广告因素，才能制订出有效的广告媒介组合策略。作为媒介组合的运用方式，集中媒介组合策略和媒介分类组合策略分别有其合理性和局限性。其中，媒介分类组合策略的内容包括：媒介种类的组合，媒介载体的组合，以及媒介单元的组合。媒介计划书是广告媒介活动的指导性文件。媒介计划的实质是确定媒介的选择、组合方案，其核心是确定广告媒介目标。媒介计划的产生也标志着广告媒介活动进入计划执行、实施的新阶段。

思考和练习

　　1. 假设你是某重要品牌香皂的产品经理，你希望通过一条带优惠券的广告使自己的产品行销全国。那么：

　　(1)选择哪种报纸最好？

　　A. 周报　　　　　　　　　B. 日报

（2）如果采用日报，你希望广告刊登在哪个版位？

（3）如果决定采用周日增刊，你会选择以下哪家？为什么？

　　A.《中国化妆品》杂志　　　B.《精品购物指南》

2. 假设你在一家高档家具厂的广告部工作，你会建议采用杂志广告吗？为什么？

3. 你最爱听哪种风格的电台？你能描绘出该电台目标受众的人口统计特征吗？

4. 对于小广告主，新兴媒介具有什么重要意义？

5. 请为当地某品牌月饼撰写一份拟在该地区中秋节销售的媒介计划。

第七章 广告效果评估

压题图片

图7-1 广告效果

学习要求：通过本章学习和训练，要求准确理解广告效果、广告效果测试与评估的观念；了解广告效果的类型与作用；了解广告效果的特性和测评原则；了解广告效果测定评估的模式和指标体系；熟练掌握基本的广告效果测定评估分析方法。要求通过课程训练，达到提高独立开展广告效果测定评估工作的能力。

关键词：广告效果；广告经济效果；广告心理效果；广告社会效果

广告效果评估，也称广告效果测定或广告效果调查，是以广告效果为对象的调查研究活动，其结果是描述广告效果的重要量化指标。广告效果评估是现代广告活动的一个重要组成部分，也是广告调查的三大项目之一。在整个广告活动中，广告效果评估占有重要的地位，它是贯穿于整个广告活动始终的一个复杂的综合系统性命题，涉及面广、影响力大、涵盖范围宽。正确评估广告效果对广告计划的制订、广告策略的实施、广告作品的制作与投放等广告活动的各个环节均有着重要的指导意义。

广告效果评估还是检验广告活动成败的重要手段和主要形式。随着市场经济向纵深领域发展，市场竞争日趋激烈，各种新奇的销售手段层出不穷、五花八门，企业在广告上不惜投入巨资的做法早已屡见不鲜。这些巨额的广告费是否物尽其用、物有所值——企业的广告宣传策略是否合理？广告作品表现力如何？广告媒体选择得当与否？广告是否有效送达目标消费者？广告活动是不是按照企业市场营销计划和广告企划方案的要求进行等等——是商

家们普遍关心的问题，而这一切悬念的解开无疑都要从广告效果评估的结果
寻找到答案。检验广告活动成败的落脚点在广告效果上，只有靠效果评估，
广告主及广告公司才有改进广告运动的指南针——才能选择最好的诉求，创
作最有说服力的信息，选择最恰当的媒体及媒体组合，达到预定的广告
目标。

第一节　广告效果全程监测的意义

一、广告效果概述

任何广告活动都要产生一定的影响，发生一定的效果。概括来看，广告
效果就是广告信息通过广告媒体传播后所产生的影响以及累积的综合效应，
也就是广告活动通过消耗和占用社会劳动而对消费者心理、产品销售及社会
环境等产生影响的总和。

根据对广告效果研究，制订广告战略，进行广告决策，推行广告战略管
理的需要，对广告的效果测定可做以下分类：

（1）按照广告效果产生影响的范围可以分为：经济效果、社会效果和心
理效果。这是广告效果评估中最基本的分类：

①经济效果。广告经济效果是指由于广告活动而引发的产品、劳务销售
和利润的变化，以及由此引发的同类产品的销售、竞争情况的变化、相关市
场中经济活动的变化。它是由直接的销售效果以及由此引发的对行业、宏观
社会经济活动的影响效果构成的。这是广告主最为关心的效果。

广告的积极的经济效果除了表现为较为突出的销售效果外，还应表现为
能够推动整个社会的经济发展进程，提高消费者的物质生活水平，改变消费
者的消费观念，从而促进整个社会的消费结构、消费层次向更合理和完善的
方面发展。因此，广告宣传应以推出新产品、新技术、新服务项目为重点，
起到推动经济和消费水平向前迈进的作用。如果广告宣传仅仅停留在维持老
产品的市场率上，那就无法产生整体的经济效果。

②社会效果。广告活动不仅对人们的消费行为、消费观念的变化起作
用，也会对整个社会的文化、道德、伦理等方面造成影响。广告的社会效果
是指除经济效果之外的其他社会效果。与经济效果相比，广告的社会效果虽
然不那么直接和明显，但其影响则更深沉和久远。

广告的内容及表现手法都带有社会意识形态的烙印，这种烙印必然会通

过广告媒体对广告受众产生影响。人们的道德观念、文化观念、消费观念和生活方式都可能受广告的影响。因此，每一次广告运动、广告活动或广告制作，都应该考虑可能产生的社会效果，即提倡什么，鼓励什么；采取什么手法，运用哪些技术。从中国来说，广告的社会效果，一方面要看广告是否符合中国国情，是否符合社会主义精神文明建设的总体要求；另一方面要使广告内容和手法被广大消费者理解、赞许和认可。有悖于中国受众的传统道德观念和审美趣味的广告作品，即使取得较为出色的销售效果，在社会效果方面也会大打折扣。

③心理效果。心理效果也称为广告的传播效果、宣传效果或接触效果，是指广告信息传播后对消费者产生的各种心理效应，如对知觉、记忆、理解、想象、情感及欲求等方面的影响。与广告的经济效果和社会效果不同，广告的心理效果的区别主要取决于广告自身的因素，如广告的创意、设计、文案创作、制作技巧、媒体选择、发布方式、发布日期等，因此广告的心理效果还被称为"广告本身效果"。

广告的心理效果是产生经济效果和社会效果的基础，广告直接作用于人，对人的心理首先产生作用，并引起了购买行为之后，广告的经济效果和社会效果才能产生。因此，广告的心理效果与广告的经济、社会效果共存于广告效果之中，但广告效果的前提和基础是广告的心理效果。

广告要想使诉求对象产生购买欲望和采取购买行动，就一定要联系消费者的心理进行设计。首先要以独特的创意和新颖的形式引起消费者的注意。然后，要通过反复强化使消费者对广告宣传的信息产生兴趣，深化记忆，形成一个良好的印象，从而激起购买欲望，最终采取购买行动。

（2）按照广告效果在广告活动过程中所起作用看，广告效果可以分为：预计效果、预测效果和测定效果，其中测定效果包括事前测定、事中测定和事后测定三部分效果的总和。

①预计效果。广告的预计效果即期望效果，是指企业、组织的管理者依据经验和企业发展需要而提出的广告效果要求，它反映了管理层对广告活动结果的期望，是一种主观效果要求和愿望。

②预测效果。广告的预测效果即论证效果，指的是经由专家通过严格科学论证后认定的可实现的广告效果。

③测定效果。广告的测定效果即事实效果，指的是经过科学检验测定的广告实际已产生的效果。它包括事前、事中和事后测定的效果。这种分类是实际广告评估中经常采用的方法。

事前测定是指在广告活动实施之前对广告的策划方案、表现效果及媒体效果进行评价，以预测广告活动的实施效果的活动。如通常在实施前用食盐或现场访问等方法对广告作品的创意、设计、制作，对各种选用媒体及媒介的组合效果进行测试。又如，实施前把策划案预先放在局部市场内试验以测试其效果。

事中测定是指在广告活动实施的过程中即时对广告效果的了解、测试和评估。通常采用市场实验方法、回函测定法、分割测定法等对实施中广告的传播、销售及社会效果进行测评监控。

事后测定是指在广告活动后对广告效果的测定评估。通常运用访问调研、统计分析、实验等方法全面考察评估广告的传播、销售及社会效果。

（3）按照广告效果显现效力、发挥效用的时间看可以分为：即时效果、延时效果和潜在效果。这种分类方法与按照广告活动周期的长短进行划分的短期效果、中期效果、长期效果有相似之处。

①即时效果。即时效果指的是广告活动实施时造成的即时性反应，包括在广告活动过程中及过后马上反映出来的传播效果、销售效果和社会效果。在广告日常用语中，它更多的是指广告主最为关注的"即时销售效果"。广告即时效果的好坏同广告媒体选择及广告内容的类别有关。在媒体选择上，信息传播面广、传递周期快、传递频率高的媒体或售点广告即时效果好。在广告内容上，新产品、专利产品、流行产品的广告以及优惠酬宾广告，易引起迅速反应，产生即时效果，可使广告宣传在相对集中的时间里尽可能地扩大信息范围，使广告的诉求对象迅速采取行动，扩大商品销售。通常情况下，一些时令商品如月饼、花露水、空调、电扇等产品的广告较为追求即时效果。

②延时效果。延时效果指的是广告活动结束后过一段时间（一般是几天到几个月的时间）才显现出来的效果。广告销售效果大部分都属于延时效果。

③潜在效果。潜在效果指的是一种不马上显现的，但经过长期累积，在一定时机、环境和条件下就会起作用的广告效果。有些广告如企业形象广告、观念广告、公共关系广告等，并不追求即时效果，而在意通过反复的广告宣传，在广大广告受众中改变某种消费观念或树立产品信誉和企业形象。这种广告的目标是宣传企业精神、塑造企业形象，以期达到长期占领市场的目的。国外的一些大企业都比较注重广告的潜在效果。泰国正大集团对中国市场的开拓，就不是采取大张旗鼓的正面宣传，而是借用和风细雨式的方式来打动受众的心。他们在中央电视台开办集文化、娱乐、知识、趣味、影视

于一体的《正大综艺》节目。这一节目在黄金时间播出，诙谐、轻松、富有现场感，吸引了数以亿计的观众。长期以来，人们在不间断的节目观看中自觉地接受了正大集团。一个高大的企业形象逐渐走进千家万户。"正大"的产品在中国市场的占有率随着时间的推移不断提高。

此外，广告效果根据广告产品处于不同的生命周期阶段，可以分为引入期效果、成长期效果、成熟期效果、衰退期效果。

以上分类方法是广告效果在评估工作中的一些最基本、常用的分类方法，我们还可以根据评估工作的不同要求，灵活运用一些其他的分类方法。

二、广告效果全程监测的意义

（一）广告效果的特殊地位

广告效果不同于广告活动的其他环节，其特殊性在于它并不是一个阶段性过程，而是贯穿于整个广告活动始终的一条隐形效用链。对广告效果的终极关照几乎渗透在广告创意、策划、文案写作、制作投放、管理运作等广告活动的各个主要环节，每一步骤的积极运作与相互之间的密切配合实质上都暗含着对实现最佳广告效果的不懈追求，每一个环节的状态表现也都会影响最终广告效果的形成。

再进一步来看，广告效果其实正是辐射广告活动各部分的潜在引导力量。它是广告活动各个步骤运作过程中制订策略、思考对策的基本出发点和关键着眼点（见图7-2）。任何一个环节出现问题都会改变广告效果的面貌。它好比一面"镜子"准确地呈现着各个环节的参差高下和广告活动整体的优良差劣，同时还不断为各方面的调整改进提供着切实可靠的参数和依据。由此可见，广告效果是判断广告活动是否健康有序运行的一个重要指标，它是广告运动中一只能量巨大的辐射环，其研究价值不言而喻。广告效果评估利用多种科学技术测定手段，对复杂抽象的广告效果进行分层次、全方位、多角度、全程立体监测调查，其数据结论成为描述广告效果的重要量化指标，具有重要的参考价值和现实指导意义。

由此可见，广告效果所关照的"广告信息通过媒体传播后所产生的影响以及累积的综合效应"涉及的领域并不单纯，而是包含着各种各样的复杂因素。如果要将所有的因素加以考察，在实践层面的可操作性较小。因此，对于广告效果，通常的做法是将一定的因素加以限定，再进行测评。

（二）广告效果评估的意义

广告效果评估具有重要的理论与实践意义。其理论意义，概括起来就是

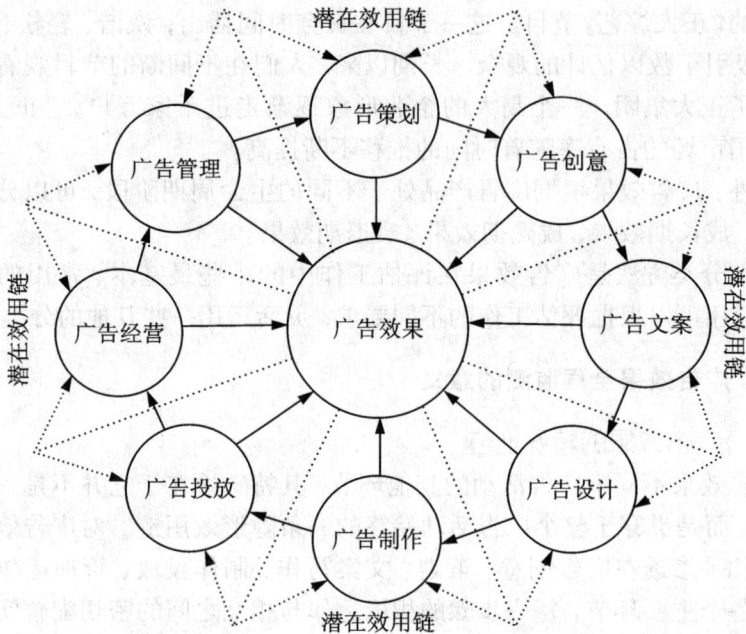

图 7 – 2   广告效果地位示意图

通过对各类广告效果的性质、它们的产生过程和制约因素的考察，来把握广告活动的一般规律和特殊规律，来加深我们对广告这一与人类社会生活密切相关的信息传播方式的科学认识。

广告效果评估又具有很强的实践性和实用性。国家制订广告发展战略和传播政策，媒介拟定广告播出策略和从事媒体经营，广告公司创制广告作品，企业进行公关广告宣传，受众消费习惯的产生，都与广告效果问题有千丝万缕的联系。广告效果评估既包含了对广告活动宏观社会效果和影响的考察，又包含了对具体广告效果产生过程与机制的分析，可以为丰富多彩的广告实践活动提供科学的依据。

从广告活动内部运行机制来看，广告效果评估是完整的广告活动中不可缺少的重要内容，是检验广告活动成败的重要手段，其意义具体体现在：

1. 它是检验广告决策的重要手段

通过广告效果评估，可以检验广告活动的目标是否正确，广告投放过程中媒体选择、组合是否合理恰当，广告发布的时间、时机与频率是否适宜，广告费用的投入是否合理。通过广告效果测定与评估，可以检查广告目标与企业目标、市场目标、营销目标相互吻合程度，总结营销组合、促销配合是否默契，及时发现、弥补广告策划中的不足之处，适时进行调整，使广告策略更加科学、合理。总之，通过广告效果评估可以提高广告策划的水平，节约广告费用，取得较好的广告效益。

2. 它有利于更好地总结广告活动的经验教训

广告活动，是一定时期的大量经济投入，同时它也是广告制作人在一定时期大量脑力和体力劳动的付出。这种有预见、有目的的活动，是应达到一定的经济效益的。因此，广告活动进入到效果评估这一阶段，要求与计划方案设计的广告目标相对照比较，衡量其实现程度，从中总结经验、汲取教训，从而对下一阶段的广告活动做到心中有数。

3. 它能够促进企业改进广告的设计与制作

通过广告效果评估，可以了解消费者对广告作品的接受程度，鉴定广告主题是否突出，广告创意是否新颖别致，广告形象是否深入人心，广告语言是否简洁、鲜明、生动，是否合乎消费者的心理需求，是否收到了良好的心理效果等。这些为企业未来的广告活动提供了参考资料，并有助于促使企业改进广告的设计与制作，使广告传播内容与艺术表现形式的结合日臻完美，从而使广告的诉求更加有力。

4. 它有助于促进整体营销目标与计划的实现

广告效果评估能够比较客观地肯定广告活动所取得的效益，也可以找到除广告宣传因素外影响企业产品销售的原因，如产品的款式、包装、质量、价格等问题。企业可据此调整生产经营结构，开发新产品，生产适销对路的产品，实现经营目标，取得良好的经济效益。

5. 它有利于加强广告主对广告效用的认知，大大提高投资广告的信心

一般而言，广告主生产商对广告的效用是有一定认识的，但对广告的效果究竟有多大、是否合算，却没有多大把握。这种担心会影响广告主生产商的信心，也影响对广告费用预算的确定。企业决策总是倾向于以事实为依据的，如果能对广告效果进行有效评估，用明确的调查结论、有力的数据资料证明广告的效力，就能使广告主进一步增强广告意识，提高投资广告的信心和决心。

综上所述，广告效果的测定与评估贯穿于整个广告活动的始终，其全程监测的意义不仅在于它能较客观地肯定广告活动的成效，进一步拓展广告活动的发展空间，而且更重要的在于它能促进广告策划、创意、设计和实施摆脱主观臆断的局限，提高人们对广告活动的认知能力和监控能力，使广告活

动真正进入科学化的轨道。

<h1 style="text-align:center">第二节　广告效果的层级特点</h1>

评估广告效果是一个复杂的系统工程，针对不同层次的评估对象有各自不同的评估目标和评判标准，我们要有效地实施广告效果的评估，必须首先了解其内部结构的构成机制，并在充分掌握其固有特点的基础上，才有可能得出较为客观、科学的评估结论。

一、广告效果的特性

与其他经济活动的效果相比较，广告效果有自身与众不同的特性，这些特性源于广告内部结构的复杂和千变万化，在广告效果评估中是影响测定准确度和客观性的难点。主要表现在以下方面。

1. 效果的延迟性

广告对消费者的影响程度，受到时间、地点、经济、文化、地域、风俗、个性、兴趣等多种因素和条件的制约，消费者的反应程度各有不同，有的可能反应的快一些，有的则相对较慢；有时可能是连续的、迅速的，但也有时可能是间断的、迟缓的。有的消费者从接触广告宣传到购买产品一气呵成，也有人由于种种原因，如工作忙或经济暂时拮据，见到广告时产生冲动，一转身，暂时没有行动。时过境迁，广告印象淡漠了，甚至消失了。还有的人过一段时间，由于偶然原因，购物欲望死灰复燃，就又采取购买行动。实际上，从接收者保存信息的时效角度衡量，广告属于一种"易耗"信息，具有转瞬即逝的特点。某一则广告对人们的影响往往集中在一个相对短暂的时区内，极少数的消费者在这短暂的时间里，被激起了购买欲望，快速产生购买行为，而大多数人由于要权衡周围的各种利益因素，综合考察自身的购买条件，往往要等到时机成熟时才实施购买。这就是广告效果延迟性的具体表现。

时间延迟的特点经常使得广告效果不能集中、显现地表现出来。因此，评估广告效果必须准确掌握它的效用周期，摸清广告效果发生作用的时间间隔，区别广告的即效性与迟效性，才能较为准确地测定广告的全面效果。

2. 效果的累积性

由于单次广告的信息传播很难起到立竿见影的显著效果，而且信息转瞬即逝，所以广告传播往往采取反复多次的宣传方法，以达到效果累积的作用。消费者接收广告信息后要经历从感性认知到态度发生变化，最终产生购买行动这三个阶段，这就是一个效果的累积、深化和扩大的过程。在消费者尚未发生购买行动之前，是广告效果的积累期。在这段期间，广告必须集中、连续、反复地不断强化宣传信息，促成消费者心理接受经历量的累积转变为质的飞跃，最终实现购买行为。正如人们熟悉的"最后一根稻草"的故事所蕴含的道理一样，广告效果的显现不能只认为是某一次广告宣传的作用，而是一种累积效果的合力。因此，对某一特定广告的效果也就较难单独测定。

3. 效果的复合性

广告是一种综合的、复杂的信息传播活动，它既可以通过多种信息符号来展现，又可以借助各种媒介渠道来传播，同时它又受到企业其他营销活动，如人员推销、营业推广、公关活动等以及同行业广告竞争和有关新闻宣传活动的影响。因而，广告效果从总体上呈现出复合性。必须全面掌握影响广告效果的多种因素，分清主次，辨明真伪，以确保评估的客观性和科学性。

4. 效果的间接性

广告效果的间接性一般体现为以下两种情况：一种是受广告宣传的消费者，在购买商品之后的使用或消费过程中，会对商品的质量和功能有一个全面的认识。如果商品质优价宜，消费者就会对该品牌产品产生信任感，进而重复购买；另一方面，对某一品牌商品产生信任感的消费者会将该产品推荐给亲朋好友，从而间接扩大了广告效果。一个购买行为的完成，不是单一因素作用的结果，从儿童用品及其他特定年龄用品的销售情况看，就可以知道，商品的使用者未必就是决定购买者或实际购买者。广告要考虑到在购买使用过程中诉求对象的责任分担。这中间有提倡者、影响者、决定购买者、实际购买者和使用者。广告效果的间接性告诫广告的策划者，要选择出对他人购买使用有影响力的人作为广告的直接对象。广告的调查要注意在购买行为中权威舆论的影响带动作用。广告的间接效果是较难调查清楚的。因此，在效果评估实际操作过程中，很难制订出广告的间接效果测试方法。

5. 效果的多维性

从前边对广告效果的分类可以清晰地看出，广告效果的形成由于涉及的领域众多、牵扯的要素庞杂，因此不可避免地具有多维的特点。要对广告效果进行评估必须首先划定一个范围，确定一个层面，这样才能有的放矢，避免鱼目混珠。

6. 效果的层次性

广告效果是有层次的，即有经济效果与社会效果、眼前效果与长远效果之分。只有将他们很好地综合起来，才有利于广告主的发展，有利于塑造良好的企业形象与品牌形象。

7. 效果的两面性

所谓效果的两面性，是指广告不仅具有促进产品或劳务销售增加的功能，同时还具有延缓产品或劳务销售下降的功能。促销是广告的基本功能，促销效果是测定广告效果的一项重要内容。在市场疲软，或产品进入衰退期阶段，广告的促销效果表现在于减缓商品销售量的急速下降。在这种情况下，如果再从产品销售量的提高方面来评价广告效果，显然是不客观的。因此，在评估广告效果的时候，必须充分地分析市场的状况以及产品的生命周期，才能测定较为客观和全面的广告效果。

以上阐述的广告效果的特征，对于正确、有效地评估广告效果是十分必要的。广告效果评估的时间、对象、指标等的选取以及对测定结果的评估，都应结合广告效果的特性进行综合的考虑，使测定结论更符合于客观实际情况。

二、广告效果的层级特点

在所有广告效果的特点中，层级性特点可以说是目前决定广告效果评估体系形成，制约和影响效果评估方法和手段的关键。

广告效果的层级特点主要体现在广告效果发生的范围和形成过程两个层面。从广告效果发生的范围来看，广告可以在多种环节中产生效果。其种种环节分为从个人到团体、广告活动、销售、经营、区域社会、宏观经济、国际社会等多个层面，涉及面广、辐射区间大，影响范围从个体到群体、组织进而扩延为整个社会系统，广告效果形态与此相对应也呈现出变化的态势，层级性特点显著。（见表7-1）

从上述的分析中可以看出，广告效果是涉及广泛的综合命题，它不仅与广告活动内部中诸多环节的表现密切相关，而且还能折射映照出社会经济文化的大背景、大环境。对待广告效果测评的问题，不能简单笼统地搞"一刀切"，将所有制约因素搅在一起加以考察，这是不现实的也是不科学的。在测评过程中，应充分考虑到广告效果发生范围的层级特点，有的放矢、目标

表 7 - 1　广告效果发生所涉及的范围

广告效果的范围	广告效果的种类
个人（接受方） ↓ 集团	沟通效果（包括购买行动）
广告范围	媒介效果，媒介，表现效果，广告费乃至广告费效益
↓ 销售范围	促进流通效果（整顿销售环境——吸引力，制订销售计划等）
↓ 经营范围	销售额乃至市场销售效果、利益、其他（非经济的）效果
↓ 区域社会	经济、社会、文化的效果
↓ 国民经济	经济、社会、文化的效果
↓ 国际环境	经济、社会、文化的效果

注：引自《广告运作策略》，黄升民主编，辽宁大学出版社 2005 年 9 月版

　　明确、思路清晰，有计划、分步骤、按程序展开广告效果各个层次、不同范围内的评定分析，这样的测评结果和分析结论才更具针对性、科学性，才有一定的理论研究价值和现实指导意义。

　　广告效果的形成过程主要从信息传播角度，以微观视角审视广告活动内部的细节，详细剖析广告产生作用的整个过程结构，其可以进一步诠释广告效果层级性这一特点。

　　在广告活动中，广告主是信息传播者，消费者是信息受传者，媒介则是连接传播者和受传者的渠道和桥梁。广告效果，就是在传播者与受传者之间的信息传递过程中产生的（如图 7 - 3）。

　　广告从引发消费者注意，到促使其对产品产生兴趣和尝试欲望，并最终采取实际购买行动，整个过程环环相扣、层层递进，广告效果的形成也自然划分为四个阶段，层级性特点表露无遗。

图 7 - 3　广告信息传递效果图

1. 到达阶段(reach)

"到达"是指报纸、电视等广告媒介能否与消费者(受传者)接触,通常又称为"广告媒介的覆盖率"(Coverage)。消费者有没有订阅登载产品信息的报纸,能否看到有相关广告播出的电视频道,这是广告效果发生的前提。

有关这部分内容主要体现在对广告投放的媒体效果的分析上。

2. 注意阶段(recognition)

"注意"就是指消费者(受传者)在有条件接触广告媒介的基础上,对广告有所关心,并且能够记忆若干的内容。这时,可实施广告效果的测定和分析,一般是以"事前——事后"调查来进行的。广告实施后所给予消费者的印象深浅、记忆程度,往往成为衡量这个阶段广告效果的一种尺度。

有关这部分内容主要体现在对广告投放的媒体效果,以及广告表现效果的分析上。

3. 态度阶段(attitude)

"态度"改变是指通过广告的接触和认知,消费者(受传者)对商品产生了好感,或者产生了购买这种商品的欲望,这是消费者采取实际购买行动的预备阶段。这个阶段被称为"态度变化阶段"。一般要通过问卷调查、实验室的测试等方式来掌握消费者在接触广告时及接触广告后的态度变化。

受众态度改变的过程可以通过广告发布的事前和事后对比调查来进行了解,其主要体现在媒体投放环节,以及广告表现环节的效果控制上。

4. 行动阶段(action)

行动是指消费者购买商品,或者响应广告的诉求所采取的有关行为。这是一种外在的、可以把握的广告效果。对于这个阶段的广告效果分析,应使用审慎的态度。因为购买行动的发生与广告效果的关系,在有的场合是直接体现出来的,而有的时候是间接的。例如对某一商品,虽然受众接触到有关广告，但是并没有购买的欲望，当其发现朋友或亲属拥有这种商品时，才唤起购买的欲望。这种时候，广告效果是经过休眠后受到诱发事件的刺激间接起作用的，情况比较复杂。

对于体现在行动阶段上的广告效果问题，是比较难以判别的，测评重点体现在促销与广告效果的关系上。

第三节　广告效果测定的模式与操作

一、广告效果测定的模式

1. 广告效果的四阶段模式

该模式于1898年由路易斯（E. ST. ELMO. LEWIS）提出，这一模式奠定了广告阶段性效果的基础。该模式将广告效果分为：

Attention——注意：广告首先要引起目标受众的注意。

Interest——兴趣：目标受众对广告内容是否感兴趣。

Desire——欲望：广告商品能否引起目标消费者尝试的欲望。

Action——行动：目标消费者是否能采取购买行为。

在这一理论中，将广告效果分为不同阶段，确认广告播出到消费者产生购买行动之间要经历一个复杂的过程，这一过程中的每一个环节都可能对购买行动产生影响，例如消费者如果对产品没有兴趣就很难形成购买行动，广告信息能否激起消费者的购买欲望也在相当程度上决定了能否达成购买行动，根据这一理论，对广告效果的测量应该从上述四个层面进行。

2. 广告效果的五阶段模式（AIDMA模式）

1925年Edward. K. Strong Jr在AIDA模式的基础上增加了"memory"（记忆）阶段，认为广告效果应该分为：

Attention 注意：广告首先要引起目标受众的注意。

Interest 兴趣：目标受众对广告内容是否感兴趣。

Desire 欲望：广告商品能否引起目标消费者尝试的欲望。

Memory 记忆：广告商品或品牌特征能否被目标消费者记住。

Action 行动：目标消费者是否能采取购买行为。

3. 目标测定理论模式（DAGMAR）理论模式

1961年，美国学者R·H·柯里（Russell. H. Colley）发表了《根据广告目标测定广告效果》一文，提出了著名的DAGMAR（来自于"Defining Advertising

Goals for Measured Advertising Results"的单词首字母缩写）理论模式，该理论的发表，在国际广告界引起了强烈的震撼，是关于广告效果测定方法研究的一项重大成果。这一理论从根本上抛开了传统的观点而确立了另一种广告效果测定方法。传统观点认为，广告效果与营销目标是直接联系的，商品销售额是衡量广告效果的唯一依据，因而，判断和评价广告效果的大小，只能通过调查销售额来加以测定。而目标测定理论则认为，广告效果和营销目标不应该直接联系起来，因为从本质上来看，广告效果是信息传播效果中的态度变化过程，即接受了广告商品的那些消费者的心理变化过程。这种心理变化过程表现于多方面，而不是单纯唯一地表现为购买行动。同时，商品销售额的增加也是由于多方面因素起作用，而不是单纯唯一地由广告效果起作用，所以，要把广告效果与销售额增加区分开来，绝不能把销售额当作唯一的广告效果衡量尺度。以上所述，即目标测定理论与传统的广告效果之间的根本区别或分歧。

目标测定理论的基本要点是：

（1）考察广告效果时，首先是确定阶段目标，再以广告能否达到预定的阶段目标来测定广告效果。设定各阶段的广告目标，这是至关重要的，它既是测定广告效果的标准，也关系到广告活动的成败。上述思想是目标测定理论的核心思想。

（2）所谓阶段目标是指：广告活动的效果可以区分为四个阶段：

认知（awareness）：广告信息是否有效传递给目标受众，并且使目标受众记住了广告产品的品牌。

理解（comprehension）：目标受众是否正确地理解了广告诉求，或者说广告诉求能否被目标受众理解。

确信（conviction）：目标受众通过广告对产品产生了什么样的认知，是否接受了广告所传递的信息，并且对产品产生了好感，认同产品的价值理念。广告产品的主张是否与目标受众的理念一致，如果目标受众能够接受产品所传递的理念，就会接受产品。

行动（action）：目标受众是否产生了行动。这种行动可能是直接的购买行动，也可能是"兴趣交易"行动，如尝试了解产品，房地产目标消费者到楼盘考察实地情况或者进一步了解产品的情况等。

DAGMAR 理论认为，广告应该有比较明确的目标，知道广告的直接目标是在广告效果的哪个阶段，是以短期促销为目标，还是以长期的品牌建立为目标，或者以建立一定的品牌认知内涵为目标。只有明确广告的目标，整个广告活动才会有的放矢，才能紧紧围绕核心目标，关注其他目标，取得最大的广告收益。也只有明确目标，广告效果测定才有方向，并且能做出合理的判断。

4. 广告调查财团理论（ARF 理论）

在目标测定理论的基础之上，经过研究探索，后来又发展形成了广告调查财团理论。这一理论的基本观点是：测定广告效果，最主要的是测定广告媒介效果；测定广告效果，要通过对广告的接触效果过程的研究和对态度变化过程的研究才能实现。这一理论后来成为考察和测定广告效果的基本模式之一。

广告调查财团理论的基本构架为：ARF 模式由接触效果过程和态度变化过程所构成；接触效果过程包括媒介普及、媒介接触、广告接触；态度变化过程包括广告认知、广告报道、销售效果。

对这个基本构架的解释如下：

（1）媒介普及：在电波媒介里指广播和电视总的普及台数，或者拥有收音机或电视机的总户数；在印刷媒介里指报刊杂志发行份数或者实际销出份数。总户数（或普及台数）和总份数合起来构成媒介普及总数。

（2）媒介接触：在电波媒介里指在特定的时间内电视观众和广播听众的总数，或者在特定的时间内打开收音机、电视机的总数。在印刷媒介里指被传阅的读者总数。上述的潜在的听众、观众和读者的总数，构成媒介接触总数。

（3）广告接触：指按广告单位计算所接触的听众、观众和读者总数，以及观众接触广告单位的频度总数。在电波媒介里，指正在收看播放广告信息的总数；在印刷媒介里，对报纸和杂志分别计算，报纸方面计算读者总数乘以特定版面的广告注目率的积数；杂志方面计算特定期号的广告读者总数。

（4）广告认知：与目标测定理论中第一目标阶段的"认知"广告含义基本相同。

（5）广告沟通：指提高或加深对广告商品的理解，形成好的印象，以及形成决定购买的意识等。

（6）销售效果：指广告效果在销售额方面的体现。

在这个基本构架内，态度变化过程所显示的广告效果指标，比接触效果过程所显示的广告媒介效果指标处于更高的层次。接触效果过程主要是显示广告媒介的效果，态度变化过程主要显示广告表现的效果，二者互相结合起来，则显示广告的综合效果，见图 7－4。

ARF模式	媒介普及	媒介接触	广告接触	广告认知	广告沟通	销售效果

接触效果阶段 ◀——————▶ 态度变化过程

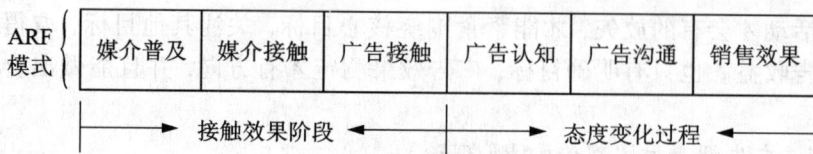

图7-4　广告的综合效果

　　5. 整合广告效果模式

　　整合广告效果模式是20世纪80年代以后日本电筒情报技术研究中心的广告效果研究会提出的新的广告效果测量模型，这种模型综合了随着信息处理范例变化的消费者行为研究成果和认知心理学、记忆研究等相关知识之后，在1996年提出了"整合广告效果模式"。

　　在这一模式中，研究人员将与广告效果有关的信息分为四个类别：

　　（1）广告信息——外来信息，指目标消费者接触广告时发生的"认知情绪反映"——"情报评价"——"插入型记忆"等一连串心理变化过程。

　　（2）商品及品牌信息——外来信息：对广告心理变化的结果在记忆内部备再构造，以关注的品牌名为中心将有关品牌的知识进一步系统化，形成对商品及品牌的评价。

　　（3）需求信息——与消费者自身心理状态有关的信息，由广告或其他外部信息或内部信息刺激唤起的对商品的需求。

　　（4）购买行为信息——消费者自身应采取的行动的信息，建立在对商品及品牌知识基础上，为满足自己需求而采取的行为信息。

　　基本假设：在广告效果形成过程中，广告信息一方面形成对商品或品牌的认知，同时影响消费者自身的需求。简单关系：根据广告信息和商品及品牌信息的记忆采取购买行为。

　　要解决的核心问题：传播效果和消费者行动效果之间是怎样的关系？

　　"整合广告效果模式"在传播效果和消费者行动效果之间以品牌和需求为桥梁。

　　在整合广告效果模式中，广告效果的各阶段之间具有不同的关系：

　　（1）广告发动型的"直接反应"关系。

　　广告信息——▶ 品牌认知 ——▶ 购买行动

　　（2）欲求发动型的"存取反映"关系。

　　需求信息——▶ 品牌信息 ——▶ 购买行动

6. 新广告效果模式

新广告效果模型由日本学者清水公一提出。它建立在现代整合行销传播理论的基础上，是在研究了前面的各种直线型广告效果模型及非直线型广告效果模型后提出的测量广告效果的最新模型。该模型将广告效果评估分为五大项目：

（1）广告商品：清水公一将广告商品分为低参与度和高参与度两类，印刷媒体刊登高参与度的商品广告效果好，对高参与度商品，人们会采取主动学习的方式获取信息；对于电子媒介，适合播出低参与度的商品广告信息，人们采取被动学习的方式获取信息。

（2）媒体评价标准：分为"媒体普及"、"媒体暴露"和"广告暴露"，并对三个层面进行测量，报刊以发行量、传阅率、注目率、累计接触率、阅读频次等指标为评估指标；电视及广播广告测量指标包括普及率、开机率、不同节目收视率、广告收视率、收视频率、总收视率等概念。

（3）学习组合：主要是针对消费者自身心理变化过程，包含"认知"与"理解"两个方面。认知指对广告信息的认知与广告商品的知名，理解是指消费者对广告商品内容能正确了解。对于低参与度商品，消费者可能直接由"学习组合"向"行为组合"发展，完成购买行为后再进入"感觉组合"，形成对商品的评价。当广告商品属于高参与度的商品时，消费者可能经过"感觉组合"再发展到"行为组合"。

（4）感觉组合：分为"态度"和"意图"两个方面，态度指对商品的好感度，意图指对品牌具有偏好而强化了购买意识。

（5）行为组合：分为"试用"和"采用"两个方面，清水公一认为，对于重复购买型的商品，"试用"与"采用"有明显的区别，但是对于耐久性商品，两者没有明显的区别。

二、广告效果测定的程序

广告效果测定的内容十分广泛，每次测定的目的和要求也各不相同，方法也多种多样，但测定的程序基本是一致的。其主要步骤如下：

1. 明确测定目的

广告效果测定首先要明确研究的问题。一般要根据广告活动的策略、目标，确定测定的目的。广告学家卡贝尔（John Capele）认为，涉及广告效果测定的研究问题主要有：广告的表现手法、广告媒体、组成广告作品的各要素、广告不同刊载位置的相对价值、广告重复刊载频度、广告易读性等。

2. 制订测定方案

有了明确的测定目的，还需要科学的方案。否则，广告效果的测定就很难保证按部就班地进行，很难达到预期目的。

广告效果测定方案包括：测定的目的和要求、测定内容、测定的步骤和方法、测定的时间和地点、测定的范围与对象、调查机构的选择、人员的安排、费用预算。

3. 测定方案的实施

广告效果测定方案拟定后，就要严格认真执行。执行过程中，确定测定方法、测定对象和设计调查问卷是最为重要的三个方面。

(1) 确定测定方法。根据测定的目的和具体内容，选择最合适的方法。选择的依据是：科学、适用、经济、有效。

(2) 确定测定对象。测定对象确定是否准确，关系到测定的结果是否真正有价值。

测定对象应该是广告目标对象。由于目标对象不可能是单独的个体，而是一个数目众多的群体，所以，必须选择有代表性的测定对象。这就要确定一种抽样方法，综合考虑目标对象的各种因素，力求抽出典型的目标对象。在确定测定对象时，应考虑样本数量。样本数大，结果比较准确，但费时、费钱；样本数小，虽省时、省钱，但不一定能反映整体情况。所以，在实际测定中，应根据测定的内容要求，以及本企业财政支出的可能，确定一个合理的样本数。

(3) 设计调查问卷。调查问卷的设计是广告效果测定的一个重要环节。

设计调查问卷的依据是测定的主题。通过初步调查、草卷试验，最后做成问卷，以保障提出的问题主题明确、范围适当。其次，要注意提问的技巧与方式，提出问题的前后次序，要适应被访者的心理特征与逻辑程序。一般把容易的问题放在前面，敏感性问题放在后面。提出的问题不仅要具体、清晰，使测定对象容易明确回答，而且还要简明扼要，使测定对象易懂、易记。另外语言要亲切，问题提得合情合理，使测定对象愿意回答。

(4) 整理资料分析结果。这一阶段的主要工作有：①编辑整理。对从各方面搜集来的资料进行必要的整理，消除资料中虚假和不适用的部分。②分类编号。把编辑整理的资料，用文字或符号，按适当的标准分类编号。若用电子计算机来控制和处理资料，分类编号应符合程序的统一要求。③统计汇总。运用统计原理与方法，对资料进行汇总、分析、检验，推算出要测定的各项指标与数据。④分析研究。对整理出来的资料与数据进行综合分析，找出它们之间的内在联系，得出问题的结论。

5. 撰写测定报告

测定报告是广告效果检验、评估过程的书面总结，也是提高广告活动管理水平必不可少的步骤。

测定报告的基本内容包括：①前言。一般包括该次测定的目的，所研究的问题及其范围，测定的组织及人员情况等。②主体。应包括测定的时间、地点、内容及所导致结果的详细情况，测定、研究问题所运用的方法；各种指标的数量关系；计划与实际的比较；经验的总结与问题的分析；解决问题的措施与今后的展望，以及有关建议和意见等。③附件。包括样本分析，推算过程，图表及附录等。

对广告效果的测定与评估并非易事。到目前为止，还没有一种简单的方法可以帮助解决这个问题。我们必须对广告的结果加以全面分析，却常常缺乏直接、定量的指标，只能借助于一些间接的因素来对广告效果进行衡量。广告效果评估工作的困难主要在于：

第一，评估的目标不能量化。评估的目标并不能很好地量化，而只能是描述性的。例如，在估计由广告产生的知名度、了解水平以及喜欢等方面，评估只能是大致程度的认定。

第二，广告效果的时间性。广告的实施一般要经过一段时间，它的效果要在实施后的一段时间内才能产生。有些大型的广告运动，实施持续的时间很长，作用也持续很长时间，效果往往很难准确测定。

第三，广告的效果与其他的营销努力难以区分开来。

什么是广告引起的效果，什么是非广告的效果等，是一个经常困扰评估人员的问题。总体上讲，营销手段是相互关联的，作为一种营销手段，广告并非总是唱主角，有时它只是整体营销策略的一种辅助手段。因此，其效果的测定更加困难。

第四，反馈的信息不确定。

由于人们很难记住他们所接触到的广告，更难以说出他们接触的广告到底说了些什么，因此，由目标消费者反馈来的信息并不是很确切的。这就要求评估人员必须对反馈信息进行率选整理，并进行综合分析。

三、广告效果测定应遵循的原则及注意事项

为确保广告效果测定的科学、准确，在测定过程中必须遵循以下原则：

1. 目标针对性原则

针对性原则是指广告效果测定时必须有明确而具体的目标。例如，广告效果测定的内容是经济效果还是社会效果；是短期效果还是长期效果；短期效果中是企业的销售效果还是消费者心理效果；如果是心理效果，是测定态度效果还是认知效果；如果测定的是认知效果，是测定媒体受众对产品品牌的认知效果，还是对广告产品的功能特性的认知效果，等等。只有确定了具体的测定目标，才能选择相应的手段与方法，测定的结果也才准确、可信。

2. 科学严谨性原则

广告效果评估是一项对科学性要求极高的工作，具体操作来不得半点虚伪和疏漏，只有科学严谨地对待，得到的广告效果才真实、可靠，才有助于企业进行决策，提高经济效益。在广告效果测定的过程中，要求抽取的调查样本有典型、代表意义；调查表的设计要合理，汇总分析的方法要科学、先进；考虑的影响因素要全面；测试要多次进行，反复验证。只有这样，才有可能取得可靠科学的测试结果。

3. 整体综合性原则

影响广告效果的因素多种多样，既有可控性因素，也有不可控因素。可控性因素是指广告主能够改变的，如广告预算、媒体选择、广告刊播时间、广告播放频率等；不可控因素是指广告主无法控制的外部宏观因素，如国家有关法规的颁布、消费者的风俗习惯、目标市场的文化水平等。对于不可控因素，在广告效果测定时要充分预测它们对企业广告宣传活动的影响程度，做到心中有数。

在测定广告效果时，除了要对影响因素进行综合性分析外，还要考虑到媒体使用的并列性以及广告播放时间的交叉性。只有这样，才能排除片面性干扰，取得客观的测定效果。广告效果是一个整体，不能孤立对待，避免陷入到把销售效果或社会效果简单等同于广告总体效果的误区当中，应在整体综合性原则的前提下，客观立体地进行衡量评估。

4. 动态监测原则

广告效果时刻处在不断发展变化之中。更由于其具有延迟性、累积性及间接性等特征，因此就不能抱有临时性或一次性测定的态度。本期的广告效果也许并不是本期广告宣传的结果，而是上期或者过去一段时间内企业广告促销活动的共同结果。因此，在测定广告效果时要坚持经常，定期或不定期地测定，贯彻动态监测的原则，使之成为监控广告活动的有效手段。

5. 经济性原则

进行广告效果测定，所选取的样本数量、测试模式、地点、方法以及相关指标等，既要有利于测定工作的展开，同时又要从广告主的经济实力出发，考虑测定费用的额度，充分利用有限的资源为广告主多办事、办好事，否则就会成为广告主的一种负担或者是一种资源浪费。为此，就要搞好广告效果测定的经济核算工作，用较少的成本投入取得较高的广告效果测定的产出，以提高广告主的经济效益，增强广告主的经营实力。

在实际工作中，由于种种因素的制约，要正确评估广告效果往往不能独立使用某一种方法，也不能过于相信量化结果，要对调查的目的、环境和方法等作全面的分析，采用多方法的综合评估模式。综合评价时，应注意到以下一些关系：

第一，短期效果与长期效果相结合。应注意到广告的长期和短期目标问题，对于长期投入的广告效果的评估，不能只看眼前的销售情况。对于短期的促销广告，也不能忽视其长远的影响，如果是以牺牲企业的长期目标作代价换来的短期效果，不能说是一个好的广告。

第二，定量和定性相结合。广告效果测定的诸多内容中，有些内容是客观而具体的，可以用定量的指标来加以测定，如广告的到达率、记忆率、产品的市场占有率、销售的变动率等；有些内容是纯主观，如广告主题的评价、广告创意的评价等，很难用一个量化的指标来直接测定，往往只能采用定性的指标如好坏、是否新颖别致等来衡量；另有一些内容如广告接受者的态度则需要用定性定量相结合的方法来测定。因此，在综合评价时，我们需要针对不同的测定内容，选择不同的方法，努力做到定性与定量相结合。

第三，经济效益与社会效益相结合。有些广告的社会效益往往是它的经济效益的基础，而经济效益又能促进社会效益的发展。因此，二者必须兼顾。

第四，显效益和潜效益相结合。有些广告在刊播后具有明显的效果，如销售量大幅度上升等。而有时，广告刊播后的一段时间里，并没有明显的效果，但它对其他广告以及营销手段具有促进作用，因此它们的效益是潜在的。企业广告应注意这种显效益和潜效益相结合。

第五，良好形象的建立与直接促销相结合。评估时，应特别注意到广告对企业和产品形象的影响，并不能因为形象不易测定而忽视广告对企业形象的作用。如果一则广告能够在短期内促进销售，但它的形象却与大型明星企业的形象并不相符，那么这样的广告并不是好的广告，因为它们无利于企业的长远利益。

五、广告效果测定方法

全面评价广告效果应从广告的经济效果、心理效果和社会效果这三个方面入手。

1. *广告经济效果的测定方法*

测定广告经济效果的好坏，常以广告活动前后商品销售量增减度为衡量标准。用销售效果来测定广告效果，不一定精确，因为在营销组合中广告虽然是一个较为活跃的因素，但不是唯一因素。然而，以这种方式测定广告效果比较简便，也是广告主最为关心的，所以，目前被广告界普遍使用。

经济效果测定常用的方法有统计法、实验法、历史法和对比法。这里，我们主要介绍统计法和实验法。

（1）统计法。统计法是运用有关统计学原理及技术，计算广告费与商品销售额的比率，来测定广告的销售效果。它包括以下具体方法：

①广告费比率法：广告费比率是广告费与销售额的百分比。用它反映获得单位销售额所要支付

的广告费用，这种费用越低，广告效果越大，其计算公式为：广告费比率 $= \dfrac{广告费}{销售额} \times 100\%$

②广告效果比率法：广告效果比率是产品销售额增长率与广告费增长率的百分比，它表明广告费用每增加一个百分点，将增加多少个百分点的销售额。它直接反映广告费用变化程度和销售额变化程度的对应关系。广告效果比率 $= \dfrac{销售额增加率}{广告费增加率} \times 100\%$

③广告效益法：广告效益又称单位费用增加额。它表明每元广告费与广告后销售增加额之间的关系，其公式为：$R = \dfrac{S_2 - S_1}{P}$

其中：R 为广告效益

S_1 为接触广告之前的销售量

S_2 为接触广告之后的销售量

P 为广告费用

这种方法能测定出广告后增加的销售额，它排除了广告以外诸如商品质量、服务态度、营销渠道以及社会购买力等多种因素对产品销售量的影响，

能较准确地反映某一时期的广告效果。

④广告效果指数研究法。广告效果指数(Advertising Effectiveness Index)研究法简称 AEI 法。它是通过抽样,调查广告刊播后,看没看过广告和有没有购买广告商品的人数,其结果如下表 7 - 2:

表 7 - 2　广告效果指数 （单位:人）

	看过广告	未看过广告	合计人数
购买广告商品	a	b	$a+b$
未购买广告商品	c	d	$c+d$
合计人数	$a+c$	$b+d$	N

从上表可以看出,即使没有看过广告的人也有 $\dfrac{b}{b+d}$ 的比例购买了广告商品。所以要从看过广告而购买的 a 人中,减去受广告以外的因素影响而购买的 $(a+c) \times \dfrac{b}{b+d}$ 人,才是真正因广告而唤起的购买效果人数。广告效果指数:

$$= \frac{1}{N}\left[a - (a+c) \times \frac{b}{b+d}\right] \times 100\%$$

$(N = a+b+c+d)$

广告效果指数排除了广告以外的影响因素,单纯测定广告的销售效果,这对制订广告策略特别是广告表现和媒体组合策略有特定的指导意义。

⑤广告销售效果指数研究法。广告销售效果指数(Net Advertising Produced purchases)研究法,又称 NETAPPS(纯广告销售效果)法。它是美国斯塔齐(Daniel Starch)所创的广告销售效果测定法。这种方法把销售量作为效果测定的指标,将商品的销售量与广告接触关系用公式表示:

$$\text{Netapps} = \frac{a - (a+c) \times \dfrac{b}{b+d}}{a+b} \quad (a,\ b,\ c,\ d\ \text{含义同 AEI})$$

Netapps 是衡量纯粹广告销售效果好坏的指标数据。

运用此方法的具体操作程序是:①给予被访者一份报纸(或杂志)了解其是否看过某商品的广告;②询问其是否于上周购买过该广告的商品;③统计分析,计算 NETAPPS 指数;④依据统计分析结果,判断由于广告是否增加了商品的购买率或销售额。

本方法指出：看到广告与购买商品之间不能认定直接的因果关系，阅读过广告并且购买广告商品的人中，有的受广告刺激而购买，也有不受广告刺激而购买。广告销售效果应扣除看到广告者的购买中非因广告的刺激而购买者。斯塔齐认为，如果在未看到广告者中有10%（非因广告刺激而）购买，那么可以假定看到广告者中也会有10%并非因广告刺激而购买，剩下的即实质的广告销售效果。NETAPPS 法是以"阅读广告而不受广告刺激购买者之比率和无阅读广告而购买者之比率相同"的假设为前提，下面举例分析一下 NETAPPS 指数的统计步骤：

第一步骤：

①广告刊载后的一定期间，调查对该媒体接触的人中，有百分之几的阅读过该广告（30%），有百分之几的人未阅读过该广告（70%）。

②广告刊载后的同期间，阅读过该广告的人中，有百分之几的人购买该广告的商品（15%）。

③广告刊载后的同期间，未阅读过该广告的人中，有百分之几的人购买该商品（10%）。

第二步骤：

①阅读广告者中购买者比率 = 30% × 15% = 4.5%

②未阅读广告者中购买者比率 = 70% × 10% = 7.0%

③购买者比率 = 4.5% + 7.0% = 11.5%

第三步骤：

①阅读广告者中非广告因素而购买者比率 = 阅读率 × 未阅读广告而购买者比率（30% × 10% = 3.0%）。

②受广告影响而购买者比率 = 阅读广告中购买者比率 – 阅读广告者中非广告因素而购买者比率（4.5% – 3.0% = 1.5%）。

第四步骤：

纯广告销售效果比率 = 受广告影响而购买者比率 ÷ 购买者比率（1.5% ÷ 11.5 × 100% = 13%）

（6）相关系数法。通过小组比较，可推算出相关系数值：

$$\phi = \frac{ab - bc}{(a+b)(a+c)(c+d)(b+d)}$$

一般来讲，（值在 0.2 以下称为低效果，在 0.2 与 0.4 之间为中等效果，在 0.4 与 0.7 之间为较高效果，在 0.7 以上为高效果。

（2）实验法。此法又叫现实销售效果测定法。它是通过有计划地进行实地广告实验，直接推算广告销售效果。它有以下几种具体方法：

①费用比较法：这种方法是利用现场广告投资不同，来考察广告费用与广告效果之间的关系。比如某公司在市场条件比较接近的三个地区发布同一广告，在第一个地区投入标准广告预算，在第二个地区投入的广告费是标准预算的一倍，而在第三个地区投入的广告费则是标准预算的一半。经过一段时间以后，统计三个地区该产品的销售量，计算不同广告投入对三个地区产品销售的影响。

②区域比较法：又称销售地区实验法。具体做法是，先选择两个大体条件相同的地区，其中一个地区进行广告活动，称为测验区；另一个地区不进行广告活动，称为比较区。对两个地区的销售额的变化进行比较，来测定广告效果。例如，对条件接近的 A、B 两城市进行区域比较实验，A 市为测验区，B 市为比较区。在 A 市进行电视广告宣传两个月后进行调查，结果如表 7-3：

表 7-3　销售地区实验法　　　　　　　　　（单位：万元）

	实验前销售额	实验后销售额
A 市	61	73
B 市	64	67

从表中可以看出，A 市利用电视媒介后，销售额增加 19.7%，B 市不做广告，只增加 4.7%，A 市如果不做广告，理论上销售额也增加 4.7%，而做广告后，净增 15%，销售额净增 9.14 万元。如 A 市的广告投入少于 9.14 万元减去成本费，说明广告是成功的；若超过，说明是失败的。

费用比较法能够较客观地检验广告实际水平。在选择测验区和比较区时应注意：区域大小，以 10~20 万人口为宜；区域中社会经济状况大体相仿，有良好的分销渠道，市场竞争因素相似。两区域应相距较远，以减少流动人口对该产品销售量产生影响。

③媒体组合法：这种方法与区域比较法基本相同。不同的是区域比较法是以单一媒体有无广告进行比较，而此法则是使用多种媒体。以相同的广告投入，不同的媒体组合策略实施广告，然后对各实验区的销售总额进行比较，分析媒体组合的合理性。

2. 广告心理效果的测定方法

广告心理效果测定是利用科学的方法和手段检测广告使消费者心理产生

变化的程度。

广告心理效果测定方法较多，大致可归纳为两大类：

（1）心理效果的事前测定。在广告作品尚未正式制作完成之前，要进行各种测验，及时发现问题，改进广告制作，提高广告的成功率。具体方法主要有：

①专家意见综合法：在广告文案或媒体组合计划制订之后，往往会有几种可供选择的方案，需要请有关专家进行综合评估，从多侧面、多角度对其将会产生的效果进行预测。这种方法是一种定性研究法，比较容易操作，费用较低。但应注意，所聘请的专家应具有权威性。

②消费者评定法（Consumer Jury Test）：这种方法是让消费者直接评定广告效果。在拟订出几则广告方案之后，邀请消费者代表对其作出评价，并根据他们的评价排出优劣顺序，来判断广告作品的价值。使用这种方法，每次召集的人不宜太多，被评定的广告作品应是同一商品的不同广告。提出若干问题，请求回答，如你认为哪一则广告最先吸引你的注意？你对哪一则最感兴趣？哪一则最有说服力？哪一则最能促成购买行动？……

③评分法：又称要点采分法。在广告刊播之前，邀请消费者代表或专家观看广告，然后在事先设计好的广告要点采分表上打分，最后求出全体人员评价结果的平均值，见表7-4。

表7-4　广告要点采分表

评价项目	评价依据			满分	打分
吸引力	吸引注意力的程度（视觉形象与听觉感应）			20	
认知性	对广告销售重点的认知程度			20	
易读性	能否了解广告的全部内容			10	
说服性	广告引起的兴趣如何			10	
	对广告的好感程度			10	
行动率	由广告引起的立即购买行为			20	
	由广告唤起的潜在购买欲望			10	
优劣分数线	最佳广告	优等广告	中等广告	下等广告	最差广告
	80~100分	60~79分	40~59分	20~39分	0~19分

④仪器测定法。又称机械法，它是利用诸如视向测量仪、按钮仪、电位测验器、瞬间显露器等心理测定仪器记录被试者对广告的生理反应。这种方法是测定广告文案、广告作品的重要途径之一。

（2）心理效果的事后测定。广告刊播后，是否达到了预定的心理目标，需要进行心理效果测定。依据 DAGMAR 理论，广告心理目标关键在于改变消费者态度。在改变态度过程中，可分为未知、知名、理解、确信、行动五个阶段，相应的广告心理目标有未知率、知名率、理解率、好感率和购买意图率。而测定不同的目标，可使用不同的测量方法。

①认知测定法：不论广告目标如何，广告必须要让消费者接触到，这样才有可能产生效果。认知测定法主要用来测定广告的知名度。它包括阅读率调查法和视听率调查法。

阅读率调查法是用随机抽样方式，由调查员访问被选出的对象而实施的。该方法由美国人丹尼尔·斯塔夫（Daniel Starch）所创。这种方法将被调查的读者接触广告的程度分为三类：a、看过，即能够辨出曾看过该广告。b、认真看过，即不但知道该商品和企业，而且能记得广告的标题和插图。c、能够记得该广告 50% 以上的内容。在此基础上，统计各类被调查人数，分别计算注目率、阅读率和精读率。最后，计算出广告的阅读效率。

$$注目率 = \frac{A\ 类的人数}{被调查人总数} \times 100\%$$

$$阅读率 = \frac{B\ 类的人数}{被调查人总数} \times 100\%$$

$$精读率 = \frac{C\ 类的人数}{被调查人总数} \times 100\%$$

$$广告阅读效率 = \frac{报纸（杂志）销量 \times 每类读者的百分比}{所付的广告费}$$

斯塔夫的这套方法虽然较为陈旧，但它仍得到广泛应用。阅读率调查，一般用于广告主与竞争者双方广告的比较，也可用作本次广告与前次广告比较；比较广告所占版面的大小、色彩、形态等相对效果，也可作为改进广告创意的依据。

视听率调查法主要用于测定消费者对广播电视广告的接触情况。其做法是对若干样本家庭进行调查并统计三方面数据：a. 拥有电视机和收音机的户数；b. 视（听）广告节目的户数；c. 能认知广告名称的人数。然后分别推算。

$$视听率 = \frac{B \text{ 类户数}}{A \text{ 类户数}} \times 100\%$$

$$认知率 = \frac{C \text{ 类的人数}}{B \text{ 类户数}} \times 100$$

调查视听率，还有以下具体方法：机械调查法、电话调查法、日记式调查法、访问法、回忆测定法等。

②态度测量法：广告对消费者的态度影响很难直接观察到，只能采用问卷、检核表、语意差异试验、评等标尺等形式作推测。其中语意差别法是较为常用且简便易行的方法。它是利用美国伊利诺斯大学奥斯古德（C. E. Osgood）等人的研究成果发展而来的。他们认为外界刺激与反应之间，存在着一个联想传达过程，而用此法可以测定这个过程。针对某一商品形象或某一广告表现，要了解消费者的态度及好恶情况，可排列若干意见相反的形容词，由调查对象选择，从中了解调查对象的态度。比如测定广告中的人物印象，可设计与人物形象相关的调查问卷，先让调查对象选择最能表达自己意念的等级。然后，测量人员对所收集的量表进行统计处理，便可得出测量对象对广告人物形象的态度倾向，见表 7 – 5。

表 7 – 5　态度测量法

广告中人物形象	非常　　稍　　普通　　稍　　非常	
	美丽 – 丑陋	
	热情 – 冷酷	
	健康 – 衰弱	
	快乐 – 忧伤	

（在横线上打"√"号）

3. 广告社会效果的测定方法

广告宣传的社会效果是指广告刊播以后，对社会某些方面的影响。这种影响既包括正面的影响，也包括负面的影响。这种影响不同于广告的心理效果或经济效果。广告经营者无法用数量指标来衡量这种影响，只能依靠社会公众长期建立起来的价值观念来对它进行评判。

广告的社会效果应该体现在以下几个方面：

（1）是否有利于树立正确的价值观念。涉及社会伦理道德、风俗习惯、宗教信仰等意识形态领域。近些年来，台湾的广告活动多以"新儒学"为策划内容，倡导一种合乎理性的家庭价值观念，对广大青少年来说，很有教育意义。

（2）是否有利于树立正确的消费观念。正确的消费观念是宏观经济健康发展的思想基础，也是确保正常经济秩序的基础。有一段时间，我国广告宣传倡导"超前消费"，认为"超前消费"可以刺激国民经济的发展，加快国民经济发展速度。实践证明，"超前消费"只能带来较高的物价水平，扰乱正常的经济秩序。这种导向的广告宣传应该受到社会的谴责。中华民族具有节俭的美德，高储蓄可以为国民经济发展提供充足的资金，因为在宏观经济运行系统中，储蓄＝投资；高储蓄也能使市场供求处于"买方市场"的态势，为国民经济的健康发展提供良好的外部环境。

（3）是否有利于培育良好的社会风气。如重视教育、爱护环境、节约使用资源、遵守公共秩序、遵纪守法等。

广告经营者在测定广告宣传的社会效果时，应该遵循真实性原则和社会规范原则。

真实性原则，即广告宣传的内容必须客观真实地反映商品的功能与特性，实事求是地向媒体受众传输有关广告产品或企业的信息。

广告传输的信息有单面信息和双面信息之分。单面信息是指只集中告知媒体受众有关广告产品的功能与优点，调动媒体受众的情绪，使他们产生购买欲望。但过分强调单面信息会使媒体受众产生逆反心理，有时甚至会产生怀疑；双面信息是指既告诉媒体受众产品的优点，同时也告诉他们广告产品存在哪些缺点或不足，使媒体受众认真对待。这种广告信息诚实可信，常能赢得好感。

社会规范原则是指广告经营者在测定某一广告的社会效果时，要以一定的社会规范为评判标准，来衡量广告的正面社会效果。如以法律规范、社会道德规范、语言规范、行为规范等为衡量依据。

广告社会效果测定的方法可归纳为两类：事前测定法和事后测定法。事前测定法，一般是在广告发布之前，邀请有关专家、消费者代表对广告可能产生的社会效果进行预测，发现问题及时修正。事后测定法，是指广告发布之后的测定。可采用访问法、问卷调查法、日记调查法和态度测量法等具体方法，及时收集受众的反映，认真分析这些反映，以判断广告的社会效果。

本章小结

　　广告效果是广告信息通过广告媒体传播后所产生的影响以及累积的综合效应，也就是广告活动通过消耗和占用社会劳动而对消费者心理、产品销售及社会环境等产生影响的总和。根据对广告效果研究，制订广告战略，进行广告决策，推行广告战略管理的需要，对广告效果可分为：经济效果、社会效果和心理效果。按广告效果在广告活动过程中所起作用，广告效果可以分为：预计效果、预测效果和测定效果，其中测定效果包括事前测定、事中测定和事后测定三部分效果的总和。按照广告效果显现效力、发挥效用的时间看可以分为：即时效果、延时效果和潜在效果，这种分类方法与按照广告活动周期的长短进行划分的短期效果、中期效果、长期效果有相似之处。

　　进行效果评估掌握广告效果的特征和评估原则：广告效果具有延迟性、累积性、复合性、间接性、多维性、层次性和两面性。建设广告效果评估体系需要在全面掌握效果特性的基础上，进一步认知广告效果的层级特点，从效果发生的范围和形成过程两方面了解效果评估的复杂性和工作的细微性。广告效果测定的代表性模式有：四阶段模式、五阶段模式、DAGMAR 理论模式、ARF 理论模式、整合广告效果模式、新广告效果模式等。广告效果测定要按照明确目的、制订方案、方案实施、整理分析、撰写报告的程序依次进行。为确保结果的科学、准确，在测定过程中必须遵循：目标针对性原则、科学严谨性原则、整体综合性原则、动态监测原则、经济性原则。

　　广告效果评估工作的成败，最终还是取决于对评估方法和技术的掌握。全面评价广告效果应从广告的经济效果、心理效果和社会效果这三个方面入手。具体方法、技术内容纷繁复杂，非下一番苦功研习难以精通，效果评估的科学性原则更要在培养崇尚科学的精神和严谨的治学态度中体现出来。

思考和练习

　　1. 什么叫做广告效果？试举例说明广告效果包含的类型。
　　2. 如何理解广告效果全程监测的特殊地位？
　　3. 如何理解认识广告效果的层级性特点对测评工作的意义？
　　4. 请分别说明广告效果评估的几种代表性模式。
　　5. 广告效果评估工作的困难体现在哪些方面？

6. 广告效果评估中的 AEI 法及 NETAPPS 法的操作原理是什么？

7. 某广告刊载后的一定期间，调查对该媒体接触的人中，有40%的人阅读过该广告。阅读过该广告的人中，有20%的人购买该广告的商品。未阅读过该广告的人中，10%的人购买该商品。请问纯广告销售效果有多大？

8. 某企业广告费开支与商品销售额如表7–6所示，试用广告效果比率法计算哪一年的下半年度广告效果好？

表7–6　广告效果比率法　　　　　　　　　　　（单位：万元）

比较年度	上半年		下半年	
	广告费	销售额	广告费	销售额
1994	63	3150	75.6	4095
1995	90	5625	108	7875

第八章　广告文化

压题图片

图 8 - 1　广告文化

学习要求：本章分析了广告的文化属性、文化传播意义，阐述了广告与消费文化、民族文化、地域文化、时代文化的关系。学习本章，要了解广告不仅是一种信息传播形式，而且具有鲜明的文化属性和文化传播意义，广告负载着各种文化信息、文化观念，对受众的思想观念、价值取向和生活方式产生影响；要掌握广告文化与消费文化的关系，明确广告文化与民族文化、地域文化、时代文化的共时性存在，激起彼此的密切联系。

关键词：广告文化；消费文化；民族文化；地域文化；时代文化；共时性

第一节　广告的文化属性与文化传播力

无论广告活动还是广告作品，都具有文化的内涵，呈现文化的特质，同时又以所传递的生活观念、价值取向、审美规范等文化观念、文化信息影响受众。因此，广告不仅仅是一种信息传播形式，又是一种文化形态、文化传播载体，具有鲜明的文化属性和文化传播意义，是社会文化的构成部分。

一、广告的文化属性

1. **广告是一种文化行为**

文化以林林总总的心态和现象存在于社会并发挥着作用。把广告视为一种文化形态，首先因为广告活动是一种文化行为，广告是文化创造的成果、智慧的结晶，体现了人类的进取精神和创造力，而不仅仅具有文化的烙印。

广告伴随着人类的生产销售活动而产生，考察广告的发生和发展轨迹可以发现，广告的出现与进步是人类不断运用聪明智慧的结果——不断的创新，一个个"Great idea"，使广告的商业价值、文化价值以及审美价值不断提升，从而成为人类的一笔文化财富。再就广告的商业功利作用及其历史贡献而言，广告的运用更是人类经济活动中一个了不起的创造，是人类在创造了物质文明之后为尽快享受这些丰富的成果而进行的智力劳动。人类用智慧创造了产品，又用智慧让它们进入千家万户，既推进了社会的再生产再创造，促进经济的不断增长，又满足了人们不断出现的消费需求，帮助他们实现一个又一个美好欲望。因此，蕴含着人类智慧的广告自然地进入文化的范畴，而且被当作商业文化的重要内容、社会文化的组成部分。广告在经济活动中显示的巨大作用使人们更加注重对广告的利用，于是社会公共生活中也出现了广告，公益广告和意见广告应运而生。它们已经成为现代社会一种重要的舆论工具，在社会精神文明建设中和政治性活动中发挥了宣传作用。毋庸置疑，它们同样具有非常鲜明的文化性质，在社会文化体系中占据一席之地。

2. 广告是物质文化、精神文明的反映

广告记录着人类历代的伟大创造，是社会经济、文化成果的一种展示，人类所创造的物质文化和精神文明的反映，诚如著名报人戈公振所说："广告为商业发展之史乘，亦即文化进步之记录。"[①]商业广告传递商品信息，实际上就是将人类的发明创造展示出来，鼓励人们广泛利用物质生产和文化生产的成果，提使生活的质量。每天发布的大量的广告，展示了一个十分丰裕的物质世界和一个非常丰富的精神文明世界。受众从广告中可以了解到社会经济和文化的巨大进步，看到人类社会在不断地而且越来越快地向更高的层次前进。如果从文化反映这个意义来看广告和广告的历史，可以说一部广告史，不仅是记录广告业前进历程的正史，也是一部反映人类所创造的物质文化和精神文明进步的别史。它在记述广告历史的同时，也记载了许多人类创造的物质文化和精神文明成果，从一个方面描述了人类文化发展的轨迹。

3. 广告对受众的价值取向、行为方式产生影响

广告的内容及形象表现中蕴含着各种知识、价值观念，对受众的价值取向和行为方式产生直接或间接影响。广告的这种意识形态性及其文化传播功能是决定广告文化属性的主要因素。在各类广告中，以非营利性的公益广告和意见广告最具意识形态性，文化属性最为明显。公益广告以传播先进文

---

① 戈公振《中国报学史》，上海，三联书店，1955年。

化、塑造美好心灵为宗旨，宣传正确世界观、人生观、价值观和道德规范，批评不道德的行为和错误观念，倡导社会良好风尚，激励人们积极向上，追求真善美，其人伦教化内容及社会教育的实际效应，充分体现了它的文化性质，清楚地说明它们具有社会意识形态性。意见广告作为公开陈述意见，发表政论，表达观点的一种方式，多用于政治性活动中。广告主的政治背景、发布广告的政治功利目的、广告中的政治话语言说、制造或引导舆论的功能实现等，同构了意见广告的政治文化性质。比较而言，商业广告的社会意识性不是那么突出，但现代广告中从商品使用价值陈述向商品文化意义诉求的话语转换已成趋势，很多广告宣传商品的文化价值，介绍相关知识，传递文化信息，传播生活理念，展示现代生活方式，描绘理想生活蓝图，引导消费时尚，以价值观念为消费导向，利用文化的力量激发消费需求，通过文化叙述将广告变成传授生活理念、指导生活方式的教育文本，呈现商业功利与社会文化的双重色彩。受众也常常从文化角度来理解商品的价值，将商品消费提升到文化消费的层面。

广告所具有的文化属性，使广告成为纷繁复杂的文化世界中具有独特意义的现象——广告文化，广告文化与其他文化形态同构社会文化的大系统和多元共生的文化生态环境。如果将社会文化分为主流文化、精英文化和大众文化，那么广告具有大众文化的特征，应属于大众文化。大众文化所占市场份额大，以相当大的社会群体为共同接受对象，不仅影响大众生活，而且直接影响整个社会文化系统的构建和社会文明的程度。因此，大众文化必须保持积极向上的健康状态，与主流文化、精英文化相互融合，共同发展，共建高度的社会文明。广告当然也应如此，追求高尚的文化精神，传播先进文化理念和健康生活方式，成为先进文化的传播载体。

二、广告的文化传播意义

文化借助各种载体、媒介而传播，又因传播而生生不息地绵延发展。传播是文化生存、承继与播散的必要条件，亦是文化能够发生作用的前提条件。不同的传播载体和传播模式使文化传播出现不同的形态和结果，形成文化传播的多元格局。

将广告作为一种文化传播载体，是因为广告不仅蕴含丰富的具有文化价值的内容，而且能够凭借强大的传播力把它们传播开去，在文化传播中发挥积极的作用。尽管如前所述，广告所负载的文化知识、价值观念、生活方式等不过是是一些文化碎片，但广告浩大的数量和广而告之、反复发布的传播特性，以及由此产生的社会影响力，使之在文化传播中充当了重要的角色。尤其在广告浩繁、无孔不入的现代文化语境中，它们以强大的传播力而成为一种强势载体，以不同于其他载体的传播模式传播文化。传播文化，这是广告信息功能的延伸，是充分利用广告社会功能的具体表现。

广告负载着各种文化信息、文化观念，通过不同类别的广告、不同的宣传形式完成传播任务。

负有社会道德建设重要任务的公益广告主要传播社会伦理规范，传播先进文化理念，倡导健康文明的生活方式，帮助人们树立正确的价值观。20 世纪中期美国的社会营销学家提出这样一个问题：为什么不能像销售肥皂那样来销售兄弟挚爱和理性思维呢？① 他们建议利用广告来传播思想观念，认为用于推销商品的原则与技巧完全可以用于推销对社会有益的观念，广告应该成为健康、进步的思想观念的传声筒。在他们倡导下，越来越多的公益广告不仅号召人们参与公益性活动，而且有针对性地宣传各种思想观念，诸如道德观、生活观、社会观、环境观、生命意识等，促进公众的自身修养和社会的文明建设。我国许多新的文化观念，如"发展就是硬道理"、"珍惜资源、保护环境"等经过公益广告的传达而深入人心，成为人们的共识、社会的统治思想、促进人们变革现实改造世界的精神力量。

比较而言，商业广告负载输送的文化内容最为丰富，也最为复杂——知识与观念，生活方式与行为准则，传统的与现代的，本土的与外域的……纷繁可观，几乎无所不包。我国早期的商业广告比较注重传统文化、民族文化等传播，例如盛行于 20 世纪三四十年代的月份牌广告上就绘制了很多文史故事，其中像卧冰求鲤、孟母断织、孔融让梨、木兰从军、岳母刺字等故事都具有积极意义和知识性，取自《三国演义》、《水浒传》、《西厢记》等文学名著及史传、笔记、成语典故中的题材也都体现了很高的文化品位、审美价值。随着月份牌广告进入广告消费者家中，这些反映传统美德和审美价值的文学经典、民族文化精粹得到广泛传播。我国现代商业广告也负载文化的内容，但更注重传输科技和生活的新知识，传播新理念、新风尚、新动态、新潮流等新信息。而负载传送最多的、对受众影响最大的当属现代消费文化、现代生活理念、生活模式以及个人形象塑造方式。广告随时向受众报告社会新潮流、消费新动向、生活新情境、文化新现象，非常及时地把各种富有诱惑力的新理念送到受众耳畔，把令人钦羡向往美好生活铺展在人们面前，许许多

---

① 李海容，查尔斯·沙尔蒙《公益广告与社会营销》，《现代广告》1997 年第 3 期。

多现代人已经将广告当作一个主要的消费文化信息来源，从广告上接受消费文化信息，了解社会流行动态，跟随广告追逐时尚和品位，满足自己的心理欲求。尽管社会上不断有批评的声音，对广告的消费文化传播进行指责，但是今天谁也不能否认广告的文化传播功能，谁也不能忽略广告的文化输送能量。的确，如果把广告比作河流，那么具有文化价值的内容川流不息，已经成为人们认知世界变动、与社会互动、建构新的知识结构和价值体系的信息源泉之一。

企业形象广告是企业利用最多的传递企业文化的载体之一。与新闻报道、会议、活动等传播媒介比较，广告的特性决定了它在传达企业文化方面具有明显的优势，所以企业较多地利用形象广告，把企业精神、经营理念、责任意识、道德规范、行为准则以及能够反映企业文化的形象标识等公之于众。许多反映企业文化精神的口号如"海尔，真诚到永远"、"让我们做的更好"、"科技以人为本"等，通过企业形象广告而家喻户晓，深入人心。许多企业的视觉标识同样由于广告的反复传达以及在各种媒体上呈现为公众所熟悉。可以这样说，如果仅凭其他媒介而没有广告这一载体的不断传达，反映企业文化的口号、标志及其他内容难以传播得如此广远，难以给人留下如此深刻的印象。

今天，广告的文化传播意义愈益彰显，广告文化已经成为现代社会文化中最活跃、最有动力和号召力的一部分。广告活动主体应当充分重视广告文化，保证广告文化的高尚品质，坚持积极向上的文化精神，让广告在传递信息过程中产生积极的文化影响，成为社会物质文明和精神文明建设的积极力量。广告活动主体不仅应有强烈的市场竞争意识，还要站在文化建设层面和政治的高度认识，利用广告文化，弘扬优秀传统文化，客观引介西方文化，既保证优秀传统文化的独立身份和有效传承，又以开放的姿态吸纳西方文化中先进有益的部分，使广告传播既不失优良传统，又有时代色彩，体现当代文化的先进性，成为我国社会文化建设中的活跃、积极的因素，像国家工商行政管理总局副局长刘凡所说的："广告，不仅是社会主义市场经济的重要组成部分，更要义不容辞地承担起相应的社会责任；广告，不仅是国民经济发展的"晴雨表"，市场经济体制完善程度的"度量计"，更是精神文明建设的"风向标"，构建社会主义和谐社会的"助推器"。实践已经证明，这就是中国广告不可动摇的鲜明特色，这就是中国广告得到广泛认同的社会价值，这就是中国广告作为和谐社会重要元素的本质所在。"①

第二节　广告文化与消费文化

　　广告文化作为消费文化重要的组成部分，与消费文化之间有着十分紧密、不可分割的联系。消费文化是广告文化的母体范畴，其意义、特征、功能等基本理论直接影响着对广告文化的认识。广告从创意、策划、拍摄、制作到发行的整个过程，渗透着浓厚的商业味道，体现出强烈的消费特征。在对消费文化的发展、演变进行学术研究的过程中，广告的巨大影响力始终是一个不可或缺的重要因素。同时消费文化的动向对于如何搞好广告创意、如何制订广告的行销策略和对产品进行宣传、包装等方面也都具有举足轻重的意义。掌握消费文化学的有关知识，理解广告文化与消费文化相互之间的密切联系，将有助于增强我们对广告文化更系统、更全面、更深入地认识。

一、解读消费文化

1. 消费文化的兴起和发展

　　消费文化是基于社会经济发展而产生的独特的文化现象。尽管在人类社会历史发展的各个时期，生产和消费都是不可分离的重要社会动因，但消费文化对社会生活的影响程度却远远没有像今天这样深刻和激烈。这不仅是因为在以往的历史发展过程中，消费生活资料远远没有达到可以使人尽情享受的丰富程度，而且还由于受文化传统的影响，在人们的思想价值观念中，消费意识还仅仅停留在满足基本需求的有限层面上。具有强大导向作用的社会主流文化一般情况下都提倡用辛勤的劳动换取生活的幸福。强调有节制、有限度的消费对成就健全的人格所具有的深刻意义，并不热心倡导以享受为核心的消费文化。

　　随着科学技术的进步和生产力的迅猛发展，现代社会消费品极大丰富，人们拥有了多种多样的消费选择，刺激消费随之也成为各国政府驱动经济的基本国策，成为无数经济学家和企业家绞尽脑汁、千方百计要实现的目标。与此相应，消费文化一跃上升为一种重要的流行文化，对社会生活的作用日渐增大，生活方式中的消费文化取向也日渐鲜明和浓厚。

　　西方经济的迅速增长，正是得力于人们对消费文化的重视。例如，人们

---

① 刘凡《广告，和谐社会的重要元素》，《现代广告》，2007 年第 1 期。

的消费观念由过去对商品的崇拜转向了对商品形象的崇拜，愈来愈注重商品的精神价值和情感意义，这就推动了西方"体验工业"和"心理工程学"的兴起。该类行业特别注意在生产中赋予商品更多的文化内涵，以满足人们日益浓厚的精神需要和心理要求。像眼下十分流行的手工陶艺制作、十字绣、人体艺术克隆、高空蹦极等全新消费领域的兴起，都要归功于消费文化的神奇魅力。在我国，随着消费文化大潮的涌入，传统的消费观念和生产模式业已被打破，经济得到迅猛发展。

具体分析起来，消费文化在当今社会的盛兴和张扬有如下深刻的原因和背景：一是现代社会是消费中心的社会，由于物质匮乏的消除，人类社会的结构中心已从生产转向消费，从劳动转向生活，因而指导消费和生活的文化在现代社会中扮演了重要的角色。二是现代社会是大众媒介支配的社会，大众传播系统及广告声像作为消费文化的载体和符号充斥着人们的生活空间，操纵着人们衣食住行乐的消费方式，不仅成为人们生活的策源地，而且业已成为人们生活的一部分。三是现代社会是经济过剩的社会，商品琳琅满目，而且技术、文化含量日益提高和复杂，消费者仅凭自己的常识无法判断和选择自己所需要的商品，只能靠学习和掌握消费文化才能胸有成竹，这样消费文化也自然渗透到人们的生活之中。四是现代社会是文化消费的社会，人们不仅消费商品的使用价值，而且消费商品的品牌或形象，商品的文化象征意义愈来愈重要，文化附加值愈来愈大，这使得商品的购买与消费已不是一种纯粹的物质行为，而毋宁说是一种文化行为。人们不得不去"消费"种种"文化"，如同生活在选择不多的时代的人消费一般商品那样。这种消费角度的转变，对人们生活品味、生活情调、生活质量都带来了全新的认识和感受。

如今，随着我国商品经济的发展，消费在整个经济发展链条中的地位愈来愈突出，消费促进生产的动力作用愈来愈明显，消费文化对社会生产和社会文化的发展产生了前所未有的剧烈影响：一方面，消费文化在社会经济运行的过程中直接影响到生产的规模、速度和发展方向；另一方面，各种广告等传媒方式把消费文化逐步推向社会文化发展的核心地位，使之发展为影响现代人思想价值和行为方式的重要引导力量。

2. 消费文化的理论视阈

消费文化是指消费精神文明和消费物质文化的总和。消费精神文明包括消费哲学、消费价值取向、消费道德、消费品味、消费审美、消费心理等方面的内容，是人们在消费实践中形成的反映消费特点和消费理念的观念形态的总和；消费物质文化主要体现为消费行为。

消费文化包括各种不同层次的要素和内容。从消费者个人的角度来看，个人的消费需求、消费心理、消费观念和消费者所具备的消费条件，是实现其自身消费行为的基本前提，也是构成消费文化的主体要素；从消费活动的整体过程上来看，社会经济发展所提供的消费条件、消费环境和消费品的结构、数量和品质，是社会消费达到一定水平的基本前提，也是构成消费文化的社会背景因素；从结构上来看，社会物质产品和精神文明产品消费的数量、频次、主体结构和档次差别，是消费活动中不可忽视的结构要素，也是消费文化发展的基本内容；从影响消费行为发展的角度上看，各种形式的传播媒介和大众消费过程中各种社会心理因素的影响，不同社会团体出于各种功利目的进行的各种消费宣传和引导，是影响消费行为的文化因素，也是消费文化形成和发展的重要传播手段。上述种种要素综合作用，构成了消费文化的丰富内容。

一方面，作为社会文化发展过程中影响巨大的特殊文化形式，消费文化在同社会生活相互作用和协调发展的过程中形成了丰富多彩的自身个性特征。这些特点可以概括为以下几方面：

（1）普遍性。消费文化涉及面广，影响面大，日常生活的方方面面无一不带有消费文化的影子。一个人购买什么样的消费品，利用什么样的消费服务，安排怎样的消费结构，选择何种消费方式，无不受其消费观念、价值取向的支配和影响。一个人居室的摆设、装饰、衣着服饰等样样表现出他的审美观念等消费文化素养。

（2）多样性。不同地区，由于不同的自然地理环境、物产和民族，形成不同的消费文化。如居住在高原、草原、平原、江河边、海洋边的人们具有不同的消费文化特色，形成不同的消费文化样式。处于不同社会历史发展阶段，具有不同社会发展水平的人们，有不同的消费文化。如发达国家与地区和不发达国家与地区的消费文化水平有差异。就是在同一地区、相同环境下，生活在相同社会发展阶段的人们，也会由于个性特征不同而有相异的消费文化方向。当今消费上的个性化、多样化的内在原因正是消费文化的多样性。

（3）继承性。一定的消费文化总是由特定的地理自然环境、社会历史发展过程、民族以及与此相适应的创造能力、适应能力而形成的，它是经过长期的历史发展过程沉淀下来的，渗透在人们的灵魂深处。所以，它像一只无形的精神之手，制约着消费文化继续发展的轨迹，使其一代一代的传承下去。各个民族的节日消费文化最能体现其消费文化特色。比如，汉民族的春节消费文化，藏民的藏历年消费文化，回族的古尔邦节消费文化，傣族的泼水节消费文化，都是一代一代传承下来的。虽然随着社会历史的发展有所变化，但其精髓仍然保留着。如今过春节的内容和形式都有了新花样，但其传统的节日文化氛围，文化观念仍存在。

（4）变革性。消费文化既然是在一定的环境和背景下产生的，除自然地理环境变化十分缓慢以外，而其他环境和背景都在不断的变化，尤其是社会生产、技术、经济基础、社会政治制度等迅速变化。这些变化必然促使消费文化变革，使人们的消费观念、价值取向、审美意识、消费习惯、消费组织和规范、消费知识和技能以及所消费的物品和利用的服务都在不断变化。我们研究消费文化与生活方式的变迁正是基于这样的认识来进行的，探索新的消费文化观念如何渗透到人们的生活方式中，使人们的生活方式发生怎样的变动趋势。

另一方面，消费文化由于受到多方面社会因素的综合影响，在多种文明成果浸润、熏陶中成长，还表现出与其他文化形态相互交融的特征，可以理解为：

（1）消费文化是一种工业文化，是工业文明的产物。消费文化的兴起要以商品生产的大量扩张为前提。工业时代商品生产的极度扩张，引起人们消费欲望的普遍高涨，而科学技术的发展又为满足人们消费提供了丰富的物质手段和场所以及大量的闲暇时间。因此，通过一定的消费文化把大众培养成为消费者，就成了极为必要的社会工作。从这个意义上讲，消费文化就是培养消费者的文化。

（2）消费文化是一种大众文化，它是一种通俗的、易于流行的文化。与精英文化博大精深的秉性不同，大众消费文化的内容是浅显的、实用的、普及的、翻新的，因而人人愿意学，也容易学；与精英文化崇高超脱的品性不同，大众消费文化"没有风格，只有时尚"、"没有规则，只有选择"，它的形式是明快的、浪漫的、宽容的、多样的，因而人人可接受，并且易于模仿。

（3）消费文化是一种世俗文化，它是一种注重现世、宣传占有的文化，极力倡导消费生活的个人性、隐私性和自由性。与古代的崇尚节俭不同，现代消费文化提倡享乐、顺从物欲、追求时尚，认为消费生活应该是丰富多彩的，不应是单调刻板的；是自由开放的，不应是压抑僵化的；是顺应时尚的，不应是愤世嫉俗的。

（4）消费文化是一种商业文化，它是一种以市场为导向、服从市场需求的彻头彻尾的商业制作文化。在现代社会中，交换价值主宰着人们对文化的接受。经过日益高超的商业技术打造，人们消费的所有商品都被披上一层光环，即使高雅的文化产品也不得不接受商业文化的过滤和炒作。在浓郁的商业文化要求下，符合市场需求的消费行为就是合理的和有益的，而与此相应的生活方式才是有价值的和有意义的。

（5）消费文化是一种感性文化，是注重体验的欲望产物。消费文化的内容涉及具体的消费行为，而消费行为又是以人们的消费心理和消费需求的满足而告结束的，因此，情感化的行为表现是消费文化发展中消费主体惯常的行为方式。人们消费的是"梦想、影像和快感"，追求的是消费的激情和体验，感官主义的特征十分突出，感情主义的倾泻异常强烈。

3．消费文化的社会功能

消费文化具有十分重要的社会功能：

（1）传导渗透功能。消费文化渗透在人们的日常生活中，规定生活方式的本质，处处影响生活方式。如果一个人树立绿色消费观念、新的健康观念，它就处处选择购买消费绿色消费品、利用绿色消费服务；他就选择一种良好的生活方式来提高自己的健康水平。消费文化的渗透性还会把社会的主导文化传导到日常生活中。例如，新中国建立初期，社会的主导文化理念是建立社会主义公有制，消灭剥削，人人都过上无剥削无压迫的平等生活。这种主导文化通过消费文化传导到日常生活中，就是生活上的平均主义、雷同化。改革开放以来，社会的主导文化理念是建立社会主义市场经济体制，社会主义要消灭贫穷，实行多种所有制经济和多种分配方式，消灭平均主义，鼓励一部分人先富起来。这种主导文化通过消费文化传到日常生活中，就形成在生活中多贡献多取得收入，追求生活富裕，求新求异。反过来，消费文化也反映人们的生活追求与社会主导文化的矛盾，将其传导给社会主导层面，促使社会主导文化理念的改革完善。例如，我国在传统计划经济时期，由于平均主义分配，导致人们的劳动积极性普遍不高，这种现象反映出农民要把自己的劳动与自己的消费生活直接联系起来的生活理念，反对平均主义的大锅饭。

（2）蕴涵功能。文化是社会经济的底蕴，消费文化是生活的底蕴。要想读懂生活就得首先读懂生活中蕴涵的文化，读懂文化与生活的关系。消费领域有大量的文化。例如，优美的生态环境，使人得到大自然的丰厚赐予，得到美的享受、艺术的享受，这就是生活当中蕴涵的文化。"星垂平野阔，月涌大江流"（杜甫：《旅夜抒怀》）；"明月松间照，清泉石上流"（王维：《山居秋暝》）；"虹销雨霁，彩彻云衢，落霞与孤鹜齐飞，秋水共长天一色"（王勃：

《滕王阁序》)。中国古代很多诗人、文人都描写了这种大自然的美,反映了一种生态审美观,反映了一种生活文化。古今中外,这种例子很多。比如,在消费领域,那些质量好的、优美的消费品,无论造型美、色彩美、装饰美、特质美等,都可以折射出生活中的美好文化。

(3)结合功能。消费是物质文明与精神文明的结合部,人类的一切物质文明成果和精神文明成果,在消费领域融为一体。我国考古学家发掘出土的古代精美的陶器、铜器以及其他各种文物,不是反映"仰韶文化"、"青铜文化"以及其他各种文化吗?我国当代也有很多消费品,特别是高雅的精神文明产品,如名人字画、名人著作,本身具有极高的收藏价值,同时又能以艺术的魅力感染人的心灵,正如马克思所说的:"向我们放射出人类崇高精神之光",①使人提高精神境界、提高整体素质。

二、广告文化与消费文化

广告的出现,当然不是最近一个世纪里的产物,然而,广告演变为一种无所不在的文化形象和文化控制体系,却是现代社会特定的现象。毫不夸张地讲,广告已成为我们这个社会,这个时代不可或缺的表达方式之一,是人与现实相互交流的巨大"中介性存在",而这个"中介性存在"本身又直接体现了现代社会巨大的消费特性。

"早在1926年,我国著名报学史专家戈公振先生在研究中国报学史的过程中,提出了'广告为商业发展之史乘,亦即文化进步之记录',一语道出了广告的商业本质和文化负载功能。"②

《2001~2002年IMI消费行为与生活形态年鉴》数据显示,在城乡非食品类消费,特别是服务性消费支出的比重正在逐步增加:耐用消费品向高档、时尚的现代化和电气化方向发展;住房、汽车占居民消费比重上升。广大消费者开始追求商品与服务的品牌;在服务消费方面则更追求服务质量与文化气氛。这种国外称之为'软消费'的消费模式与广告的关联度相对较高,在这种'软消费'中,产品的实用性大大降低,而产品的感情基准和文化含量将急剧提升,市场的形象导向性越来越强。这些,无疑都为中国广告业今后的发展提供了巨大的空间。"

---

① 《马克思恩格斯全集》第42卷,人民出版社1979年版,第140页。
② 何辉《"镜像"与现实——广告与中国社会消费文化的变迁以及有关现象与问题》,《现代传播》2001年第3期,108页。

上述两段材料中提到的事件发生的时间一早一晚，一个揭示本质、一个阐发现象，叙述的角度本来完全不同，但如果稍加思考，便不难发现其实两者能够共同反映出一个清晰的信息，即广告和消费有着难以割舍的渊源。把广告作为一种文化行为同现代社会直接联系起来的，正是我们已经习以为常的消费现象。

广告文化和消费文化二者你中有我，我中有你，紧密相联，密不可分。

1. 广告文化对消费文化的影响

广告文化是消费文化的组成部分之一，是影响消费行为的重要因素，也是消费文化形成和发展的重要传播手段，它对社会消费生活起着至关重要的引导作用。广告文化对社会消费的引导可以从三个方面来理解：

首先，表现为对具体的、个别的商品的购买和消费的引导。广告文化对具体的、个别的商品的消费的引导是显而易见的。在媒体时代，广告几乎无处不在。生活在这种环境中的大众，无可避免地要受到广告文化的影响。广告，特别是那些带有强烈的视觉冲击符号的画面无时无刻不在释放出大量的或有关的商品信息，使得消费者的选择或多或少都要受到广告能量的辐射，无论是广告自身的媒体文化还是通过体育明星或影视明星传达的消费信息和商品新功能都能对消费大众产生强大的诱导作用。在广告文化强大影响力的作用之下，个体的消费和对具体商品的选择在很大程度上依赖于广告媒体的宣传，小到日常用品，如一瓶洗发精或几节电池，大到衣食住行，似乎都有都有广告的影子，告诉消费者应该消费什么而摈弃什么，应该选购哪些品牌或不应该购买哪些品牌等等。因此，不管人们愿意还是不愿意，广告文化不由分说地担负起引导大众消费的职责。

其次，表现为对生活方式消费的组织和引导。广告文化的巨大影响不只是表现在对具体的商品消费的诱导上，更表现在对生活方式的消费诱导上。所谓生活方式的消费，是指消费者总体的消费情况或者是配套的消费习惯，在这种消费过程中，消费的具体行为不再是孤立的、没有联系的或者是心血来潮的，而是体现出相互间的种种关联。在消费社会中，广告文化所营造的"生活方式消费"不是指在一定的经济和社会地位中渐渐养成的牢固的消费习惯和态度，它是指消费个体认同某种社会时尚，跟随流行趣味的轨迹前行，并在消费过程中获得新的社会身份和相关形象。担任消费引导的广告文化是通过不断地提出新的消费概念和消费模式来吸引大众的。这类消费概念和消费模式旨在勾勒出新的与社会时尚相趋近的形象，比如"新男性"形象、"成功人士"形象、"新新人类"形象或者"温馨而靓丽"的职业女性形象。这里并不否定经济实力社会地位的作用,但是传统的和经济及社会地位紧密相连的消费行为不再占主导地位,因为新的消费概念和消费模式更加关注的是消费现象的本体,而不是某种背景。加之整个消费系统通过其严密的运作(如以按揭或借贷的方式)可以预支消费能力,所以与整体消费行为相连的不再是简单的经济实力,而是与时尚密切相关的各类消费新概念。

广告文化在创造各种新概念方面有着传统文化无法比拟的优势,因此它也就有了给各种消费行为命名的优势。广告文化是向当代生活开放的,社会生活中大量的、极为丰富的现象都是广告文化的素材,所以广告文化利用其图文并茂和视听结合的方式开拓出新的概念空间也就得心应手得多,例如"休闲"的概念,"投资健康"的概念,"SOHO"(Small Office Home Office)、"BOBO 族"(布尔乔亚和波西米亚风格的结合)的概念等等,还有一些传统的概念经过广告文化的包装也有了与以往不同的涵义,如一个简单的旅游概念会分化出"文化旅游"、"生态旅游"、"黄金周旅游"、"情侣游"、"自助游"等等,而消费新概念是广告文化所创造的各类新概念中最有活力的部分。

第三,表现为开辟新的生活风尚和消费领域。广告本身就是一种特殊的消费品,当它们作为消费品出售的时候,最佳选择是销售生活方式和各种新奇的观念,而不仅仅是针对某些具体的产品。例如市场上林林总总的时尚类杂志和电视中的相关栏目都是瞄准生活方式消费的,或者是以种种新的观念来打动读者的。这些新的观念包括的方面很多,大到社会总体潮流和人生价值趋向,小到日常行为的细节和消费趣味,都可囊括其中。并且这些新观念大都是与具体行为和行动方式结合在一起的,有着开发欲望的功能。因此,所谓生活方式的消费包含着多重涵义,可以是对已有的消费行为和消费方式进行归类,将一定的消费行为与一定的生活方式联系起来,使得个别的、具体的消费行为成为总体的生活行为的一部分。例如,将保龄球与贫民阶层的健身方式联系起来,将淡色的休闲长裤同中上阶层的度假生活联系起来,而驾驶帆船出游则与上层阶层的习惯与品味相当。也可以是建构一整套新的行为模式(或者说兜售新的消费行为模式),开发新的欲望领域和消费领域,鼓动大众参与其间,并在参与过程中不断地制造出新的意义空间。

在现代社会中,广告总是把自己打扮成一个引路人或生活向导的样子,让人在消费的感性可能性上赢得自信、自满和喜悦。广告把现代社会本身的消费制度以形象方式确立下来,成为电视屏幕、杂志插页、商业大街的霓虹灯上触目皆是的形象。消费成为广告形象所煽起的激情欲望,成为广告形象中的色彩、线条和文字。广告的直接功能,在于鼓励一种以消费品形象及其意义为对象的感性欲望、满足的滋长，从而实现广告对消费者心理的控制掌握。广告实际上已经把大众紧紧附着在由形象所塑造出来的消费制度上，对消费品的认同，无异于对一种制度化消费关系的欣然接受。

广告的确成了我们日常生活中的文化形式，它不仅充分凸现并完善了现代社会的消费存在，而且，在更广大、也更生动的直观中，广告形象成为一种日常生活的权利话语，在心理的和行为的双重意义上，把人和人的文化纳入了消费制度体系之中。生活中的消费活动在广告形象的诱惑下，演变成为大众所渴望的生活方式。在广告形象中，各式各样商品品牌就成了大众在消费中所能拥有的各式各样的享受："××牙膏能令你的牙齿更坚固、更洁白"、"××洗发香波将令你的头发更加飘逸秀美"、"××令你重现肌肤柔嫩和光彩"。

难怪有人总结出这样一个公式："快乐的享受＝消费欲望＋广告形象＝生活质量的当下实现"①，为广告的功能做了一个生动的注解。作为现代文化的直接成果，广告的成功其实体现了感性主义的消费文化的全面胜利，正是在广告中，日常生活的感性需要和冲动获得了自身巨大的满足。广告的成功，不仅在于它刺激了消费的增长，更在于它本身作为一种文化存在，在极大地调动人的日常生活感性的过程中，毫不动摇地推进了我们这个时代消费文化的成功发展。

2. **消费活动对广告的意义**

无论广告的性质多么丰富、广泛、多种多样，都无法抹杀其作为一种特殊的

商品和以诱导购买为直接目的商业行为所具有的消费性本质。消费是构成广告必不可少的基本要素之一，消费性是广告的第一属性和本质特征。这种特性具体体现在三个层面上：

（1）广告是直接为社会的消费活动服务的，它的直接指向是消费者特殊的消费心理和消费需求。广告以消费宣传活动为中心，致力倡导人们在生活现实中最大限度地享用社会提供的一切物质条件和精神产品。它把刺激消费购买的宗旨放在首位，突出强调消费所具有的社会意义和消费活动给人带来的欢乐和幸福。广告文化的兴起，更加强化了消费文化所突出的价值指向。它站在某些生产组织的特殊立场上，拼命宣传自己产品的长处和优点，颇具

---

① 王德胜《消费文化与虚拟享乐——当代审美文化批评视野中的广告形象》，《北京社会科学》1998 年第 2 期。

创意的溢美之词把广告产品捧到了登峰造极的佳品地位，造成了"你不享用一辈子后悔"的消费心理态势，强烈地刺激着广大消费者的消费心理和消费欲望，以广告为代表的现代传播手段把消费文化推向了发展的顶峰。著名的"百事新一代"广告就是典型案例。蓝天白云下，灿烂阳光里，数百名大学生在海上的皮筏中翩然起舞。他们边饮百事可乐边放声歌唱："今天生龙活虎的人们一致同意，认为自己年轻的人就喝'百事可乐'；他们选择正确的、现代的、轻快的可乐，认为自己年轻的人现在就喝百事。"有谁不希望自己是年轻的呢？百事可乐于是风靡世界。

（2）广告以现实的利益交换为实现途径，它的产生和发展有赖于平等交换的现实消费关系的建立和发展。从起源上看，广告是现代社会商品经济发展的产物。它虽然作为一种高级形态的特殊商品，其使用价值已经不再拘泥于传统消费品使用价值的物化形态，而呈现出一种精神意识层面对消费欲望的满足，但它也必须按照商品经济规律在公平的市场交换中实现它的价值。这同现代市场经济条件下公平交换的原则是相辅相成、互为因果的。广告这种商品，只有以完成市场上现实利益平等交换的经济行为为前提，才能实现其作为一种社会现象的文化价值和文化功能。

（3）广告在消费过程中才能得以实现最终价值。广告产生的直接动因，是现实生活中交换价值的实现。获得必要的经济利益，是广告活动首要的指导思想。如果我们理性地考察广告活动中广告商、策划公司、消费者三方关系及其行为表现，我们就会发现，其中广告商和策划公司都具有明确的赢利目的，而另一方（针对广告商来说是消费者，针对策划公司来说是广告商）也在公平交换的前提下认同这种目的，这就使广告文化始终难以摆脱赢利的色彩。无论在任何条件下，无论带着何种的善意看待和认识广告文化，都不能忽视它的消费性特征。

随着传播事业的发展，各种传播媒体中广告的数量越来越多。尽管传媒还没有完全实现向市场经济的转变，但广告收入已经成为支持传播事业的重要经济来源，广告已经成为中国人现代社会生活中不可缺少的重要内容。它不仅引导着人们的消费行为，还在更深的意义上影响着人们的认知方法和价值观念。广告词、广告歌、广告形象……广告文化中出现的各种因素都深深地影响着人们的认知方法和价值观念。广告从更加深刻的意义上影响到中国社会的未来发展。这一点，我们从青少年学广告词、唱广告歌、模仿广告动作的行为表现上便可略见一斑。

广告文化作为消费文化的一种典型形态，直接目的是引导人们消费广告产品。随着人民群众生活水平的改善和价值观念的变化，广告的这种特性得到了现代人普遍的认同和肯定，并且自愿接受这种消费文化形式的引导。

第三节　广告文化与民族文化、地域文化、时代文化

法国文化史家 H·A·丹纳认为文化发展在于三大要素：种族、环境、时代，广告文化的发生与发展也离不开这三大要素。民族文化、地域文化、时代文化是具有一定时间和空间意义的亚文化现象，它们分有自己的文化属性、文化研究范围。广告文化与民族文化、地域文化、时代文化共时性存在于人类的大文化系统之中，它们既有区别，又有不可分割的联系。民族文化、地域文化以其丰厚的传统文化底蕴、现实文化特色，对广告文化的生成、发展起着提供滋养、促其发展的作用，又以其历史地形成的文化局限，在某种程度上制约着广告文化的发展。时代文化则与广告文化在互构、互动中共同发展。

一、广告文化与民族文化

1. 民族文化的特点

民族文化，即一民族在长期的社会历史实践中，创造出的有别于其他民族的物质文明与精神文明。民族文化的特点表现为：

首先，民族文化是特征性文化。民族文化间的差异是特征性差异而非优劣高下的差异。各民族区域生态环境不同，由此形成的物态文化、行为文化、制度文化及精神文明也自然不同。一个民族文化的历史越悠久，它的模式就越稳定，其文化特征性就越突出。民族文化特征最核心的表现是其民族成员共同拥有的文化精神，即一民族具有的与他民族不同的思想、意识、情感、心理等的精神特质。

其次，民族文化具有传统文化的属性。传统文化乃是某一民族由其历史延续积累下来的具有一定特色的文化观念、思维方式、伦理道德、情感方式、心理特征、语言文字以及风俗习惯的总和。一个能延续下去的民族文化总是在其文化传统中进行的。换言之，一个民族如果没有基本的稳定的表现该民族文化精神及历史个性的文化传统，这个民族就没有自己的民族文化。传统是民族文化特色的表征。民族文化具有传统文化的属性还体现为民族文化的传承性特征。何谓传统？传者，递也；统者，续也。绵绵流长的民族文化是在一代又一代人接受、传播中稳固并发展起来的。

第三，民族文化具有整合性特征。文化整合，是指不同的文化相互吸收、融化、调和而趋于一体化的过程。民族文化不仅具有异于他民族文化的个性，也有接受他民族文化并将之转化为本民族文化的功能。民族文化的个性是民族文化得以存在的根本；民族文化对他民族文化的整合是民族文化得以发展的条件。

2. 广告对民族文化的吸纳与传播

广告是一种文化行为，广告的文化行为是通过对商品的宣传进而引导人们的消费行为实现的。当广告成为一种文化行为时，它就不能不重视民族文化。每一个消费者都是他所属的民族的成员，他所接受的民族文化必然会影响他消费意识的形成，并作用于他的消费行为。他会带着本民族文化的经验积淀去解读广告传达的文化价值，作出接受与否的判断，这是民族文化的特征性与传承性在个体消费行为中的作用。为此，广告要接受、吸纳、迎合民族文化的有益、有利内容，具体表现为：

(1)汲取民族文化精华。在现代化飞速发展的今天，用现代文明审视民族文化，自然会看到民族文化带有的历史的陈迹，但民族文化精华仍然会以它强大的历史惯性、无穷的文化魅力在其民族成员的解读中构入现代文明之中。汲取民族文化精华，为"其"所用，是广告文化得以丰富的保证。有一则为宜兴紫砂陶所做的路牌广告，画面主体是一座由远而近伸向蓝天的石质揽桥，揽桥的尽头放置一个放大了尺寸的紫砂陶瓷壶，背景是浩渺无尽的蓝天白云，画面的上端以蓝天白云为衬写有八个大字：故乡的云，故乡的泥。这则广告的创作意图在于展现紫砂陶蕴藉的故乡情怀这一文化意味。砂为泥所做，泥又常用来与故土相连，紫砂陶自然能唤起消费者对故土的联想并进而产生对故乡的思念之情。去国怀乡，思乡恋土的家园情怀，是中华民族一种文化精神的表现。"死去何所道，托体同山阿"，"纵然此处风光好，还有思乡一片情"，乡愁是"才下眉头，又上心头"，这些诗语道出中华民族思乡情怀文化精神的深厚积淀。宜兴紫砂陶广告发掘的正是这种浓厚的民族文化意蕴，怎能不让怀有同样民族情愫的消费者怦然心动？

(2)表现民族文化特色。各民族在共同的经济生活，共同的语言文字以及共同的宗教信仰上形成了迥异于他民族的独特的民族个性，它表现在民族共同的价值取向，共同的情感倾向、共同的审美情趣等诸方面，体现在民族精神之中，这些构成民族文化的特色。广告应该适应和表现民族文化特色。如做音响系统的广告，有学者认为在美国作音响广告，必先描绘一个收入丰厚生活优雅的雅皮士，为追求较高的物质享受，欲拥有一套价格昂贵的音响系统；而在日本作音响广告，则可能是先表现一个男士在家如何寂寞，然后以情感方式引导消费者获知购买一套音响系统可以使他走出寂寞的状况。这种建议就是基于美国民族成员与日本民族成员因文化传统的不同而拥有不同的价值取向、消费心理。美国文化是注重个性、崇尚自我的文化，在消费价值观强调能得到个人最大限度的自由和享受，以使用价值为取向，在表现形式上崇尚真诚、坦率，所以广告诉求以直接强调个人悠然自得地享受生活为主。日本民族则是岛国文化，重感情，重交流，在消费价值观上以人的精神需求为取向，在表现形式上以含蓄婉转见长，所以广告诉求以强调情感需求的间接方式来表达。

（3）符合民族接受心理。各民族成员在其民族文化的长期耳濡目染中，形成了带有本民族文化特征的接受心理，广告要实现它传播的终极目的，就要在内容与形式表现上符合民族接受心理。民族情感、民族思维习惯、民族审美情趣都是影响民族接受心理的重要文化因素。如"天人合一"的浑融文化系统形成中国人以主客体统一的整体观为出发点的思维方式，这种思维方式重感受，重体验，重直觉，与西方民族建立在心物两分、主客对立哲学基点上的重视逻辑理性的思维方式是不同的。因而，对中国人做广告，单纯地采用理性诉求方式效果往往不好，如果在理性诉求时配以与内容相符的图像、图片，就容易被受众接受；而对西方民族做广告可采用逻辑推理的诉求方式。

3. 民族文化对广告文化的制约

广告文化是现代社会的产物，是现代社会文化中最具活力的文化现象。民族文化是传统文化，是历史的积淀。现代与传统，这两种有着不同的文化特质的文化现象，在现实生活运行中，必然会发生碰撞与冲突。民族文化的精华部分自然会为广告文化所吸纳、传播，并成为广告文化的一部分；而活跃、开放的广告文化也将以鲜活的生命力启动民族文化整合性功能，使民族文化超越民族局限，接受现代意识，进而丰富、发展民族文化。但民族文化毕竟背负着传统的重负，千百年的文化传统，有精华也必有糟粕，而且作为传统的民族文化面对现代文化的冲撞，有着维护传统的历史惯性。民族文化的这种情形必影响广告文化的传播与发展，形成对广告文化的制约。

（1）民族文化个性对广告文化的制约。每个民族都有自己的文化个性，文化个性规范着民族思维与民族行为，如英格兰民族重经验尊传统，法兰西民族尚理性讲现实，德意志民族执著、怀旧，美利坚民族自由、趋新，日本大和民族讲严谨思进取，中华民族讲和谐重人情。广告向这些国家、民族传播时，民族文化个性就会发生作用，作出接受与否的反映。

（2）民族情绪对广告文化的制约。民族情绪是民族情感在一定情境下的激情爆发，它是民族成员群体的情感表现行为，常常体现为群情激昂的形式。广告内容若伤害民族情感，就会因激起民族成员的情绪愤怒而遭到拒斥。上海一家房地产开发商为位于上海法华镇路的一座楼盘做广告，为强化"卖点"，在广告中大肆宣扬"法租界区"，引起上海市民强烈指责。"法租界区"在中华民族的情感记忆中是个带侮辱性质的词语，记录着中国人抬不起头来的一段历史。如此伤害民族情感、损害民族尊严的广告，自然不会为民族成员所接受。

（3）民俗民风对广告文化的制约。民俗民风是民族文化中最有大众基础也是最稳定、最保守的部分。广告不了解与研究民俗民风，也会遭到惨败的下场。我国珍贵的大熊深得人们的喜爱。一些商家以为我们民族喜欢，其他民族也一定会喜欢，所以不少出口产品愿意以它命名，如熊猫牌炼乳。但岂料到，将熊猫牌炼乳运到巴基斯坦后竟遭到拒绝。原来伊斯兰民族把熊猫与猪类同，误认为用熊猫做品牌是对伊斯兰民族的亵渎。可见，广告文化传播时不注意民俗民风是万不可以的。

（4）民间禁忌对广告文化的制约。禁忌是民族文化中普遍存在的现象。禁忌也属于民俗，是风俗习惯一类较为低级的社会自我控制形式。禁忌事象千奇百怪、五花八门，渗透在民间日常生活的各个方面，限制了广告的传播。不了解民间禁忌，触犯民间禁忌，广告也会行而不远。

二、广告文化与地域文化

1. 地域文化的特点

地域文化是一个区域的人们在特定的地理生态环境下创造出来并适宜这种生态环境特点的物质文明与精神文明。地域文化是具有空间意义的文化形态，它生发于一定地区范围，一定地区的人们在相同的生态环境下具有相同的风俗习惯，并进而形成相似的心理、性格、审美意识等文化精神；地域文化也是一个历史的概念，地域文化具有稳定性特征，这种稳定性特征来于一代代在这块土地上生息的人们的文化沿袭。地域文化的划分是多层面的，就世界范围看，可分为西方文化和东方文化；东方文化又可分为东亚文化、南亚文化和西亚北非文化；东亚文化又可分为中国文化、日本文化、朝鲜文化、越南文化等；中国文化又可分为齐鲁文化、巴蜀文化、三晋文化、两广文化、中原文化、辽西文化等。西方文化的层面划分亦然。

从文化角度研究地域、民族，是很难将它们严格区分的。把地域细分化，可能一个地域只居住一个民族，此地域文化就是在此居住的民族的民族文化；将地域宏观划分，又可能多个民族居住于此，地域文化便是多个民族文化的整合表现，地域文化不完全等同于民族文化。因而，地域文化具有民族文化的特点，也有属于自己的特点，其主要表现为：

（1）生态性。地域文化的形成与这一地域自然生态环境息息相关，人们为适应环境创造了某种特征的文化，又为适应环境变迁而不断发展这种文化。人类依据不同的生态环境创造的地域文化特质是不同的。平原文化不同于水乡文化，水乡文化也不同于山区文化。"水性使人通，山性使人塞，水势使人合，山势使人离"，一方水土，养一方人。

（2）习俗性。习俗是区域成员共同认可、并有意恪守的行为方式，它既有群体认同的一致性，又有历史的传承性。一种群体认同并相沿成习的习俗一经形成，就构成该地域文化的鲜明特色。它像一面镜子，反映着这个地域的人们的精神面貌和心理情绪。民族文化的习惯风俗就是以地域为单位表现出来的，像语言习俗、着装习俗、居住习俗、产育习俗、婚礼习俗、寿诞习俗、丧葬习俗等各地方都不尽相同。

（3）稳定性。一个区域的人们根据自己的生态环境"约定俗成"的创造的各种文化，这些文化有些随着时代的发展、异质文化的进入，不再适合人们的需要而被淘汰，有些则因适合人们的需要或以原生态形式或经改造后而一代一代被传承下去。被传承下来的文化都是具有生命力的，他们以鲜明的地方色彩表现在本区域人们的行为习惯、风俗民情、精神品格等各个方面。这些文化是有相对的稳定性特征的。北方人的豪爽、南方人的精细；上海人的精打细算、北京人的大家风范，这些基本的地方文化特色，是历史的打造。

2. 地域文化对广告文化的影响

各地域因生态环境的差异所形成的文化特质的差异是很大的，因而，不同地域的居民在此种文化特质熏陶下形成的消费行为、消费习惯、消费心理等方面的差异也是很大的。广告人员要深谙其中之道，根据不同地域消费文化特点，采取有针对性的广告策略，或雅或俗，或庄或谐，否则就会折戟沉沙，事倍功半。

（1）地域文化特色对广告的影响。每个地域都拥有体现其地域自然生态环境特点的文化特色。这一特色表现在这一地域人们共同的价值取向、思维方式、情感需求、审美情趣的行为方式等方面并作用于消费行为上。地域文化特色差别影响或者在一定程度上决定着广告作品的精神内涵和艺术风格。

如东亚文化地域包括中国、日本、韩国、泰国、马来西亚、新加坡等东南亚诸国，传统的东亚文化中，影响最大和意蕴最深的是中国的儒家文化，东亚各国虽然经济发展并不完全同步，但在文化观念表现上却很一致。如都注重忠孝节义等人伦关系和人伦道德，这与南亚文化注重人与自然秩序之间的关系与自然道德、西北亚非文化注重人与最存在之间的关系和宗教道德形成区别，更不同于重利轻义、强调个人价值的西方文化。东亚地域文化的这种特色必然会作用于广告，在美国艺术与广告俱乐部首次在纽约举办的亚洲广告展览会上，举办者总结说，在东亚市场最好的广告作品应具备这样的特色：使你的广告更富有人情味儿，如此结论缘于东亚的地域文化特色。

（2）地域消费文化程度对广告的影响。地域消费文化程度的高低取决于地域文化的发展程度。地域消费文化程度的差别影响与决定着广告的诉求策略。以"索尼"在不同地域所做的三则广告为例：

①索尼在中国的报纸广告

大标题：SONY 这是您第一次见到的名字吗？

广告下面用三分之一篇幅印上巨大的黑体字 SONY，而且在正文中又一再出现 SONY 字样，整个广告，大大小小的 SONY 一共出现 23 次。

②索尼在台湾的杂志广告

大标题：世界性商标 SONY

副标题：一个你我都能拥有的"世界第一"。

广告文：也许您一生中有许多个第一志愿，有的得到，有的得不到。有一种第一却是你我都能拥有的，那就是 SONY！从世界各地到台湾，索尼彩电以各种世界专利的得奖专技，受最多的行家的乐用与推荐，更在台湾创下每四台彩电就有一台索尼的卫冕记录。好的色彩不怕没人欣赏，"第一"的索尼彩电，更是人人都要看的。享受世界家庭的最高荣誉，讲究的您，买彩电，当然买 SONY！

③在国际电视广告大赛中夺魁的索尼广告

画面：长沙发上一男青年在看电视。电视在画外，人物为正面表情，下同。

男青年旁多了一个女青年。

中间又出现一个活泼可爱的男孩。

这对男女垂垂老矣。沙发上又多了他们的儿媳和两个孙子。

广告词：这是索尼。

这三则广告面对着的是由地域消费文化程度决定的三种不同的目标市场，所以采取了不同的广告诉求。第一则为中国大陆做的广告，广告诉求的重心在于突出品牌名称，树立品牌印象，广告为此让大大小小的 SONY 反复出现达 23 次。"索尼"在中国内地做这则广告时，大陆人消费文化观念中尚未完全树立品牌意识，对世界品牌的了解才刚刚开始。因而，"索尼"的广告诉求就锁定在让中国人认识"SONY"品牌，加深对这一品牌的印象之上。第二则广告为台湾区域的人们而做，此时品牌意识已存在于台湾人消费文化观念之中，很多消费者的消费观念已由注重商品的实用价值转向对商品的附加价值即文化品位的追求上。通过消费塑造自我，提高身份，表现荣誉已成为时尚消费。"索尼"的广告诉求因此定位在强调自己是"世界第一"上，突出了 SONY 是世界性商标。这种广告诉求迎合了台湾地域革新消费者追求高层次消费的消费文化观念。第三则广告是面向世界的，就发达国家来说，此时的消费文化观念日趋成熟，人们的消费在经过了一段"品牌热"之后，又开始向品牌质量、品牌使用价值回归，这是消费文化观念的进步。索尼这则广告就强调了"SONY"作为世界品牌机件优良、性能稳定、使用悠久的品质，它用三代人同看一台索尼电视的形象画面表明了索尼电视在款式、功能上是永不过时的，"SONY"的魅力永在。

（3）地域文化接受状况对广告的影响。地域文化接受状况是由地域人们的生存环境、生活习惯、历史的情感积淀等因素决定，这些因素影响着地域人们对广告的接受。不同的自然地理环境、客观的生存条件是地域人们选择商品、考虑商品性能、功用的重要依据，因而影响着他们对商品品格的选择，自然也影响着他们对广告诉求重心的关注。比如，各地域的汽车消费者对小汽车性能、价值的期望相距甚远。一则戏剧性的演示利用弹簧托住车身的悬置装置的广告在巴西某些地域备受欢迎，而在法国却可能毫无意义。之所以能出现这种接受反差，在于巴西的地域道路崎岖不平，他们需要小汽车具有经受得住颠簸的功能，这则广告展示了他们关注的汽车功能。法国的道路则主要是现代化的高速公路，宽阔而平坦，具有抗颠簸功能的广告的诉求点对于他们来说无关紧要。

3. 广告对地域文化资源的开发利用

地域文化资源是无比丰富的，它包括地域的自然生态环境特色、地域的历史文化遗产、地域的风俗习惯、地域的现实人文生活方式如日常生活方式、语言表达方式等。广告若能不断发掘与利用这一巨大的文化资源，必能创造出一个丰富多彩的广告世界来。广告利用地域文化资源的方法很多，主要表现为：

（1）采撷地域风情。地域文化特色在日常生活中主要表现为地域风情，地域风情是地域文化的一幅可观可赏的风俗画。采撷地域风情，将之转化为广告行为或用以创造广告形象是许多成功广告的制作者的经验。地域风情表现可大可小，日常的民俗民情，像饮食风情、着装风情、礼仪风情，都可为广告文化所汲取。

（2）巧用名胜古迹。地域文化有着明显的地理位置的特征，每一个以一定地理位置划分的区域，都存在着自然生态景观及历史地生长在这一地域的一代代人所创造的人文景观，这是这一地域的名胜古迹，是地域文化的重要组成部分。巧用这些名胜古迹，可增加广告的思想内涵及艺术感染力。

（3）组合特色行为。地域文化包括该地域人富有地域特色的行为方式，如衣着方式、言谈举止方式、礼仪方式等等。这些行为方式由这一地域的人代代沿袭，已成为这一地域的文化表征。这些有地域特色的人的行为方式可以成为广告创意与形式表现的因素。

（4）开掘地方语言。开掘和提取地方语言的精华进行广告创作，也是广告开发利用地域文化资源的好方法。

三、广告文化与时代文化

1. 时代文化的特点

时代，指历史上以经济、政治、文化等状况为依据而划分的某个时期。时代文化是历史上一定时期的人们创造与张扬的表现这一时期特征的物质文明与精神文明。时代文化是具有时间特征的文化形态，它是一定历史时段的文明表现，历史向前发展，新的时代文化就会取代旧的时代文化。时代的最显著的文化标志是时代精神，时代精神表现着一个时代的意识形态的价值取向，体现一个时代的思想风貌。时代文化不同于民族文化与地域文化，后两种文化表现为对传统的继承，对历史的沿袭，时代文化则是历史更迭、时代变迁的产物。它是以一种新的文化姿态在历史的变革情况下发生发展起来的。因而，时代文化的特点表现为：

（1）对于文化发展取向的调整。每一个新的文化时代的到来，都是人们对文化发展取向调整的结果。如欧洲的文艺复兴，此前，欧洲的主流文化是基督教文化，基督教文化在原创时期有着尊重理性和忍让博爱的宗教人本意识，但发展到后来人本意识蜕变为神本意识，成为束缚人自由发展的异己力量。于是，对新的文化模式的寻求就成了社会发展的必然要求和趋势，"文艺复兴"时代文化运动应运而生。"文艺复兴"时代文化将基督教的"以神为本"的价值取向调整为"以人为本"，经过这样的文化发展取向的调整，就有了"人"的觉醒与解放，就有了后来的"人"的理性发展而不是"神"的理性发展，也就有了后来欧洲社会较之亚洲社会迅猛发展的历史。

（2）对于传统文化的选择。时代文化尽管是创造新质的文化，但它也都是在历史文化的基础上发生、发展起来的，必须以吸收先前的文化作基础、作前提。因而，时代文化无论以怎样新的面目出现，它都不能与传统文化一刀两断。时代文化不是对传统文化的一律反动，相反，在某种程度上还是对传统文化的继承和发展

（3）对于外来文化的同化与改造。时代文化的产生与发展，是在特定的文化环境、文化背景中进行的。这种文化背景有时就表现为外来文化的涌入与冲击。我国现代文化史上发生过两次重大的文化变革，并进而带来时代文化的发展都与敞开国门，引进外来文化相关。一次是"五四"；一次是改革开放。当然，时代文化对外来文化的引进不是原生态地照搬，而是要接受本国、本地域、本民族文化的同化与改造。

2. 广告文化是时代文化的反映

广告是人类消费活动的产物，而人类消费活动的方式、水准是由时代的物质文明与精神文明程度决定的。从断代文化的视角看，广告文化与人类消费活动共时性存在于时代文化这一大的文化系统中，广告文化是时代文化的一个有机组成部分。从文化的纵向发展看，广告文化自有它历史的运作过程，但它每一次历史层面的运作，都必然要融入那个历史时代之中，打下那个时代的印记。无论怎样说，鲜明的时代性，都是广告的特征。

广告文化反映时代文化主要表现为：

（1）分享时代精神。时代精神由整个时代文化所凝聚，它以鲜明的时代感、强大的感召力、直接而现实地制约和影响着那个时代人们的精神生活与物质生活。广告文化作为时代文化的一部分，处在特定时代精神的荫庇下，无论广告人自觉还是不自觉，他都要受时代精神的影响，并将其时代精神反映到广告作品中来。广告与它的受众一起在分享时代精神中共处、沟通。获全国第三届广告作品展路牌广告一等奖的上海虹桥国际机场张贴广告。以一轮初升的太阳为主体画面，画面的底部，设计为四条由近而远，具有透视效果的机场跑道，跑道向里有无限延伸的纵深感，向外有无限延伸的宽阔感，跑道上方一架飞机在飞翔。广告语是"上海虹桥国际机场连接世界的桥梁"。显然，广告主旨在于强调虹桥机场与世界相连接的桥梁作用。这一广告创作主旨生发于中国改革开放的时代，体现了中国的现代化进程正在迈向与世界接轨新阶段的时代风貌。

（2）印记时代生活方式。生活方式是时代变迁最直观的反映。广告是消

费文化的指南，它在表现每个时代的消费文化时，必然印记着那个时代的生活方式、生活水准、生活理念。有一则为豪华别墅所做的广告如是说：也许是中国最贵的别墅，当然最好/满足每一位成功人士的个性选择/面积：274到442平方米/每平方米售价10000元。这则广告如果放在上世纪60、70年代，或者更晚些的80年代都会令人瞠目结舌，住进如此昂贵的别墅，对那个时代的中国人来论简直是天方夜谭，而如今这样的广告已是俯身即拾，中国人已能买得起豪华别墅。社会在发展，经济在腾飞，中国民众的消费水准在突飞猛进地提高，广告见证着这一时代中国人的生活境况。

（3）体现时代审美情趣。好的广告是追求完美的艺术表现形式的，优美的构图，适宜的色彩，清晰的线条，新颖的表现风格，会令消费者赏心悦目。从某种意义上说，广告也是一门艺术。但广告这门艺术不同于绘画、雕刻等纯艺术形式，后者讲究风格个性化，而广告必须追求艺术表现形式的共赏，这是由广告推销商品的目的性决定的。因而，广告的艺术表现形式也要受制于时代，受制于时代人的审美情趣。换句话说，广告的形式表现只有体现时代审美情趣，才能为这一时代人们接受。

3. 广告对时代文化的传播与张扬

广告是时代文化的表征，尤其时代的消费文化，更旗帜鲜明地表现于广告中，可以说，在当今时代，广告是体现现代社会消费特性的巨大文本。当消费方式成为时代的生活方式的主要形态时，广告与人们的生活、与时代就有了更为亲密的关系，这种关系不仅表现为对时代文化的反映上，还表现为自觉地、主动地传播与张扬时代文化上。

（1）传播时代文化。每个时代的广告都记录着那个时代的文化。时代的生活方式、时代的人的对生活价值的理解凝定为一个又一个广告中的消费品形象。作为一种文化载体，广告肩负着传播时代文化的重任。在万宝路香烟"策马飞奔、驰骋纵横"的广告画面形象中，我们能领略于世俗尘嚣中的西方现代人所祈盼的消费生活与消费理念：自由自在、豪放不羁；"不知生命多长，只要活得漂亮"，在生命核能营养液广告中我们接受着一种对生命价值的新诠释。正是广告对时代文化的传播，才有了这一时代人的消费观念、消费生活的日新月异。

（2）张扬时代文化。广告具有张扬时代文化的作用，尤其在当今时代，广告作为现代文化的直接成果，已经成为推进时代消费文化发展的重要因素之一。广告是时代最新物质成果的宣传者，广告是时代消费理念的体现者，广告也是外来时代消费文化的引入者。

案例分析

日本巧克力商人引进情人节

日本人最初是不过情人节的。20世纪五十年代中期，一位巧克力公司的负责人得到去欧洲旅游的朋友的信息，说欧洲的姑娘们在情人节向南去年赠送花束和巧克力。当时的日本国民十分崇尚西方的生活方式，于是该公司的负责人做出了一个大胆而新奇的决定：引进西方的情人节来扩大巧克力市场。旋即他动用了所有的广告宣传手段，在国内发动一场"过情人节，向情人赠送巧克力"的广告攻势。可是，次年情人节那天该公司只多卖了5包巧克力。这位经营者并不气馁，坚持在每年情人节前大做"情人节和巧克力"的文章，终于使情人节这一欧洲传统风俗在日本落户。如今，2月14日赠送巧克力已经成为日本社会的一种时尚，巧克力公司和巧克力商人自然也获利甚丰。①

日本商人引进西方的情人节其实就是引进西方的情人节文化，利用广告介绍情人节就是传播西方的风俗文化，而真正打动广告受众的当然也是西方的文化、西方的爱情表达方式，广告受众走进商店购买巧克力，用巧克力和鲜花表达爱情的同时，也表达了对西方文化的认同。类似的广告案例提示我们，广告已经成为文化传播的通道和载体。

本章小结

广告不仅仅是一种信息传播形式，又是一种文化形态、文化传播载体，具有鲜明的文化属性和文化传播意义，是社会文化的构成部分。广告文化已经成为现代社会文化中最活跃、最有动力和号召力的一部分。广告活动主体应当充分重视广告文化，保证广告文化的高尚品质，坚持积极向上的文化精神，让广告在传递信息过程中产生积极的文化影响，成为社会物质文明和精神文明建设的积极力量。广告文化作为消费文化重要的组成部分，与消费文化之间有着十分紧密、不可分割的联系。在消费文化的发展、演变过程中，广告的巨大影响力始终是一个不可或缺的重要因素。同时消费文化的动向对于如何搞好广告创意、如何制订广告的行销策略和对产品进行宣传、包装等方面也都具有举足轻重的意义。广告文化与民族文化、地域文化、时代文化共时性存在于人类的大文化系统之中，它们既有区别，又有不可分割的联系。民族文化、地域文化以其丰厚的传统文化底蕴、现实文化特色，对广告

---

① 杜在海等编著《广告经营的十大秘诀和案例》，第38页，中国广播电视出版社，1992年11月第1版。

文化的生成、发展起着提供滋养、促其发展的作用，又以其历史地形成的文化局限，在某种程度上制约着广告文化的发展。时代文化则与广告文化在互构、互动中共同发展。

思考和练习

1. 为什么说广告具有文化的属性？
2. "广告是精神文明建设的'风向标'，构建社会主义和谐社会的'助推器'"这句话的深刻意义是什么？
3. 广告文化与消费文化是什么关系？
4. 怎样理解广告文化与民族文化、地域文化、时代文化共时性存在于人类的大文化系统中？
5. 结合广告案例说明民族文化、地域文化为广告文化提供的滋养。
6. 结合广告案例分析广告对时代文化的反映和张扬。

第九章 广告管理

压题图片

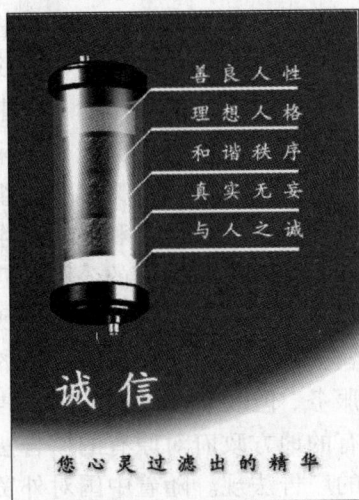

善良人性
理想人格
和谐秩序
真实无妄
与人之诚

诚信

您心灵过滤出的精华

图9-1 广告管理

学习要求：本章阐述了中国广告管理的体制和特点，介绍了中国广告法律体系和自律规则。学习本章，要了解中国广告管理的行政机关及其职责，掌握中国广告管理以行政管理为主、行业自律和社会监督为辅的特点，重点掌握中国现有的广告法律法规，掌握广告自律规则的主要内容，提升遵纪守法的意识，在广告活动中遵守法律规定和自律规则。

关键词：广告监管；行政管理；行业自律；广告法；自律规则

广告在国家经济建设和社会文化建设中的重要作用，决定了广告管理的重要程度。中国政府非常重视广告管理工作，制订法律规范，对广告传播和广告经营活动进行严格监管。广告行业组织制订自律规则，进行自我规范、自我约束。社会则通过各种方式的监督，及时揭露广告中的违法问题。行政管理、行业自律和社会监督，构成了广告管理的三个层次。

第一节　中国的广告管理

中国的广告管理，以行政管理为主、行业自律和社会监督为辅。政府主管部门以法律法规为依据，对广告活动、广告经营实施监管，并与广告行业组织、社会各方面力量一起构筑广告的"防火墙"，以保证广告传播活动的规范和广告业的健康发展。

一、中国改革开放以来的广告管理

中华人民共和国建立之初，为使广告传播、广告经营能够适应新社会的信息服务要求，引导广告业迅速进入社会主义的轨道，一些地方政府制订了新的广告管理法规，对广告活动进行指导和监督管理。天津市人民政府与 1949 年 4 月颁布了《管理广告商规则》，上海市人民政府于同年 10 月颁布了《广告管理规则》，之后其他一些城市陆续出台法规，对广告的内容和广告经营等事项做出明确规定。[①] 这些地方法规的颁布和实施，标志着中华人民共和国广告管理开始起步。各地政府还整顿了私营广告社和广告媒介，解散一些经营作风不正、服务水平低、濒于倒闭的广告社，接管国民党遗留下来的广播电台和报纸杂志，加强对私营大众传媒广告内容的审批管理工作，组建具有一定规模和业务能力的广告公司，让广告在社会主义建设和巩固新生政权的斗争中发挥积极作用。进入社会主义改造时期，广告行业的公私合营与国营广告公司的组建进一步改变了广告行业的格局和面貌。虽然以全民所有制和集体所有制为基础的社会主义计划经济体制的建立以及市场竞争的消失，使工商业不必再用大量广告推介商品和服务，但政府并没有忽视广告管理，依然肯定搞在经济建设中的积极作用。有的地方政府对原有的广告法规进行了补充和修订，有的地方政府制订了新的广告法规。随着中国对外贸易工作的开展，针对来华广告的增多以及承接来华广告中的问题，外贸部、商业部、文化部、工商行政管理总局于 1958 年联合发布《关于承办外商广告问题的通知》。1959 年，为迎接国庆十周年，商业部发出《关于加强广告宣传和商品陈列工作的通知》，同年又召开 21 个对外开放城市的"商业广告会议"，在充分肯定商业广告作用的同时，强调要加强全系统的广告管理工作，提出管理商业广告的方针、政策、措施。各级政府及行政部门对广告管理的重视不仅规范了广告传播，而且促进广告业的发展，但接踵而来的"经济困难时期"使刚刚显露进步气象的广告业停止了前进的步伐，至"文化大革命"广告的作用被完全否定，广告管理工作随着广告管理机构的撤销而停滞。

1978 年中国实行改革开放以后，广告业与其他行业一道迎来了蓬勃发展的春天，以强劲的发展势头迅速成为第三产业的重要组成部分，重点发展行

---

① 陈培爱《中外广告史》，第 70 页，中国物价出版社，2002 年。

业之一。广告业的迅速发展将广告管理推上新的高度，广告的多方面作用和影响对广告管理提出新的要求，广告违法违规和道德失范的现象迫使广告监管加大力度，广告业自身和公众也希望通过广告管理来指导、规范广告经营和广告传播活动，建立和维护良好的广告市场秩序。党和政府对广告管理给予高度重视，通过宏观指导和法制建设，引导、规范广告业健康发展。

广告管理必须以法律为依据。从 20 世纪 80 年代开始，我国政府加强了广告法制建设，制订全国性广告法规和规章，为广告管理部门依法行政、依法监管提供管理依据，为广告活动主体开展广告活动提供行为规范。1982 年 2 月 6 日第一部全国性的综合性的广告管理法规《广告管理暂行条例》颁布，同年 5 月，国家工商行政管理总局制订《广告管理暂行条例实施细则》。《广告管理暂行条例》及其实施细则的颁布，不仅标志着我国广告管理产生了质的飞跃，而且为逐步完善广告法制建设奠定了良好的基础。1987 年 10 月 26 日，《广告管理条例》颁布，《广告管理暂行条例》同时废止。《广告管理条例》和稍后制订的《广告管理条例施行细则》的颁布施行，为广告管理提供了更为全面、更为具体的法律依据。这部法规比《广告管理暂行条例》成熟、规范，与陆续出台的行政规章和规范性文件形成了中国广告法制体系建设的基础框架，为《广告法》的颁布打下了必要的良好的基础。1994 年 10 月 27 日，第八届全国人民代表大会常务委员会第十次会议通过了《中华人民共和国广告法》(以下简称《广告法》)，同日中华人民共和国主席江泽民签署了主席令，公布了这部法律。作为中华人民共和国第一部调整广告的法律，体现国家广告管理的一部行政法，它的颁布又一次标志着中国广告法制建设和广告管理跃上了一个更高的台阶。为保证《广告法》的实施，国家工商行政管理总局单独或会同有关部门又发布了一系列行政法规和规范性文件，各地方政府也制订了一些地方性管理法规，中国广告协会制订了自律规则，从而形成了一个比较系统、完备的法制体系。进入新世纪以后，随着广告市场的全面对外开放和竞争加剧，以及广告市场出现的新问题，国家工商行政管理总局联合其他部门加强了广告法制建设，对《医疗广告管理办法》、《药品广告审查办法》、《药品广告审查发布标准》、《户外广告管理办法》等行政法规进行修订，弥补了原有法规的不足，加大了对违法者违法成本和法律责任的追究，强化了广告监管的执法力度和手段。

规范广告市场秩序，查处违法广告，保证广告行业风正业兴，保护人民群众的利益，是广告管理的重要任务、长期任务。多年来广告管理部门一直将查处虚假广告作为工作重点，不断地整治违法现象，将侵害消费者权益、危害社会文明的违法广告和违法者清除出广告市场。近几年对违法药品广告、医疗广告等进行的重拳打击，对名人广告的限制规范等，即充分表现出广告监管的力度。2005 年，国务院将打击虚假违法广告列为打击商业欺诈专项整治的重点，根据国务院的要求，广告管理机关联合十个有关部门齐抓共管，整合管理资源，充分发挥各部门的职能优势，开展了声势浩大的虚假广告专项整治活动，以医疗广告、药品广告、保健食品广告为整治重点，全力以赴整顿广告市场秩序，取得了显著成效。2005 年第四季度全国广告监测结果显示，经过广告市场专项整治，药品、医疗、保健食品、化妆品及美容服务等严重违法广告得到有效遏制，虚假广告蔓延的势头得到有效控制。2006 年和 2007 年，广告管理部门继续以药品、保健食品和医疗服务广告为重点，将广告专项整治工作推向深入，同时通过创新监管制度和监管形式，探索广告市场综合治理的有效方式，建立长效监管机制，从集中性、阶段性的专项整治逐步转变到规范化、制度化的监管，实现对广告市场秩序的标本兼治、长效治理。正是坚持了认真、有效的监管，积极营造健康有序的广告市场环境，促使中国广告传播和广告经营逐渐步入规范、良性发展的轨道。

二、中国的广告管理机关及其职责

明确广告管理机构、组建一支管理队伍是政府实施广告管理的前提和保证。1980 年国务院决定由国家工商行政管理总局统一管理全国的广告，1982 年国务院颁布《广告管理暂行条例》，规定"广告管理机关是国家工商行政管理机关和地方各级工商行政管理机关"，以法规的形式明确广告的监督管理机关，确定广告管理的法律地位，表达了广告管理的国家意志。1987 年颁布的《广告管理条例》重申了这一规定。1994 年 10 月 27 日通过的《广告法》第六条进一步明确："县级以上人民政府工商行政管理部门是广告监督管理机关"。依据法律，工商行政管理部门成为广告监管的主管部门，依法行政，履行广告的监督管理职责。为此，国家工商管理行政总局设立广告监管司，这是国家广告管理的最高权力机构；省、自治区、直辖市工商行政管理局设立广告处，省辖市、地区工商行政管理局设立广告科，县及县级以下工商行政管理局设立广告股（室）或专职人员，从而建立起广告的行政管理体系，有一支由专职和兼职广告管理人员构成的管理队伍，基本形成了较为完整的广告监督管理机构体系。

广告监督管理机关的职责明确，国家工商行政管理总局广告监管司的主要职责是："研究拟定广告业务监督管理规章制度及具体措施办法；组织实施对广告发布及其他各类广告活动的监督管理；组织实施广告经营审批及依法查处虚假广告；指导广告审查机构和广告行业组织的工作。"①地方各级工商行政管理局的广告管理职责与国家工商行政管理总局基本相同，主要有：

1. 起草、制订、解释广告法律法规

广告法律法规是广告管理机关实施广告管理的依据，是广告活动主体从事广告经营和广告传播的行为规范。广告管理部门的职能之一，就是根据广告也发展得实际情况，研究拟定广告也管理规章制度以及相关政策。国家工商行政管理总局作为广告管理的最高机关，要代国务院起草广告法律法规，或者根据法律法规在本部门的权限范围内制订单项管理规章或地方法规，下发规范性文件，对广告法律法规有关条款的理解和具体应用问题进行执法解释等。省、自治区和直辖市工商管理部门可以代地方政府起草地方性广告法规或管理制度，制订地方性广告活动标准。地、市、县工商行政管理局不能制订规章，但在执行广告管理法规时，可以开展调研工作，为广告法制建设提供资料和建议。

2. 监督管理各类广告活动

通过各种办法、措施实施监督管理广告经营与广告传播，对各类广告活动进行监测、指导和规范，维护和谐的广告市场环境和良性的市场运行秩序，保证广告活动在法律和道德的规范之内进行，使广告真实、合法、符合社会主义精神文明，使广告业健康发展，在社会经济建设和文化建设中发挥积极的作用。

3. 查处各种违法广告案件

依法查处各类违法广告案件，追究违法广告主、广告经营者、广告媒体的法律责任，惩治违法广告活动，打击商业欺诈。通过严格执法，严肃查处违法广告案件，严厉打击广告违法行为，达到规范广告活动，净化广告市场，保护广告受众权益，维护社会经济秩序的目的。

4. 对广告经营和广告活动的审批登记

监督管理广告经营活动，依照广告经营资质标准对管辖范围内的申请广告经营的单位或个人进行审查批复，根据相关法规对临时性广告经营活动、外商投资广告企业项目、网络广告经营以及特殊广告内容、特殊广告媒体（形式）进行审批、登记，建立健全广告经营秩序，保护合法经营，取缔非法经营。

---

① 国家工商行政管理总局网站。

5. 指导广告审查机构、广告行业组织及广告活动主体的工作

药品、医疗器械等特殊商品广告以及法律法规规定应当进行审查的广告，发布前须经广告审查机关审查，广告经营单位和发布机构要依照广告审查员制度设立专职审查员，依据法律法规查验有关证明文件，核实广告内容；广告管理机关要指导广告审查机构的工作，建立完善广告审查员制度，以减少违法广告发布。除此，还要指导广告行业组织的工作，使其发挥更多更好的作用。

需要注意的是，虽然工商行政管理部门是广告的主管部门，但不是唯一的广告管理机构，其他部门也具有广告监管的任务和权限。因为广告内容涉及、影响社会生活的各个方面，广告的发布和设置也牵扯到诸多部门，仅靠工商管理部门监管难以实现最科学、有效的监管，所以需要整合管理资源，其他部门协同共管。例如药品、医疗服务、保健食品等广告的内容需由食品药品管理、卫生行政管理部门审查，户外广告的设置规划和管理办法由当地人民政府组织广告监督管理、城市建设、环境保护、公安等有关部门共同制订，等等。况且，对广告市场进行综合治理，更需要综合监管的机制，需要发挥各部门的职能优势，协同行动，形成打击违法广告、维护市场秩序的强大合力。在近几年的专项整治活动中，广告主管部门牵头协调，其他多个部门协作共管，建立了部门联动、综合监管的工作机制，加强了广告监管的力度，提高了广告监管的效能。而这种联动型监管是反映目前中国广告监管的难度和力度，也体现了中国广告管理的特色。

三、中国广告管理的特点和依据

各个国家的广告管理体制、管理方式不尽相同，从而形成不同的特点。与一些发达国家比较，中国的广告业起步较晚，广告传播环境与广告市场有自己的特殊性，因而中国的广告管理具有自己的特点。"通过28年的探索，我国建成了一套与国情相适应的广告监管体制，即政府主导型的体制，这一体制实行政府监管、部门配合、行业自律、社会监督模式。实践证明，这一体制是维护规范有序、公平竞争的广告市场秩序，营造和谐诚信、有利发展的广告市场环境，以及保障广告业健康、可持续发展的基础条件。"①

----

① 刘凡：中国广告管理网

1. 政府行政管理为主，行业自律和社会监督为辅

广告管理"在国外多是行业自律为主，政府适度干预"。[①] 中国根据国内广告业发展和广告市场环境的实际情况，确定了由行政管理、行业自律和社会监督三个层次构成的广告管理体系，行政管理为主要管理方式、最高管理层次。由法律授权的政府广告管理部门履行广告管理职责，通过立法和执法，以及其他行政干预手段，建立广告监管机制，指导广告经营，规范广告活动，查处违法广告活动，保证广告业的健康发展和广告市场的良性运行。这种管理具有强制力，广告管理机关具有行政处罚权力，广告主、广告经营者和广告发布媒体必须接受广告管理部门的监管，违反相关法律规定必须接受行政处罚。行政管理的法律效力和行政执法的效能，体现了中国广告管理的力度和水平，为营造良好的广告市场环境和广告业健康发展提供了有力的保障。在广告市场全面开放而广告活动主体还不能自觉、严格恪守法律规范的情况下，广告管理以法治管理、行政管理为主，充分发挥广告管理部门的职能作用，通过行政执法和其他行政干预手段，维护广告市场秩序，是非常必要的，也是最有成效的管理方式。

配合行政管理的行业自律和社会监督，虽然没有法律授权和强制效力，与行政管理的性质、层次、方式都不相同，但同样是能够发挥重要作用的广告管理形式和手段。行业自律是在行政管理指导下的行业自我管理，通过行业的自我教育、自我规范、自我约束来加强行业自身建设，解决行业存在的问题。这种自我管理体现了行业的自觉自强，是行政管理的必要补充，不仅与行政管理目标一致，而且能够解决法律法规没有触及、行政管理难以解决的问题，如职业道德层面的问题、行业内部的关系问题等，行业自律可以予以规范、约束或协调，因此被视为必不可少的一种管理方式。社会监督是公众自发的广告监管行为，公众与大众传媒的批评所形成的舆论、公民对违法广告的举报投诉、对不良广告乃至广告商品的抵制等等，能够对广告活动主体形成压力，迫使他们调整自己的广告行为，规范自己的广告活动。公众对违法广告活动的强烈反应，向广告主管机关等政府部门提出的建议、请求，常常成为政府立法和实施整治措施的主要依据。因此，社会监督同行政管理和行业自律一样具有"权威性"，只不过这种"权威"不是法律授予和行业组织规则赋予的，而是来自于公民的权利和舆论的力量。随着公民的广告素养和维权意识日益的提升，社会监督对广告活动的制约力也日益增强。

---

① 《中国广告的规范与创新——刘凡副局长广告监管对谈录》，《现代广告》2005 年第 12 期。

2．工商部门管理为主，多部门协同管理

《广告法》第六条规定："县级以上人民政府工商行政管理部门是广告监督管理机关。"依照法律，工商行政管理部门担负着主管和统管的职责。而作为广告主管机关，必须履行行政主体的职责，行使行政权力，完成广告管理的任务。但不同级别的工商管理部门所做的具体工作不尽相同，国家和省级工商行政管理部门的主要工作是起草法律法规，制订单项规章和相关政策，发布规范性文件，对广告法律法规的有关条款进行执法解释，指导地方广告管理部门、广告审查部门和行业协会的工作，发动重大违法广告整治活动和公益广告宣传活动等。地市县工商管理部门更多地担负指导广告活动主体和广告行业协会、广告审批和登记、监测各类广告活动、查处违法广告以及组织落实上级主管部门交办的任务等具体业务工作。

因为广告涉及面广，广告管理除了主管机关的监管外，还需要其他部门的支持、协助和配合，通过行政资源的整合，实现共同管理、综合治理的目标。虽然这些部门不是广告主管机关，但法律也给予相关部门一定的管理权限，规定了他们的监管责任。如户外广告的设置规划和管理办法，就由广告管理机关和城市建设、环境保护、公安等有关部门共同制订。药品、食品、医疗广告等特殊商品广告的审查由药品、卫生行政管理部门负责，金融广告管理需要财政和中国人民银行等部门的配合。每有重大管理举措实施或重大战役进行，各个部门更是积极支持、密切配合，与工商部门协同作战，形成合力。2005 年开始的广告市场专项整治行动就是一次多部门的联合行动，工商部门牵头，会同中宣部、公安部、监察部、国务院纠风办、信息产业部、卫生部、广电总局、新闻出版署、食品药品监督局、中医药管理局等十部委建立了整治虚假违法广告联席会议协调机制，各部门密切配合，全力以赴整顿和规范广告市场秩序。

以工商管理部门的管理为主、其他部门配合协同的管理体制和管理方式，体现了广告管理的多向性和复杂性，强化了广告管理的力度，能够避免单一部门管理的不足，提高管理的效能。但各个管理部门必须认真履行职责，并加强沟通、配合，协调一致，做到到位不缺位、有位必有为，才能真正形成部门联动、齐抓共管的综合治理机制，充分发挥综合执法的整体作用。

三、以商业广告管理为主，以虚假广告为惩治重点

商业广告数量多、问题多，决定了商业广告必然成为监管的主要对象和重点对象。我国的法律规范多是针对商业广告而制订，《广告法》就是一部商

业广告法，调整的范围限定在商业广告而不包括非商业广告，这种限定就表明了广告管理的重点在经济领域、商业广告，工商行政管理部门的日常监管和查处的也几乎都是商业性广告。当然这并不意味着非商业广告不再监管之内，非商业广告的违法问题也逃不过执法部门的"法眼"，同样要受到处罚、惩治，承担法律责任，只是未作为主要和重点监管对象而已。

在各类违法广告中，虚假广告误导、欺诈消费者，损害公众利益，是扰乱市场秩序，引发社会不和谐的一大诱因，所以我国不仅将"广告应当真实"、"广告不得含有虚假内容，不得欺骗和误导消费者"写进了《广告法》，立为广告的基本原则，而且将遏制虚假宣传作为最重要最艰巨的任务，将虚假广告作为查处重点。除了日常监管外，还经常开展集中性的虚假广告整治活动，清除虚假广告及其严重影响，对参与制作、发布虚假广告的责任者予以严厉惩治，通过严格监管和重点整治逐步消除虚假违法广告，让广告活动主体都能切实坚守真实、诚信的基本原则。

广告管理的依据是与广告管理有关的法律法规及政策性规定。广告管理机关不仅要以法律法规及国家有关政策为准绳，规范广告内容和广告活动，而且要按照法律规定，依据法定程序履行行政职责，行使行政职权，实施行政活动，既不能放弃管理职责，也不能滥用行政职权。他们的每一个行政性作为都要有法律根据，要受到法律的监督。

广告管理的依据——与广告管理有关的法律法规包括：

（1）调整各种经济关系的普遍性法律规范，如《中华人民共和国宪法》、《中华人民共和国民法通则》、《中华人民共和国刑法》和调整行政管理活动中形成的社会关系的行政法规。

（2）广告管理法律、法规和规章，有《广告法》、《广告管理条例》及许多单项规章，如《药品广告发部审查办法》、《药品广告发布审查标准》、《医疗广告管理办法》、《户外广告管理登记规定》、《烟草广告管理暂行办法》、《酒类广告管理办法》、《化妆品广告管理办法》《房地产广告发布暂行规定》、《广告语言文字管理暂行规定》等等。

（3）涉及广告的其他一些法律法规，如《药品管理法》、《食品卫生法》、《烟草专卖法》、《反不正当竞争法》、《消费者权益保护法》、《道路交通管理条例》等。

（4）综合性经济法律、法规，如《中华人民共和国商标法》、《企业法人登记管理条例》等。

第二节　中国广告法律规范及其关系

　　从 1982 年《广告管理暂行条例》颁布开始，中国开始了广告法制建设的进程，迄今已经构建了一个多层次、多方位、多角度的广告法律体系。从法律效力看，这一法律体系以《广告法》为核心和主干，以《广告管理条例》为必要补充，以国家工商行政管理部门单独或会同其他行政管理部门制订的单项规章和规定为具体操作依据，以地方行政规定为实际针对性措施，以行业自律规则为行政执法的重要补充；从法律规范内容看，这一法律体系主要调整商业广告，兼容其他类别的广告，不仅从多方面对广告内容、广告发布、广告审查、广告经营等进行了规范，还为多种商品广告制订了单项规章和规范性文件；从法律性质看，这一体系包括程序性规定、限制性规定、资质条件规定、政策性规定等多种性质的法规。① 尽管广告法律体系还有明显的不足，但作为国家经济法制建设的重要组成部分、广告管理的主要依据，它已经成为维护广告市场秩序、维护社会主义市场经济秩序的一个重要保障。

一、《广告法》和其他与广告有关的法律

　　《广告法》于 1994 年 10 月 27 日由全国人民代表大会常务委员会第十次会议审议通过，同日中华人民共和国主席江泽民签发第三十四号主席令予以公布，自 1995 年 2 月 1 日起施行。

　　《广告法》是中华人民共和国第一部专门规范广告活动的法律，一部体现国家对广告的社会管理职能的行政法。作为一部法律，在广告法律体系中等级最高，效力最大，是这一体系的核心与主干。《广告法》共 6 章 49 条，对广告和广告活动基本原则、广告准则、广告活动、广告审查、违法广告的法律责任等作了比较全面的规定。自实施以来，广告管理机关以之为依据，规范广告市场，约束广告活动，查处广告违法案件。广告活动主体以之为行为规范，按照法律规定进行广告传播活动，从事广告经营；广告受众也以之为参照监督广告活动，举报、批评违法广告活动。它的实施对于维护社会主义市场经济秩序、保护消费者权益，以及推动广告业的发展起到了非常重要的作用。

---

　　① 国家工商行政管理总局广告监督管理司编《广告法律理解与适用》，第 5～7 页，工商出版社，1998 年。

但《广告法》也有其局限性，首先如前所述，它调整的仅是商业广告，不适用于分类广告、公益广告、意见广告等非商业性广告，不能用《广告法》去规范非商业广告活动。其次，缺少国家广告发展基本方针、国家支持和促进广告业发展基本政策的表述。再次，规定了广告活动主体的义务而没有明确其全力，规定了广告活动的原则而没有规定其违反规定应承担的法律责任。近年来广告业发展很快，许多新的问题随着社会经济文化整体环境的变化而出现，《广告法》的不足愈加明显，"因此，对它进行修改、补充、完善，已是促进、保证广告事业健康发展的当务之急。尤其是在当前整顿和规范广告市场秩序工作中，其必要性和紧迫性越来越突出。"①

《广告法》是一部部门法，还有一些法律也涉及广告管理，如《药品管理法》、《食品卫生法》、《烟草专卖法》、《反不正当竞争法》、《消费者权益保护法》等。这反映出广告问题涉及面广，立法时都注意到广告问题，并予以重视，将其纳入管理范围，从而构成《广告法》的外围支持。不同的法律从不同的角度对广告做出了规定，这些规定可能会有所不同，这就需要理顺《广告法》与其他法律法规的关系。按照法理，广告法是专门规范广告的法律，实施广告管理时应优先适用《广告法》，对于不同法律的不同规定，应按照《广告法》第 49 条规定，《广告法》实施前制订的其他有关广告的法律、法规的内容与《广告法》不符的，以《广告法》为准。

二、《广告法》与《广告管理条例》

《广告管理条例》于 1987 年 10 月 26 日由国务院发布，自 1987 年 12 月 1 日起施行，1982 年颁布并实施的《广告管理暂行条例》同时废止。《广告管理条例》及其《广告管理条例施行细则》的发布和施行，不仅在广告的法制化进程中具有里程碑意义，而且在广告的法治管理中具有特殊作用。

《广告管理条例》的内容比《广告管理暂行条例》更为具体、规范、成熟，集中体现了广告管理的宏观管住、微观搞活的指导思想，提出了广告宣传要更好地为改革开放和发展经济服务的宗旨。在宏观管理方面，《广告管理条例》扩大了管理范围和禁止发布的内容，明确了广告的基本原则，加强了对虚假广告和非法广告经营的管理力度，确立了发布广告的提交证明制度，规定了更为严格的法律责任。在微观管理方面，放开了广告刊播版面、时间的限制，广告收费标准由市场调节、广告经营者自行制订，工商部门行使监督

---

① 《中国广告的规范与创新——刘凡副局长广告监管对谈录》《现代广告》2005 年第 12 期。

检查权，具备经营能力的个体工商户经过审批可以从事广告经营等。《广告管理条例》和其他一些陆续出台的有关广告的行政规章和规范性文件，初步形成了中国广告法制体系的基础框架，为6年后《广告法》的制订打下了必要的良好的理论基础和实践基础。

《广告法》颁布并施行后成为广告法制体系的核心和主干，但《广告管理条例》作为配套的行政法规依然适用，以弥补《广告法》之不足的特殊功用，成为《广告法》的必要补充。如前所述，《广告法》所规范的是商业广告，不适用于非商业广告，而《广告管理条例》没有明确区分商业广告与非商业广告，其规定对非商业广告同样具有法律效力，可以作为管理非商业广告的法律依据和查处违法违规的分类广告、意见广告、公益广告的执法依据。《广告管理条例》中有的而《广告法》中没有的规定还可以继续适用，限制那些企图规避《广告法》的违法广告活动。

因为《广告法》与《广告管理条例》的法律层次、地位不同，而它们的内容存在一定的交叉和重复，其中有些规定有较大的变化，所以在理解和实际适用广告法律法规中，必须准确把握好它们的关系，坚持适用法律法规的基本原则，那就是：两者规定相同的，适用《广告法》的规定；两者规定不同的，即《广告管理条例》的规定与《广告法》不符，要以《广告法》为准；《广告法》没有规定而《广告管理条例》有规定的，由于不存在两者不符的情况，可以适用《广告管理条例》。也就是说，法律层次、地位决定了法律效力，《广告法》的法律效力大于《广告管理条例》，在执法实践中首先要适用于《广告法》，在不能适用《广告法》的情况下适用《广告管理条例》，只有在这种情况下，它作为《广告法》"必要补充"的意义才体现出来。

三、部门规章与地方性法规

按照宪法、组织法和立法法的规定，国务院各部委以及国务院具有行政管理职能的直属机构，可以根据法律和国务院的行政法规、决定、命令，在本部门的权限内制订部委规章，部委规章在全国范围内有效。省、自治区、直辖市和较大的市的人民政府可以根据法律、行政法规和本省、自治区、直辖市的地方性法规，制订地方政府法规，在本辖区内施行。

国家工商行政管理总局根据《广告法》和《广告管理条例》单独或会同其他行政管理部门制订了很多行政规章，这些具有针对性、操作性的单项规章和文件为各级工商管理机关的执法实践提供了操作依据和标准，也为广告活动主体的广告实践确立了明确而具体的行为规范。就性质而言，这些行政规章有程序性规定、限制性规定、资质条件规定、政策性规定。就内容而言，涵盖广泛，针对各类特殊商品广告的内容、发布、审查、登记以及比较重要而突出的广告问题做了规定。如《食品广告管理办法》、《医疗广告管理办法》、《化妆品广告管理办法》、《酒类广告管理办法》、《烟草广告管理暂行办法》、《临时性广告经营管理办法》、《户外广告管理登记规定》、《房地产广告发布暂行规定》、《药品广告发布审查标准》、《药品广告发布审查办法》、《医疗器械广告审查标准》、《医疗器械广告审查办法》、《广告语言文字管理暂行规定》、《广告审查员管理办法》等等。这些规章数量众多，针对着广告市场和广告活动的实际问题而制订，内容具体，操作性强，在广告管理中发挥了特殊的作用。随着广告新问题的出现，或广告市场的变化，国家工商行政总局还单独或会同其他部门不断制订新的规章，或对既有规章进行修订，对已经或正在发生变化的客观形势做出及时反应，从而使行政规章和规范性的文件成为广告法制体系中最为活跃的部分。

　　一些省、自治区、直辖市及较大的城市根据本地经济发展、城市建设以及广告业监管的需要，针对地方的具体问题制订了适用于本辖区的地方性广告管理法规和地方性规章。这些地方性法规和规章具有因地制宜的特点，例如近几年北京等地根据城市建设的需要，先后制订了关于户外广告管理等一些地方性规定。这些地方性规定体现了鲜明的地方管理特色，但与国家行政规章的基本规则一致，坚持了国家行政规章的原则精神和地方性法规立法的原则精神。

　　国家工商总局单独或会同其他行政管理部门还下发一些广告管理方面的文件，即通常所说的一般的规范性文件，如《关于加强对含有宗教内容广告管理的通知》、《关于加强专利广告出证管理的通知》、《关于加强处方药广告审查管理的通知》、《关于进一步加强对大众传播媒介广告宣传管理的通知》等。这些文件以其规范性和强制性对广告实施调控，成为广告管理部门实施行政监管的依据和广告活动主体必须遵照的行为要求。

四、广告法规与广告行业自律规则

　　广告法律法规是规范广告经营和传播活动的"他律"，广告行业自律规则是广告行业的自我规范、自我约束；广告法律法规调整行政管理活动中产生的行政机关与广告经营者之间的关系，广告行业自律规则调整的是行业组织成员之间的关系；广告法律法规由国家立法机构和具有立法权力的行政主管部门制订，广告自律规则是行业组织成员共同制订；广告法律法规是具有强制力的规范性文件，广告行业自律规则是行业组织成员自觉遵守的公约。

　　广告行业自律规则不是法律条文，不具有法律效力，但其内容与法律法规一致，体现了广告法律规定的原则精神，其规范、约束的作用同样维护了广告市场的秩序和行业的利益；所规范的仅限于行业组织的成员，对未加入行业组织的非成员单位没有约束力，但实际上对非会员单位及其从业人员也有积极的影响，也能够产生指导、规约作用，非会员单位会参照或借鉴行业自律规则从事广告活动，将行业规则作为自己的行为规则。所以，广告自律规则被视为广告法律体系的重要补充。但行业自律规则毕竟不是法律法规，没有强制力，不能成为广告监管的法律依据和广告活动的法律准则，只能配合广告法律法规来规约广告行业组织成员的行为。

第三节　中国广告行业自律

　　广告行业自律是广告行业内部实施的自我管理方式，是广告业的自我教育、自我约束、自我规范。广告行业组织通过制订章程、公约等自律形式促使自己的成员自觉遵守国家的法律法规和社会公德、职业道德的要求，在行业内部创造公平竞争的环境和机制，对外树立良好的社会形象，从而加强行业自身建设，促进广告业健康发展。广告行业自律作为行政管理的重要补充，是广告管理体系的重要组成部分、广告行业法治化的必要手段。许多国家通过广告行业组织实施广告管理，制订自律规则进行行业的自我约束，将行业自律作为广告管理的主要形式。我国广告管理虽以行政管理为主，但广告的行业组织——中国广告行业协会也发挥了重要的行业管理作用，所制订的自律规则被视为中国广告法律体系的重要部分，见图9-2。

图 9 – 2　中央电视台绿色广告标识

一、中国广告行业协会及其自律规则

　　鉴于行业组织对行业管理和行业发展的积极作用，我国广告经营主体也成立了自己的行业组织。1981 年，中国对外经济贸易广告协会成立。1983

年 12 月，中国广告协会成立。这是我国最大的广告行业组织，内设报纸、广播、电视、广告公司、学术、公交、铁路等专业委员会，并在省、自治区、直辖市和一些地市设立地方协会，从而形成了全国性的自律组织网络。中国广告协会成立以来，在国家工商行政管理总局的指导下，按照国家有关方针、政策和法规，对全国广告组织、广告从业者进行指导、协调、服务，同时协助政府管理和规范广告市场。1987 年 5 月，中国广告协会与中国对外经济贸易广告协会共同组成国际广告协会中国分会。

　　中国广告协会的章程明确了协会的职责和任务。其中一项任务就是"加强广告行业自律，建立和维护良好多广告经营秩序，反对不正当竞争，提倡公平竞争，坚持广告的真实性，提高广告的思想性、科学性和艺术性，向社会提供广告行业法律咨询服务，调节行业内、外部纠纷"。这说明，中国广告协会把建立广告从业者的自律规则和行业规范作为加强行业建设的重要举措。1990 年中国广告协会第三次全国代表大会通过了《广告行业岗位职务规范》（试行），将广告从业者分为九类，把他们的岗位职务规范分为政治素质、文化素质、业务知识、工作能力几个方面，为广告行业逐步走向规范化起到了引导和促进作用。1994 年中国广告协会第四次会员代表大会审议通过《中国广告协会自律规则》，通过这一自律规则对广告经营行为做了较为全面的规定。1996 年 10 月，中国广告协会制订了《广告宣传精神文明自律规则》，该规则是根据《中国广告协会自律规则》总则第三条而制订的单项规则，重点对广告宣传精神文明做出原则规定。2003 年第四届理事会第四次会议审议通过了《广告行业公平竞争自律守则》，要求会员单位在广告活动中遵守自愿、平等、公平、诚实信用原则，遵守公认的商业道德，为广告市场公平竞争创造良好的环境和条件。进入 2007 年，中国广告协会发布了《广告自律告诫规则》的征求意见稿，拟对涉嫌违法违规的广告活动者按照第一次告诫——第二次告诫——媒体曝光的程序，实施自律告诫制度。[①]

　　这些规则的制订与实施，使我国广告行业的自我规范、自我限制有章程可遵循，有标准可参照。而自律的成效不仅改善了行业内部的环境，提高了行业整体的职业经营水平和道德水平，而且有利于广告行业形象的塑造，提升了社会对广告行业的评价。

　　但这并不说明制订了自律规则就可以保证广告行业的健康发展，如果行业自律多停留在纸面上而没有完全落实到行动中，那么广告市场难以净化，

---

① 《中国广告通讯》2007 年第 3 期。

广告行业难以健康发展。长期以来广告经营和广告传播的违法现象和违背社会公德现象一直屡禁不止，成为社会批判的重点对象，就说明广告行政监管和广告行业自律还需要加大力度、落实到位。面对政府和人民群众对广告行业提出的更高的自律要求，中国广告协会表示要"扭转行业自律不力的局面"，将行业自律作为"协会的首要任务"。[①] 其实，对中国广告行业而言，行业自律不仅是行业协会的首要任务，而且是长期任务，也就是说，中国的广告行业自律任重而道远。

二、《中国广告协会自律规则》

《中国广告协会自律规则》（以下简称《规则》）开宗明义阐述了制订本规则的目的和会员应共同遵守的要求："为树立良好的行业风气，维护正当竞争，抵制不正当竞争，建立良好的广告经营秩序，提高广告业道德水准和整体服务水平，特制订本规则，会员须共同遵守。"

该规则共 12 条，对广告活动原则、广告经营行为的要求、处理违规会员的方式以及该规则的实施等做出了规定。

1. 对广告活动的原则要求

第一条规定："一切广告活动均应建立在为社会主义服务、为人民服务、为经济建设服务的原则基础上，力求广告等经济效益和社会效益的统一，并以此为原则检验广告效果。"为社会主义服务，为人民服务，为经济建设服务，这是我国广告或必须坚持的原则。这一原则明确规定了我国广告活动的基本方针和根本目的，广告活动应该在坚持大方向和根本目的的前提下努力争取经济效果和社会效益两方面的收获，不能单处追求经济效益而不顾社会效益，更不能见利忘义，为了经济效益不惜牺牲社会效益。在广告活动中，确有一些广告活动主体只求赢利而不顾广告的社会效果，违反了广告法律法规发布虚假信息或是格调低下的广告，不仅损害了公众利益，而且损害了广告行业形象，所以《中国广告协会自律规则》强调经济效益和社会效益的统一，以此为标准检验广告效果。

2. 对广告活动的具体要求

第二条至第八条对广告活动各个主要环节、各个方面以及有关广告的活动提出了具体要求。

---

① 中国广告协会秘书长时学志《开展行业自律是协会的首要任务》，《现代广告》2006 年第 4 期。

第二条要求广告经营单位建立严格的管理制度，把好广告业务的承接、检验证明、内容审查、合同关系、财务管理每一个重要关口，其中特别强调了查验证明和审查内容两项。《广告法》规定："广告经营者、广告发布者依据法律、行政法规查验有关证明文件，核实广告内容。对内容不实或者证件不全的广告，广告经营者不得提供设计、制作、代理服务，广告发布者不得发布。""广告经营者、广告发布者按照国家有关规定，建立、健全广告业务的承接登记、审核、档案管理制度。"但在广告活动中，由于未能认真审查有关证明文件和广告内容、未建立健全管理制度而违反广告法律法规定案例很多，为保证广告内容的真实性，提高工作效率，《规则》特别提出了这个问题，将建立审查制度作为行业规范。

第三条要求在广告活动中开展市场调查、消费者研究及相关法律法规的研究工作，从而保证广告的科学性和合法性，避免盲目性。市场调查和消费者研究是广告策划、广告设计的前提和基础，只有掌握了有关市场方面的重要资料，才肯提出正确的科学的广告策略，获得良好的传播效果。研究相关法律法规时为了保证广告的合法性。我国对各类商品广告，特别是特殊商品广告的发布有专门的规定，必须了解法律法规的具体规定，才可能保证广告真实、合法，避免违法广告的出现。许多因不了解法律法规而违法的现象，足以说明研究法律法规的必要。

第四条要求广告创作要创新，准确地传递商品信息，吸引受众的注意，取得良好的宣传效果。但在创作中既要坚守职业道德，尊重版权，不得抄袭他人的创意，又要尊重公民的合法权益，不得侵犯公民的肖像权。这一条强调了广告创作中对他人的权益的尊重和保护。

第五条针对广告经营者存在的不正当竞争问题，要求会员单位树立良好风气，维护良好经营秩序，通过优质服务参与竞争、谋求发展，不得利用不正当竞争的手段如压价、贿赂等手段拉广告，不允许不正之风扰乱广告市场秩序，影响广告业的健康发展。

第六条要求制订合理的发布价格标准，不能乱收发布费用，不得随意抬高或压低价格。广告媒介经营单位报价时需按媒介价格标准统一、公开报价，保证价格标准的透明度和公平竞争。

第七条针对广告活动主要环节有分工有合作的特点，要求经营单位之间友好合作，密切配合，同心协力，保证广告活动的顺利开展。

第八条要求会员单位以广告协会名义及其成员名义组织的有关广告的涉外活动，要报中国广告协会备案，接受中国广告协会的协调和指导。

3. 对违规会员的处理

对违反本规则的会员单位，中国广告协会将根据情节轻重予以批评、内部通报和公开曝光的措施，对影响特别恶劣或坚持不改的，将解除其会员资格。各专业委员会、各团体委员会单位分别按照专业和层次对违规的会员形成舆论压力，对其不正当行为进行公开抵制。

4. 关于《中国广告协会规则》的实施

鉴于专业委员会的特点，第九条规定各专业委员会可根据《中国广告协会自律规则》，结合专业委员会特点，制订本专业的资料规则和实施办法。为了使这部自律规则成为会员的行动标准，而不仅仅是一纸文件，协会将通过开展"重信誉，创优质服务"等活动，促进这部行业自律规则的实施。

三、《广告宣传精神文明自律规则》

中国非常重视社会主义精神文明建设，始终强调要将国家的物质文明和精神文明都建设好。中国共产党的十二届六中全会专门做出了《关于社会主义精神文明建设指导方针的决议》，明确规定了精神文明建设的战略地位、根本任务和重大方针。十四届六中全会又专门通过了《关于加强社会主义精神文明建设若干重大问题的决议》，进一步强调社会主义精神文明建设是一项重大的战略任务，明确了社会主义精神文明建设的指导思想和奋斗目标。精神文明建设的重要意义，使全党、全国人民、各行各业都把精神文明建设当作一项非常重要的任务，积极主动地承担起责任，从各个方面将这项工作落到实处。

广告业同样应该在精神文明建设中发挥积极作用，在广告活动中对社会道德、价值取向、生活方式、消费行为等进行积极的正确导向。因此广告业首先应在行业内部进行精神文明建设，解决广告传播中的精神文明问题，这样才能积极参与社会的精神文明建设工作。《中华人民共和国广告法》将"符合社会主义精神文明建设的要求"作为广告的基本原则，根据这部法律的规定和中央的精神，国家广告管理机构发出了"广告要符合社会主义精神文明建设的要求"的号召。"为加强广告行业精神文明建设，提高各类广告的精神文明标准"，[①]中国广告协会根据《中国广告协会章程》制订了《广告宣传精神文明自律规则》，将其作为"中国广告协会自律规则"的单项规章，要求会员共同遵守。

《广告宣传精神文明自律规则》共15条，主要内容有：

---

① 《广告加强精神文明自律规则》第一条。

1. 基本要求

第二条规定："利用各种媒体和形式发布的各类广告，都应当遵守《中华人民共和国广告法》和有关自政策、法规关于社会主义精神文明建设的规定，符合社会主义精神文明建设的要求。"这是对各类广告的原则规定、基本要求。无论广告利用什么媒体，采用什么形式，发布什么内容，都应当自觉遵守法律法规有关精神文明建设的规定，认真履行广告的社会责任，保证广告符合精神文明建设的要求，有利于社会主义的现代化建设。

2. 对广告创作的规定

第三条规定："广告作品应当体现社会主义思想道德风尚，积极倡导和反映爱祖国、爱人民、爱劳动、爱科学、爱社会主义的好风尚。"这是要求广告传播自觉配合思想道德教育，利用广告倡导"五爱"好风尚，体现社会主义思想道德风貌，引导人民树立崇高的理想信念和高尚的情操，形成良好的社会风气。为此，广告创作应坚持五个"有利于原则"：有利于引导消费者健康消费，反对奢靡；有利于弘扬中华民族精神和民族文化，增强民族自信心和自豪感；有利于普及推广科学知识、破除和反对封建迷信和伪科学；有利于促进国家各项建设事业的健康发展；有利于国家统一和各民族的团结和睦。

3. 对广告内容的限制性规定

第四条至第十二条对广告内容作了限制性规定。第四条体现了《广告法》第七条的广告内容应当"维护国家的尊严和主权"的原则，规定"广告应维护国家尊严和利益，不得出现下列内容：（1）危害国家统一、主权和领土完整；（2）丑化、影射、诽谤、侮辱我国国家领导人和著名人物；（3）使用禁止演唱的歌曲作为背景音乐；（4）煽动民族分裂、破坏民族团结，伤害民族感情"。

第五条规定："广告应当体现科学、真诚、善良。不得夸大、欺骗、宣传伪科学，不得出现带有封建迷信、鬼神、算命、相面、看风水及恐怖、暴力、丑恶的内容。"这是要求在创作和发布广告时，如果能够辨识广告内容中的伪科学，应坚决抵制，不给伪科学蒙骗群众的机会，不为自己的经济利益而助纣为虐。也不能宣传封建迷信和恐怖、暴力、丑恶等不良文化，在人们的心灵空间造成污染。应该宣传科学知识，抑恶扬善，鼓励人们坚持科学精神，追求真善美。

第六条规定："广告应有利于维护社会公共秩序和树立新的社会风尚，在广告中不得出现破毁公共设施、公共环境秩序的行为，以及吸烟、酗酒、虐待老人和儿童，纵容犯罪，以强凌弱等不文明举止以至违法的行为。"因为这些不文明举止和违法行为出现于广告中，会对受众产生负面影响，甚至会造成误导，尤其会严重影响少年儿童的行为规范。

第七条针对广告中女性形象较多的现象，对广告如何利用女性形象诉求的问题作了规定："广告应当体现尊重妇女，男女平等。凡涉及妇女形象的，应当展示社会主义国家女性公民的独立地位和庄重形象。"这是要求广告要体现尊重妇女、男女平等的社会文明，树立现代女性的独立自强和庄重大方的美好形象。坚决抵制歧视、侮辱妇女、宣扬男尊女卑、伤害、排斥女性的现象；禁止出现性行为、性挑逗的描述和性特性的过分展示等，保护妇女的形象和权益。

第八条要求广告应有利于儿童身心健康。儿童的是非辨识能力不强，易于轻信和模仿媒介特别是电视媒介的内容，思维方式、语言表达、消费行为和现代规范等都会受到广告的影响，所以广告必须有利于儿童的身心健康，对儿童的成长，对国家的未来负责。"儿童使用的产品或者儿童参加演示的广告，必须注意儿童优秀思想品德的树立和培养；广告中出现的儿童和家长形象，应表现出良好的思想道德修养。"这样，广告可以在传播商品信息的同时对孩子进行积极向上的引导，为儿童树立优秀的行为典范。那些利用儿童给家长施加压力、不文明的儿童行为、不健康的心理活动、会对儿童产生误导和欺骗的信息、饮酒和吸引的儿童形象等都不得出现于广告中。

第九条要求广告正确引导大众消费，不得直接或间接宣扬享乐主义、奢靡颓废的生活方式；不得使用帝王、贵族的名称、形象以衬托产品的高贵特征；不得诱导人们在消费中采取不良行为等。

第十条规定：广告内容要体现尊重和弘扬祖国优秀传统文化，不得贬低、丑化、否定祖国优秀传统文化。还有正确使用祖国的语言文字，大力推广普通话，不得用地方语言代替普通话做广告道白(地区性媒介除外)，不得不恰当地编造谐音成语或使用文理不通的语句，不得使用已被简化了繁体字和不符合规定的各种简体字、异体字，也不得单独使用汉语拼音。

但建国前的老字号牌匾用字、文物古迹种种中原有的文字、已注册商标定型字仍可使用不符合规范标准的文字。第十一条的规定与单项规章《广告语言文字管理暂行规定》保持了一致。

第十二条是要求要以客观公正的原则对待外国商品，既不诱导消费者盲目崇拜外国商品，也不盲目贬低民族工业商品。这种盲目的崇拜和贬低都是不公正的，不仅会误导消费，而且会损害民族工业形象乃至民族的形象、民族的精神。

除了上述内容，这一规则中还有关于自律范围的规定和对违规会员处理的规定。要求会员单位自觉遵守规则，在广告创意、设计、制作中遵守规约，在广告发布前要按照规则审查广告内容，避免违法违规的广告与受众接触。对违反规则的会员单位要给予处分，让会员都能重视这一规则，保证规则的严肃性和约束力。

案例1 北京广告商涉嫌虚假广告罪被逮捕

事件回放：图9-3介绍2005年，一种名叫"哈佛戴高乐"的增高药开始风靡大江南北。"哈佛戴高乐"之所以能极受追捧，还和它所谓"背景"大有关联，如广告中宣称的"由美国哈佛大学投资2.5亿美元研制"、"经美国哈佛医学院、中国延边大学医学院、韩国汉城国立医学院临床实验，显示人体在服用一个星期之后有明显增高效果"，且已荣获"世界生命医学'普林那尼'紫心勋章奖"，并得到"世界生命科学医学会全球认证"

图9-3 增高药广告
漫画/孙云峰（www.sina.com.cn 2006年1月4日）

等。这样宣传，以及所谓的"患者现身说法"，使得全国大量的消费者上当受骗。据警方的初步查证，仅2004年6月至2005年5月，武汉地区消费者直接经济损失达80余万元，其他地区的损失更是难以统计。不过，谎言重复一万遍也只是谎言，它总有被戳穿的那一天。2005年6月，武汉市工商部门接到消费者举报后展开了调查，并于当月13日将线索移送至当地警方。至此，一出历时一年多，涉及全国的增高骗局也就此谢幕，当事者也各自作鸟兽散。

所谓的增高药其实一种营养补充剂。哈佛戴高乐的生产厂家是延边大学草仙药业有限公司。厂里的负责人承认，哈佛代高乐实际上就是五维赖酸片，是由五种维生素和一种氨基酸组成的一种普通营养补充剂，厂里和湖北新东科药业公司签订了授权委托书，由湖北新东科药业作为哈佛代高乐的全国代理商，负责产品的广告宣传和市场销售。为了使"哈佛戴高乐"能一炮打响，湖北新东科药业公司的董事长徐能潮欲搞一次"哈佛戴高乐"的新闻发布会，北京弧线佳宁广告制作有限公司法定代表人罗佳佳积极参与了策划。5月23日，"哈佛代高乐"在中国生产销售的新闻发布会在北京一家大酒店举行，不仅请来了某著名节目主持人助阵，在发布会现场出现的还有所谓"国家食品医药监督管理局副局长赵靖俭"、"中国青少年成长促进会会长李立伟"、"延边大学医学院院长张植法"及"哈佛大学医学院生命遗传学专家查姆斯教授及其合作者卡克拉博士"等"嘉宾"。

这些所谓政要、专家组成的"嘉宾"全是找来的群众演员，这些群众演员分别以各自扮演的身份，念完了由罗佳佳专门准备的稿子、为"哈佛戴高乐"具有神奇增高疗效大唱赞歌之后，各自拿了劳务费走人。新闻发布会后，罗佳佳将制作的新闻发布会光碟资料交给徐能潮。新东科公司继而复制、印刷了宣传哈佛戴高乐产品具有增高疗效的光碟资料、宣传册，向其分布在全国各地的 20 多家二级经销商发送。在这种广告攻势下，"哈佛戴高乐的神话"渐渐开始被吹嘘出来。但是到 2005 年 6 月案发时止，"哈佛戴高乐"商标并没有获得国家相关部门的批准。2005 年 7 月和 8 月，徐能潮和罗佳佳相继被武汉市人民检察院以涉嫌虚假广告罪依法批准逮捕。

案例 2   欧典地板虚假广告被查处

北京市工商行政管理局丰台分局行政处罚决定书

京工商丰处字[2006]第 0825 号

当事人：北京欧德装饰材料有限责任公司

住所：北京市海淀区西三环中路三号

法定代表人：闫培金

经查：当事人于 1998 年 4 月 20 日登记注册，1999 年 7 月开始从事销售欧典牌复合地板的经营活动。2004 年以来，国家建筑材料测试中心对当事人 22 种进口及国产地板样品进行了检测，结果显示产品质量符合国家标准。但当事人在经营过程中，利用网络发布广告，同时设计、策划印刷品广告 19 种，共计 85.2 万余册。在上述广告中，将其虚拟的"德国欧典企业集团"、"欧典（中国）有限公司"及发展历史、生产经营规模、与之隶属关系等夸大企业形象的事实对外进行宣传。广告费 1494755.2 元。

上述事实有现场检查笔录、当事人陈述、证人证言、书证、物证、等证据佐证。

当事人上述行为，违反了《中华人民共和国广告法》第四条及《中华人民共和国反不正当竞争法》第九条第一款之规定。依据《中华人民共和国广告法》第三十七条之规定，责令当事人停止发布违法广告。并作出行政处罚决定如下：

处以广告费五倍的罚款 7473776 元。

当事人自收到本处罚决定书之日起 15 日内，将罚款交至就近银行，逾期不缴纳罚款，我局将依据《中华人民共和国行政处罚法》第五十一条第一款第（一）、（三）项的规定。每日按罚款数额的百分之三加处罚款，并申请人民法院强制执行。如不服本处罚决定，可自接到行政处罚决定书之日起 60 日内向北京市工商行政管理局申请复议，也可以自收到行政处罚决定书之日起 15 日内向人民法院提起诉讼。

案例分析：

虚假广告，不仅违反《广告法》，而且会违触犯民法和刑法，必然要承担法律责任。"哈佛戴高乐"广告的上述两个违法广告都编造虚假信息，蒙骗消费者。"哈佛戴高乐"用"由美国哈佛大学投资 2.5 亿美元研制"、"经美国哈佛医学院、中国延边大学医学院、韩国汉城国立医学院临床实验，显示人体在服用一个星期之后有明显增高效果"，荣获"世界生命医学'普林那尼'紫心勋章奖"，得到"世界生命科学医学会全球认证"等谎言为一种普通食品"镀金"，让崇洋而又轻信的消费者上当。欧典地板用同样的手法将地板卖出了高价。发布炮制者涉嫌虚假广告罪而被逮捕，欧典地板广告业被处以重罚。但虚假广告是违法广告中的顽症，还会有见利忘义者用"骗"和"吹"的拙劣手法发布虚假广告，也还会有消费者被骗或者被误导。因此，广告监管还要对虚假广告出重拳出击，广告活动主体还要加强自我规范、自我约束，清除广告业的害群之马，维护消费者的利益，也维护广告业的声誉。

本章小结

　　中国广告管理以行政管理为主，行业自律和社会监督为辅；以工商部门管理为主，多部门协同管理；以商业广告管理为主，以虚假广告为惩治重点。从1982年《广告管理暂行条例》颁布开始，中国进入广告法制建设的轨道，迄今已经构建了一个以《广告法》为核心和主干的多层次、多方位、多角度的广告法律体系。尽管广告法律体系还有明显的不足，但作为国家经济法制建设的重要组成部分、广告管理的主要依据，已经成为维护广告市场秩序、维护社会主义市场经济秩序的一个重要保障。中国广告协会制订了自律规则，以此进行自我规范、自我约束。自律规则虽不具有法律效力，但其内容体现了广告法律规定的原则精神，其规范、约束的作用同样有利于维护了广告市场的秩序和行业的利益；所规范的虽是行业组织的成员，实际上对非会员单位及其从业人员也有积极的影响，也能够产生指导、规约作用，非会员单位会参照或借鉴行业自律规则从事广告活动，将行业规则作为自己的行为规则。所以，广告自律规则被视为广告法律体系的重要补充。

思考和练习

　　1.《广告法》与《广告管理条例》是什么关系？查处违法广告时，什么情况下适用《广告管理条例》？

　　2. 广告行政管理与行业管理是什么关系？

　　3. 发布虚假广告要承担什么法律责任？怎样从源头上遏制虚假广告？

　　4. 当广告主要求发布虚假信息而广告经营者和发布者又不想失去这个客户时，他们该怎么办？

　　5. 广告行业自律与广告职业道德是什么关系？

附录1 中华人民共和国广告法

中华人民共和国广告法

第一章 总 则

第一条 为了规范广告现活动，促进广告业的健康发展，保护消费者的合法权益，维护社会经济秩序，发挥广告在社会主义市场经济中的积极作用，制订本法。

第二条 广告主、广告经营者、广告发布者在中华人民共和国境内从事广告活动，应当遵守本法。

本法所称广告，是指商品经营者或者服务提供者承担费用，通过一定媒介和形式直接或者间接地介绍自己所推销的商品或者所提供的服务的商业广告。

本法所称广告主，是指为推销商品或者提供服务，自行或者委托他人设计、制作、发布广告的法人、其他经济组织或者个人。

本法所称广告经营者，是指受委托提供广告设计、制作、代理服务的法人、其他经济组织或者个人。

本法所称广告发布者，是指为广告主或者广告主委托的广告经营者发布广告的法人或者其他经济组织。

第三条 广告应当真实、合法，符合社会主义精神文明建设的要求。

第四条 广告不得含有虚假的内容，不得欺骗和误导消费者。

第五条 广告主、广告经营者、广告发布者从事广告活动，应当遵守法律、行政法规，遵循公平、诚实信用的原则。

第六条 县级以上人民政府工商行政管理部门是广告监督管理机关。

第二章 广告准则

第七条 广告内容应当有利于人民的身心健康，促进商品和服务质量的提高，保护消费者的合法权益，遵守社会公德和职业道德，维护国家的尊严和利益。

广告不得有下列情形：

（一）使用中华人民共和国国旗、国徽、国歌；

（二）使用国家机关和国家机关工作人员的名义；

（三）使用国家级、最高级、最佳等用语；

（四）妨碍社会安定和危害人身、财产安全，损害社会公共利益；

（五）妨碍社会公共秩序和违背社会良好风尚；

（六）含有淫秽、迷信、恐怖、暴力、丑恶的内容；

（七）含有民族、种族、宗教、性别歧视的内容；

（八）妨碍环境和自然资源保护；

（九）法律、行政法规规定禁止的其他情形。

第八条　广告不得损害未成年人和残疾人的身心健康。

第九条　广告中对商品的性能、产地、用途、质量、价格、生产者、有效期限、允许或者对服务的内容、形式、质量、价格、允诺有表示的，应当清楚、明白。

广告中表明推销商品、提供服务附带赠送礼品的，就当标明赠送的品种和数量。

第十条　广告使用数据、统计资料、调查结果、文摘、引用语，应当真实、准确，并表明出处。

第十一条　广告中涉及专利产品或者专利方法的，应当标明专利号和专利种类。未取得专利权的，不得在广告中谎称取得专利权。

禁止使用未授予专利权的专利申请和已经终止、撤销、无效的专利广告。

第十二条　广告不得贬低其他生产经营者的商品或者服务。

第十三条　广告应当具有可识别性，能够使消费者辩明其为广告。

大众传播媒介不得以新闻报道形式发布广告。通过大众传播媒介发布的广告应当有广告标记，与其他非广告信息相区别，不得使消费者产生误解。

第十四条　药品、医疗器械广告不得有下列内容：

（一）含有不科学的表示功效的断的断言或者保证的；

（二）说明治愈率或者有效率的；

（三）与其他药品、医疗器械的功效和安全性比较的；

（四）利用医药科研单位、学术机构、医疗机构或者专家、医生、患者的名义和形象作证明的；

（五）法律、行政法规规定禁止的其他内容。

第十五条　药品广告的内容必须以国务院卫生行政部门或者省、自治区、直辖市卫生行政部门批准的说明书为准。

国家规定的应当在医生指导下使用的治疗药品广告中，必须注明"按医生处方购买和使用"。

第十六条　麻醉药品、精神药品、毒性药品、放射性药品等特殊药品，不得作广告。

第十七条　农药广告不得有下列内容：

（一）使用无毒、无害等表明安全性的绝对化断言的；

（二）含有不科学的表示功效的断言或者保证的；

（三）含有违反农药安全使用规程的文字、语言或者画面的；

（四）法律、行政法规规定禁止的其他内容。

第十八条　禁止利用广播、电影、电视、报纸、期刊发布烟草广告。

禁止在各类等候室、影剧院、会议厅堂、体育比赛场馆等公共场所设置烟草广告。

烟草广告中必须标明"吸烟有害健康"

第十九条　食品、酒类、化妆品广告的内容必须符合卫生许可的事项，并不得使用医疗用语或者易与药品混淆的用语。

第三章　广告活动

第二十条　广告主、广告经营者、广告发布者之间在广告活动中应当依法订立书面合同，明确各方的权利和义务。

第二十一条　广告主、广告经营者、广告发布者不得在广告活动中进行任何形式的不正当竞争。

第二十二条　广告主自行或者委托他人设计、制作、发布广告，所推销的商品或者所提供的服务应当符合广告主的经营范围。

第二十三条　广告主委托设计、制作、发布广告，应当委托具有合法经营资格的广告经营者、广告发布者。

第二十四条　广告主自行或者委托他人设计、制作、发布广告，应当具有或者提供真实、合法、有效的下列证明文件：

（一）营业执照以及其他生产、经营资格的证明文件；

（二）质量检验机构对广告中有关商品质量内容出具的证明文件；

（三）确认广告内容真实性的其他证明文件。

依照本法第三十四条的规定，发布广告需要经有关行政主管部门审查的，还应当提供有关批准文件。

第二十五条　广告主或者广告经营者在广告中使用他人名义、形象的，应当事先取得他人的书面同意；使用无民事行为能力人、限制民事行为能力人的名义、形象的，应当事先取得其监护人的书面同意。

第二十六条　从事广告经营的，应当具有必要的专业技术人员、制作设备，并依法办理公司或者广告经营登记，方可从事广告活动。广播电台、电视台、报刊出版单位的广告业务，应当由其专门从事广告业务的机构办理，并依法办理兼营广告的登记。

第二十七条　广告经营者、广告发布者依据法律、行政法规查验有关证明文件，核实广告内容。对内容不实或者证明文件不全的广告，广告经营者不得提供设计、制作、代理服务，广告发布者不得发布。

第二十八条　广告经营者、广告发布者按照国家有关规定，建立、健全广告业务的承接登记、审核、档案管理制度。

第二十九条　广告收费应当合理、公开，收费标准和收费办法应当向物价和工商行政管理部门备案。

广告经营者、广告发布者应当公布其收费标准和收费办法。

第三十条　广告发布者向广告主、广告经营者提供的媒介覆盖率、收视率、发行量等资料应当真实。

第三十一条　法律、行政法规规定禁止生产、销售的商品或者提供的服务，以及禁止发布广告的商品或者服务，不得设计、制作、发布广告。

第三十二条　有下列情形之一的，不得设置户外广告：

（一）利用交通安全设施、交通标志的；

（二）影响市政公共设施、交通安全设施、交通标志使用的；

（三）妨碍生产者或者人民生活，损害市容市貌的；

（四）国家机关、文物保护单位和名胜风景点的建筑控制地带；

（五）当地县级以上地方人民政府禁止设置户外广告的区域。

第三十三条　户外广告的设置规划和管理办法，由当地县级以上地方人民政府组织广告监督管理、城市建设、环境保护、公安等有关部门制订。

第四章　广告的审查

第三十四条　利用广播、电影、电视、报纸、期刊以及其他媒介发布药品、医疗器械、农药、兽药等商品的广告和法律、行政法规规定应当进行审查的其他广告，必须在发布前依照有关法律、行政法规由有关行政主管部门（以下简称广告审查机关）对广告内容进行审查；未经审查，不得发布。

　　第三十五条　广告主申请广告审查，应当依照法律、行政法规向广告审查机关提交有关证明文件。广告审查机关应当依照法律、行政法规作出审查决定。

　　第三十六条　任何单位和个人不得伪造、变造或者转让广告审查决定文件。

第五章　法律责任

　　第三十七条　违反本法规定，利用广告对商品或者服务作虚假宣传的，由广告监督管理机关责令广告主停止发布、并以等额广告费用在相应范围内公开更正消除影响，并处广告费用一倍以上五倍以下的罚款；对负有责任的广告经营者、广告发布者没收广告费用，并处广告费用一倍以上五倍以下的罚款；情节严重的，依法停止其广告业务。构成犯罪的，依法追究刑事责任。

　　第三十八条　违反本法规定，发布虚假广告，欺骗和误导消费者，使购买商品或者接受服务的消费者的合法权益受到损害的，由广告主依法承担民事责任；广告经营者、广告发布者明知或者应知广告虚假仍设计、制作、发布的，应当依法承担连带责任。广告经营者、广告发布者不能提供广告主的真实名称、地址的，应当承担全部民事责任。社会团体或者其他组织，在虚假广告中向消费者推荐商品或者服务，使消费者的合法权益受到损害的，应当依法承担连带责任。

　　第三十九条　发布广告违反本法第七条第二款规定的，由广告监督管理机关责令负有责任的广告主、广告经营者、广告发布者停止发布公开更正，没收广告费用，并处广告费用一倍以上五倍以下的罚款；情节严重的，依法停止其广告业务。构成犯罪的，依法追究刑事责任。

　　第四十条　发布广告违反本法第九条至第十二条规定的，由广告监督管理机关责令负有责任的广告主、广告经营者、广告发布者停止发布、公开更正，没收广告费用，可以并处广告费用一倍以上五倍以下的罚款。发布广告违反本法第十三条规定的，由广告监督管理机关责令广告发布者改正，处以一千元以上一万元以下的罚款。

　　第四十一条　违反本法第十四条至第十七条、第十九条规定，发布药品、医疗器械、农药、食品、酒类、化妆品广告的，或者违反本法第三十一条规定发布广告的，由广告监督管理要产责令负有责任的广告主、广告经营者、广告发布者改正或者停止发布，没收广告费用，可以并处广告费用一倍以上五倍以下的罚款；情节严重的，依法停止其广告业务。

第四十二条　违反本法第十八条的规定，利用广播、电影、电视、报纸、期刊发布烟草广告，或者在公共场所设置烟草广告的，由广告监督管理机关责令负有责任的广告主、广告经营者、广告发布者停止发布，没收广告费用，可以并处广告费用一倍以上五倍以下的罚款。

第四十三条　违反本法第三十四条的规定，未经广告审查机关审查批准，发布广告的，由广告监督管理机关责令负有责任的广告主、广告经营者、广告发布者停止发布，没收广告费用，并处广告费用一倍以上五倍以下的罚款。

第四十四条　广告主提供虚假证明文件的，由广告监督管理机关处以一万元以上十万元以下的罚款。伪造、变造或者转让广告审查决定文件的，由广告监督管理机关没收违法所得，并处一万元以上十万元以下的罚款。构成犯罪的，依法追究刑事责任。

第四十五条　广告审查机关对违法的广告内容作出审查批准决定的，对直接负责的主管人员和其他直接责任人员，由其所在单位、上级机关、行政监察部门依法给予行政处分。

第四十六条　广告监督管理机关和广告审查机关的工作人员玩忽职守、滥用职权、徇私舞弊的，给予行政处分。构成犯罪的，依法追究刑事责任。

第四十七条　广告主、广告经营者、广告发布者违反本法规定，有下列侵权行为之一的，依法承担民事责任：

（一）在广告中损害未成年人或者残疾人身心健康的；

（二）假冒他人专利的；

（三）贬低其他生产经营者的商品或者服务的；

（四）广告中未经同意使用他人名义、形象的；

（五）其他侵犯他人合法民事权益的。

第四十八条　当事人对行政处罚决定不服的，可以在接到处罚通知之日起十五日内向作出处罚决定的机关的上一级机关申请复议；当事人也可以在接到处罚通知之日起十五日内直接向人民法院起诉。

复议机关应当在接复议申请之日起六十日内作出复议决定。当事人对复议决定不服的，可以在接到复议决定之日起十五日内向人民法院起诉。复议机关逾期不作出复议决定的，当事人可以在复议期满之日起十五日内向人民法院起诉。

当事人逾期不申请复议也不向人民法院起诉，又不履行处罚决定的，作出处罚决定的机关可以申请人民法院强制执行。

第六章　附　则

第四十九条　本法自 1995 年 2 月 1 日起施行。本法施行前制订的其他有关广告的法律、法规的内容与本法不符的，以本法为准。

附录2　广播电视广告播放管理暂行办法

广播电视广告播放管理暂行办法

第一条　为保证广播电视广告的正确导向，规范广播电视广告播放行为，加强广播电视广告管理，根据《中华人民共和国广告法》、《广播电视管理条例》等有关法律、法规，制订本办法。

第二条　广播电台、电视台(含广播电视台)从事广告播放等活动，适用本办法。

第三条　国家广播电影电视总局负责对全国广播电视广告播放活动的管理。

县级以上地方广播电视行政部门负责对本辖区内的广播电视广告播放活动的管理。

第四条　广播电视广告应当真实合法，不得含有虚假内容，不得误导消费者。

第五条　广播电视广告应当符合社会主义精神文明建设的要求，应当遵守社会公德和职业道德，有利于人民群众的身心健康。

第六条　广播电视广告应当维护国家尊严和利益，尊重祖国传统文化，不得含有危害国家统一、主权和领土完整的内容。

商业广告中不得出现国旗、国徽、国歌及国家领导人的形象和声音。不得利用或篡改领袖人物名言作为商业广告用语。

第七条　广播电视广告应当维护民族团结，遵守国家民族、宗教政策，不得含有宣扬民族分裂、亵渎民族风俗习惯的内容。

第八条　广播电视广告应当维护社会公共秩序，树立社会主义道德风尚，不得含有乱扔废弃物、践踏绿地、毁坏花草树木等破坏环境，以及不利于自然生态、珍稀野生动物保护等内容。

第九条　广播电视广告应当有利于青少年儿童的身心健康，不得含有可能引发青少年儿童不文明举止、不良行为或不利于父母、长辈对青少年儿童进行正确教育的内容。

第十条　广播电视广告应当尊重妇女、残疾人，不得歧视、侮辱妇女、残疾人，不得出现不文明的人物形象。

第十一条　广播电视广告应当健康文明，不得播放含有色情或性暗示等内容的广告，不得播放治疗性病的广告。广播电视广告不得播放含有宣扬赌博、暴力或者教唆犯罪内容的广告。

第十二条　广播电视广告应当尊重科学，不得含有宣扬迷信、邪教、伪科学的内容。

第十三条　广播电视广告应当使用规范的语言文字，不得故意使用错别字或用谐音乱改成语。除注册商标及企业名称外，不得使用繁体字。

第十四条　禁止广播电台、电视台播放烟草制品广告及麻醉药品、精神药品、毒性药品、放射性药品等特殊药品广告。

第十五条　广播电视广告应当与其他广播电视节目有明显区分，不得以新闻报道形式播放或变相播放广告。时政新闻节目及时政新闻类栏目不得以企业或产品名称冠名。有关人物专访、企业专题报道等节目中不得含有地址、电话、联系办法等广告宣传内容。

第十六条　广播电台、电视台每套节目中每天播放公益广告的数量不得少于广告总播出量的3％。

第十七条　广播电台、电视台每套节目每天播放广播电视广告的比例，不得超过该套节目每天播出总量的20％。其中，广播电台在11：00至13：00之间、电视台在19：00至21：00之间，其每套节目中每小时的广告播出总量不得超过节目播出总量的15％，即9分钟。

第十八条　播放广播电视广告应当保持广播电视节目的完整性，除在节目自然段的间歇外，不得随意插播广告。除19：00至21：00以外，电视台播放一集影视剧(一般为45分钟左右)中，可以插播一次广告，插播时间不得超过2.5分钟。

第十九条　播放广播电视广告应当尊重大众生活习惯，不得在6：30至7：30、11：30至12：30以及18：30至20：00之间人们用餐时播放容易引起受众反感的广告，如治疗痔疮、脚气等类药品及卫生巾等卫生用品的广告。

第二十条　广播电台、电视台应当严格按照国家有关规定控制酒类广告的播出。每套电视节目每日播放的酒类广告不超过12条，其中19：00至21：00间不超过2条；每套广播节目每小时播放的酒类广告，不得超过2条。

第二十一条　发射台、转播台(包括差转台、收转台)、有线广播电视传输网络机构在转播和传输广播电视节目时，应当保证被转播和传输节目的完整性。不得以任何形式插播自行组织的广告，不得随意切换原广告，不得以游动字幕、叠加字幕等形式播放广告。

第二十二条　电视台播放广告时不得隐匿本台（频道）标志。播放以企业或产品冠名的节目、栏目时，企业或产品的标志只能出现在屏幕的右下方，数量不得超过1个，标志画面不得大于本台（频道）标志，不得遮盖正常节目的字幕。

第二十三条　禁止广播电视广告主、广告经营者干预广播电视节目的播放。

第二十四条　广播电台、电视台从事广告经营活动的机构应取得国家规定的资质，非广告经营部门不得从事广播电视广告经营活动，记者不得借采访名义承揽广告业务。

第二十五条　广播电台、电视台应当建立健全广告经营播出管理制度，加强对广告业务承接登记、审核、档案保存的管理。

广播电台、电视台应当健全广告审查员制度，对拟播放的广播电视广告内容、企业资质等进行审查，未经广告审查员签字的广告不得发布。

第二十六条　县级以上广播电视行政部门应当建立对广播电视广告的监听监看制度，对发现的问题及时进行处理。

第二十七条　县级以上广播电视行政部门及广播电台、电视台应当建立公众投诉机制，对受众提出批评性意见的广播电视广告及时检查，并将结果答复投诉者。

第二十八条　违反本办法的，依据《中华人民共和国广告法》和《广播电视管理条例》予以处罚。

第二十九条　违反本办法第十七、十八、十九、二十、二十一条规定，情节轻微的，由县级以上广播电视行政部门予以警告、责令限期改正，并可处以2万元以下罚款。拒不改正或60日内3次出现违规行为的，由省级以上广播电视行政部门做出暂停播放广告、暂停相关频道（频率）播出的处理决定。情节严重的，由原批准机关吊销许可证，同时对直接责任人和主要负责人追究相关责任。

第三十条　本办法自2004年1月1日起施行。

附录3　中国广告协会自律规则

中国广告协会自律规则

（1994 年 12 月 7 日第四次会员代表大会通过）

为树立良好的行业风气，维护正当竞争，抵制不正当竞争，建立良好的广告经营秩序，提高广告业道德水准和整体服务水平，特制订本规则，会员须共同遵守。

第一条　一切广告活动均应建立在为社会主义服务、为人民服务、为经济建设服务的原则基础上，力求广告的经营效益和社会效益的统一，并以此原则检验广告效果。

第二条　广告经营单位要建立严格的广告承接、验证、内容审查、合同、财力等各项管理制度，特别是应当认真查验证明、审查广告内容，以保证广告内容的真实性，提高工作效率。

第三条　实施广告，应进行市场调查、消费者研究及相关法规许可范围的研究，以保证广告的科学性和合法性，避免盲目性。

第四条　广告创作要坚持创新、尊重版权，不得抄袭他人的创意，不得侵犯公民的肖像权。

第五条　广告经营单位的竞争应体现在优质服务方面，不得采取贿赂或竞相压价等不正当手段拉广告。要按规定支付国内外广告代理费用，不得随意压低或抬高代理费标准。

第六条　广告发布价格标准应根据媒介的收视率、收听率、读者范围、媒介权威性、以及服务水平来制订。各经营单位需按媒介价格标准统一、公开报价，不得随意抬高或压低广告价格。

第七条　广告经营单位之间应友好合作，密切配合。对于广告公司经过认真策划，设计创作的广告，各媒介单位应予支持。广告公司应按媒介特点和技术要求代理广告，保证广告质量。

第八条　会员单位以广告协会及其成员名义组织的有关广告涉外活动应报中国广告协会备案，接受中国广告协会的协调和指导。

第九条　中国广告协会各专业委员会可根据此规则和专业特点制订本专业的自律规则和实施办法。

第十条　对于犯违规则的会员单位，根据情节轻重分别采取批评、内部通报和公开曝光的措施，对于影响特别恶劣，或坚持不改的，将解除其会员资格。

第十一条　各专业委员会，各团体会员单位应分别按照专业和层次对违反规则的会员形成舆论压力，对其不正当行为进行公开抵制。

第十二条　协会通过开展"重信誉、创优质服务"等活动促进业自律的实施和逐步深化。

附录4 广告宣传精神文明自律规则

广告宣传精神文明自律规则
中国广告协会四届三次理事会议通过，并经国家工商总局批准

第一条 为加强广告行业的精神文明建设，提高各类广告的精神文明标准，根据《中国广告协会章程》总则第三条制订本规则，作为"中国广告协会自律规则"的单项规则，中国广告协会的会员应自觉遵守。

第二条 利用各种媒体和形式发布的各类广告，都应当遵守《中华人民共和国广告法》和有关政策、法规关于社会主义精神文明建设的规定，符合社会主义精神文明建设的要求。

第三条 广告作品应当体现社会主义思想道德风貌，积极倡导和反映爱祖国、爱人民、爱劳动、爱科学、爱社会主义的好风尚。广告创作应当体现下列原则：

（一）有利于引导消费者健康消费，反对奢靡；

（二）有利于弘扬中华民族精神和民族文化，增强民族自信心和自豪感；

（三）有利于普及推广科学知识，破除和反对封建迷信和伪科学；

（四）有利于促进国家各项建设事业的健康发展；

（五）有利于国家统一和民族的团结和睦。

第四条 广告应维护国家尊严和利益，不得出现下列内容：

（一）危害国家统一、主权和领土完整；

（二）丑化、影射、诽谤、侮辱我国国家领导人和著名人物；

（三）使用禁止演唱的歌曲作为背景音乐；

（四）煽动民族分裂、破坏民族团结、伤害民族感情。

第五条 广告应当体现科学、真诚、善良、不得夸大、欺骗、宣传伪科学，不得出现带有封建迷信、鬼神、算命、相面，看风水及恐怖、暴力、丑恶的内容。

第六条 广告应有利于维护社会公共秩序和树立新的社会风尚，在广告中不得出现破坏公共设施、公共环境秩序的行为，以及吸烟、酗酒、虐待老

人和儿童，纵容犯罪，以强凌弱等不文明举止以至违法的行为。

第七条　广告应当体现尊重妇女，男女平等。凡涉及妇女形象的，应当展示社会主义国家女性公民的独立地位和庄重形象，不得出现下列内容：

（一）歧视、侮辱妇女、宣扬男尊女卑、伤害、排斥女性；

（二）性行为，性挑逗的描述和过分地展现性特征；

（三）具体描写、形容与性行为有关的用品、药品、滋补品的特征、功能。

第八条　广告应有利于儿童身心健康。儿童使用的产品或者儿童参加演示的广告，必须注意儿童优秀思想品德的树立和培养；广告中出现的儿童和家长形象，应表现出良好的思想道德修养，不得出现下列内容：

（一）利用儿童给家长施加压力；

（二）儿童对长辈和他人不尊重、不友善或有不文明举止；

（三）以是否拥有某种商品而使儿童产生优越感或自卑感；

（四）利用超出儿童判断力的描述，使儿童误解或变相欺骗儿童或其他消费者；

（五）表现不应由儿童单独从事的某种活动；

（六）画面出现青少年及儿童吸烟、饮酒形象。

第九条　广告要正确引导大众消费，不得出现下列内容：

（一）直接或间接宣扬享乐主义，奢靡颓废的生活方式；

（二）使用封建帝王、贵族的名称、形象以衬托产品高贵特征；

（三）诱导人们在消费中可能采取不良行为。

第十条　广告内容要体现尊重和弘扬祖国优秀传统文化，要正确使用祖国的语言文字、大力推广普通话，不得出现下列内容：

（一）广告道白用地方语言代替普通话（地区性媒介除外）；

（二）贬低、丑化、否定祖国优秀传统文化；

（三）不恰当地编造谐音成语或使用文理不通的语句，引起误导；

（四）使用已被简化了的繁体字和不符合规定的各种简体字、异体字；

（五）单独使用汉语拼音而无汉字并用。

第十一条　不符合规范标准的广告用字、有下列情况之一的应被允许使用：（1）建国前书写并沿用至今的老字号牌匾用字；（2）文物古迹中原有的文字；（3）已注册商标定型字。

第十二条　广告要客观公正地宣传国内外商品，不得诱导消费者对外国商品盲目崇拜，对民族工业产品盲目贬低。

第十三条　会员单位在广告创作、设计制作过程中应自觉遵守本《规则》

的规定，在发布广告前应当按照广告管理法律、法规的规定，并参照本《规则》严格审查广告内容。

第十四条　中广协各专业委员会应根据本专业实际情况，增补自律条款，并切实加强本专业的自律。

第十五条　对违反本《规则》的会员单位，中广协将视情节轻重给予批评、通报批评、除名等处分。

附录5　广告专业词语中英文对照

广告 Ads
广告活动 Advertising
广告运动 Campaign
工商广告 Business Advertising
企业广告 Corporate Advertising
产品广告 Product Advertising
商业广告 Commercial Advertising
非商业广告 Noncommercial Advertising
公益广告 Publish Service Advertising，简称 PSA
公共关系 Publish Relations，简称 PR
软性广告 Content Integration
地方性广告 Local Advertising
全国性广告 National Advertising
全球性广告 Global Advertising
国际广告 International Agency
比较广告 Comparative Advertising
广告人 Admen
广告主 Advertiser/Sponsor
广告客户 Account
广告受众 Audience
广告载体 Vehicle
广告产业 Advertisement Industry
广告市场 Advertising Marketing
广告公司 Ad Company
美国广告公司协会/4A公司 American Association of Advertising Agencies
广告制作公司 Supplier
广告调查公司 Research Company
媒介购买公司 Media-buying Service

广告代理商 Agency

广告代理公司 Advertising Agency

广告代理制 Advertising Agent System

AE 制 Account Executive

广告调查 Advertising Research

广告目标 Objectives of Advertisement

广告计划 Advertising Plan

广告定位 Positioning

广告主题 Theme

广告诉求 Appeal

感性诉求 Emotional Appeals

理性诉求 Rational Appeals

广告创意 Creative

广告口号 Slogan

广告歌 Jingle

广告文案 Copy

文案撰稿人 Copywriter

广告标题 Headline

广告正文 Text

脚本 Script

电视广告脚本 Storyboard

影视广告片 Commercials

广告预算 Budget

广告文化 Advertising Culture

消费文化 Consumer Culture

消费者 Consumer

消费者行为 Consumer Behavior

消费模式 Consumerism

潜在消费者 Prospective Customers

广告伦理 Adeverting Ethics

广告经营 Adevertiang Management

广告审查 Advertising Verification

头脑风暴 Brainstorming

市场营销 Marketing

营销组合 Marketing Mix

营销目标 Marketing Objectives

营销战略 Marketing Strategy

4P 理论 Product、Price、Place、Promotion

网络营销 Network Marketing

关系营销 Relationship Marketing

电话营销 Telemarketing

传染式营销 Viral Marketing

数据库营销 Database Marketing

独特的销售主张 Unique Selling Proposition，简称 USP

视觉形象 Visual

形象广告 Image Advertising

品牌形象 Brand Image

品牌经理 Brand Manager

品牌体验 Brand Experience

品牌成长指数 Brand Development Index

品牌忠诚度 Loyalty Index

品牌标识 Logo

企业识别 Corporate Identity，简称 CI

视觉识别 Visual Identity，简称 VI

行为识别 Behavior Identity，简称 BI

理念识别 Mind Identity，简称 MI

数据 Data

二手资料 Secondary Data

原始资料 Primary Data

定性调查 Qualitative Research

定量调查 Quantitative Research

现场调查 Fieldwork

入户调查 Door-to-door Interviewing

拦截式调查 Mall Intercept Interviewing

厅堂调查 Central Location Test

留置调查 Drop Off Survey

电话调查 Telephone Interviewing

计算机辅助电话调查 Computer Assisted Telephone Interviewing

IVR 电话自动询问调查 Computer Assisted Telephone System

固定样本邮寄调查 Mail Panel

案头调研 Desk Reaserch

小组访谈 Focus Group Interview

深度访谈 Depth Interview

投射法 Protective Technique

观察法 Observation Survey

实验法 Experiment

心理特征细分 Psychological Segmentation

价值观与生活方式研究 Values and Lifestyles Research

产品生命周期 Product Life Cycle

SWOT 分析 Strength，Weakness，Opportunity，Threat Analysis

策划 Strategic

广告策划 Advertising Planning

战略策划 Strategic Planning

活动策划 Event Planning

营销策划 Marketing Plan

整合营销传播 Integrated Marketing Communication，简称 IMC

媒介 Medium

媒介组合 Media Mix

媒介价值 Media Values

媒介计划 Media Plan

媒介策划 Media Planning

媒介策略 Media Strategy

媒介组合策略 Media Mix Strategies

集中媒介组合 Rationale for Concentrated Mix

媒介分类组合 Rationale for a Assorted Mix

媒介预算 Media Budget

媒体购买 Media Buy

平面媒体 Print

户外媒介 Outdoor

数字媒介 Digital Media

陈列媒介 Exhibitive Media

直邮广告 Direct Mail，简称 DM

招贴 Posters

传单广告 Hand Bill

POP 广告 Point of Purchase

B2B 广告 Business-to-Business advertising

直效广告 Direct Response Advertising

跨页广告 Center Spread

分类广告 Classified Advertising

在线广告 Online Advertising

网络横幅广告、旗帜广告 Banner

网络按钮 Button

网络飞飘 Moving Icon

广告看板 Billboard

广告费 Billing

跨界版面 Bleed

广告价格表 Rate Card

封面广告 Cover Position

封面 1st Cover or Outside Front Cover

封二 2nd or Outside Front Cover

封三 3rd or Outside Front Cover

封底 Back Cover

广告时段 Adjacencies

广播电视时段 Daypart

早间时段 Early Morning，6：00 - 8：00

白天时段 Daypart，9：00 - 17：00

傍晚时段 Early Fringe，17：00 - 19：00

黄金时段 Prime time，19：00 - 22：00

晚间时段 Late Fringe，22：00 - 24：00

直接广告 Direct Advertising

期刊广告插页 Insert

视听众 Audience

视听机会 Opportunity to See，简称 OTS
受众总量 Gross Audience
目标群 Target Group
目标受众 Target Audience
目标市场 Target Market
发行量 Circulation
点击率 Clicks Rate
到达率 Rating Point
干扰度 Clutter
覆盖范围 Coverage
千人成本 Cost Per Thousand，简称 CPT
每收视点成本 Cost Per Point，简称 CPP
业务小组 Account Group
媒介部 Media Department
媒介总监 Media Supervisor
媒介指导 Media Director
媒体销售代表 Representative
客户部 Account Services
客户主管 Account Executive
客户策划 Account executive
客户代表/客户执行 Account Executive，简称 AE
创作部 Creative Department
美术指导 Art Director
创意总监 Creative Director
创意策略 Creative Strategy
创意金字塔 Creative Pyramid
调查部 Research Department
广告效果测定 Measurement of Advertising Effectiveness
DAGMAR 理论 Defining Advertising Goals for Measured Advertising Results
广告效果指数 Advertising Effectiveness Index
广告销售效果指数 Net Advertising Produced Purchases
广告法 Advertising Law
广告法规 Advertising Laws and Regulations

广告行政管理 Advertising Administration

广告行业自律 Self-Discipline of Advertising Organization

社会责任 Social Responsibility

虚假广告 Deceptive Advertising

不正当广告 Unfair Advertising

广告竞标 Bid

市场细分 Market Segmentation

市场占有率 Market Share

吉祥物 Trade Character

产品样本/宣传册 Catalogue

包装 Packaging

促销 Sales Promotion

软销 Soft Sell

赞助 Sponsorship

赠券/折扣券 Coupon

免费赠品 Free Sample

购买时机 Purchase Occasion

参考文献

1. 陈培爱，现代广告学概论，北京，首都经济贸易大学出版社，2004 年版
2. 张金海，姚曦主编，广告学教程，上海，上海人民出版社，2003 年版
3. 陈培爱，中外广告史，北京，中国物价出版社，2002 年版
4. 倪宁编著，广告学教程，北京，中国人民大学出版社，2004 年版
5. 方汉奇主编，中国新闻传播史，北京，中国人民大学出版社，2002 年版
6. 刘家林，新编中外广告通史，广州，暨南大学出版社，2000 年版
7. 姜智彬主编，现代广告学，北京，中国科学文化出版社，2003 年版
8. 张浩达，萧雁蜇，简明广告学实用教程，北京，北京大学出版社，2004 年版
9. 蔡嘉清，广告学教程，北京，北京大学出版社，2004 年版
10. 孙安民，文化产业理论与实践，北京，北京出版社，2005 年版
11. [美]杰拉德·J·泰利斯，广告效果评估——广告何时、如何和为什么有效，李洋，张奕，晓卉译，北京，中国劳动社会保障出版社，2005 年版
12. 何修猛，现代广告学，上海，复旦大学出版社，2001 年版
13. [美]托马斯·C·奥吉恩，克里斯·T·艾伦，理查德·J·赛梅尼克著，广告学，程坪，张树庭译，北京，机械工业出版社，2002 年版
14. [英]罗宾·J·波恩主编，卢塬，市场调研技术手册，孟朝晖译，北京，人民邮电出版社，2005 年版
15. 屈云波主编，营销方法，北京，企业管理出版社，2005 年版
16. 黄京华，陈素白，谢俊，广告调查与数据库应用，长沙，中南大学出版社，2003 年版
17. 程士安，广告调查与效果评估，上海，复旦大学出版社，2003 年版
18. 黄合水，广告调研技巧，厦门，厦门大学出版社，2003 年版
19. 舒咏平主编，广告调查，武汉，武汉大学出版社，2006 年版
20. 张金海，姚曦主编，广告学教程，上海，上海人民出版社，2003 年版
21. 罗子明，高丽华等编著，现代广告概论，北京，清华大学出版社，2005 年版
22. 杨群祥编著，现代广告学，广州，中山大学出版社，2005 年版
23. 刘得寰，沈浩主编，现代市场研究，北京，高等教育出版社，2005 年版
24. 余明阳，陈先红，广告策划创意学，上海，复旦大学出版社，2004 年版
25. 何修猛，现代广告学，上海，复旦大学出版社，2006 年版
26. 陈培爱主编，新闻传播精品导读·广告与品牌卷——案例精解，上海，复旦大学出版社，2005 年版

27. 文浩编著，新编现代广告策划实务，北京，蓝天出版社，2003 年版

28. 徐小娟编著，100 个成功的广告策划，北京，机械工业出版社，2003 年版

29. 杨荣刚，潘大钧，李安民，王大路主编，现代广告策划，沈阳，辽宁人民出版社，1994 年版

30. [美]威廉·阿伦斯著，当代广告学，程坪等译，北京，人民邮电出版社，2005 年版

31. [美]大卫·奥格威，奥格威谈广告，曾晶译，北京，机械工业出版社，2003 年版

32. [美]菲利普·科特勒，营销管理，梅清豪译，上海，上海人民出版社，2003 年版

33. 朱海松，国际4A广告公司媒介策划基础，广州，广东经济出版社，2005 年版

34. [美]阿诺德·M·巴尔班，斯帝芬·M·克里斯托尔，弗兰克·J科派克，国际4A广告公司媒介计划精要，朱海松译，广州，广东经济出版社，2005 年版

35. 纪华强，广告媒介策划，上海，复旦大学出版社，2003 年版

36. 丁俊杰，广告学，武汉，武汉大学出版社，2001 年版

37. [美]威廉·阿伦斯，当代广告学（第七版），丁俊杰等译，北京，华夏出版社，2001 年版

38. [美]罗森堡，营销广告英汉词典，周政文等译，北京，机械工业出版社，2004 年版

39. 董立津，[美]Jason Pugh，广告专业英语，长沙，中南大学出版社，2003 年版

40. 华英，马永堂，广告英语教程，北京，经济管理出版社，2002 年版

41. 赵育冀编著，现代广告学，北京，中国商业出版社，1987 年版

42. 刘志明、倪宁编著，广告传播学，北京，中国人民大学出版社，1991 年版

43. 苗杰主编，现代广告学，北京，中国人民大学出版社，1994 年版

44. (台)樊志育，广告效果研究，北京，中国友谊出版公司，1995 年版

45. 宋克夫，刘斌编著，实用广告策划，武汉，华中理工大学出版社，1995 年版

46. 饶德江编著，广告策划，湖北，武汉大学出版社，1996 年版

47. 黄升民，黄京华，王冰，广告调查——广告战略的实证基础，北京，中国物价出版社，1997 年版

48. 杨群祥编著，现代广告学，广东，中山大学出版社，1997 年版

49. 阮恒辉主编，广告运作实务，上海，东方出版中心，1997 年版

50. 康文久编著，现代广告学教程，北京，新华出版社，1998 年版

51. (台)樊志育，广告效果测定技术，上海，上海人民出版社，2000 年版

52. 胡锐编著，现代广告学，江苏，浙江大学出版社，2001 年版

53. 韩光军，周宏等编著，广告人手册，北京，经济管理出版社，2001 年版

54. 纪华强，广告战略与决策，辽宁，东北财经大学出版社，2001 年版

55. 胡晓云，从引进到建构——日本的广告效果研究与实战，江苏，浙江大学出版社，2003 年版

56. 赵路, 李东进, 韩德昌编著, 广告理论与策划, 天津, 天津大学出版社, 2004年版

57. 汪涛编著, 广告学通论, 北京, 北京大学出版社, 2004 年版

58. 王晓华, 广告效果测定——效果评估理论与应用, 湖南, 中南大学出版社, 2004年版